LUTZ FEHLING

DIE EISENERZWIRTSCHAFT AUSTRALIENS

KÖLNER FORSCHUNGEN
ZUR WIRTSCHAFTS- UND SOZIALGEOGRAPHIE

HERAUSGEGEBEN VON EWALD GLÄSSER,
ERICH OTREMBA, EIKE W. SCHAMP
UND GÖTZ VOPPEL

SCHRIFTLEITUNG: MARGRIT KESSLER

BAND XXIV

DIE EISENERZWIRTSCHAFT AUSTRALIENS

VON

LUTZ FEHLING

1977
SELBSTVERLAG IM WIRTSCHAFTS- UND SOZIAL-
GEOGRAPHISCHEN INSTITUT DER UNIVERSITÄT ZU KÖLN

ISBN 3-921 790-02-6

Druck: aku-Fotodruck
         Gleueler Str. 217
         5000 Köln 41
         Telefon 437257

Alle Rechte, auch die der Übersetzung, vorbehalten.

Bestellungen bitte an:

         Wirtschafts- und Sozialgeographisches
         Institut der Universität zu Köln
         Albertus-Magnus-Platz
         5000 Köln 41

Inhaltsverzeichnis

	Seite
VORWORT	8

EINFÜHRUNG
DIE STELLUNG AUSTRALIENS
IN DER EISENERZWIRTSCHAFT DER ERDE 11

ERSTER TEIL
DIE EISENERZFÖRDERUNG IN AUSTRALIEN 15

  I   Der Eisenerzbergbau in räumlicher Nähe zu den
      Verhüttungsanlagen (vor allem in Neusüdwales) 15

  II Der Eisenerzbergbau zur Versorgung
      küstennaher Eisen- und Stahlwerke 20

     1 Die Gruben der Middleback Range in Süd-
        Australien zur Versorgung der Eisen-
        und Stahlwerke 20

         1.1 Newcastle und Port Kembla
             an der australischen Ostküste 20

         1.2 Whyalla am Spencer Golf 25

     2 Die west-australischen Gruben
        zur heimischen Eisenerzversorgung 27

         2.1 Die Inselerze im Yampi-Sound
             und die Errichtung des Eisen-
             und Stahlzentrums Kwinana an
             der australischen Westküste 27

         2.2 Koolyanobbing und
             die Eisenwerke in Wundowie 28

		Seite
III	Der exportorientierte Eisenerzbergbau	33
1	Die wirtschaftshistorischen Voraussetzungen	33
	1.1 Die erste Exportphase von 1929 bis 1939	33
	1.2 Das Exportembargo von 1938 bis 1960	34
	1.3 Die zweite Exportphase seit 1966	36
2	Die heute bekannten Eisenerzlagerstätten in Australien (Zonen, Lagerstätten, Reserven)	38
3	Übersicht über die Abbaustandorte 1974	41
IV	Die Pilbara-Region	44
1	Abgrenzung und naturräumliche Ausstattung	44
2	Zur Exploration der Eisenerzlagerstätten	49
3	Die unternehmerischen Probleme	54
	3.1 Die bergbaulichen Rechtstitel	54
	3.2 Rentabilitätsüberlegungen und Finanzierung durch internationales Kapital	56
	3.3 Übersicht über die Bergbaubetriebe der einzelnen Gesellschaften und ihre Förderungskapazität	57
4	Die produktionswirtschaftlichen Probleme	60
	4.1 Die technische Ausstattung	60
	4.11 Erzabbau	60
	4.12 Erzaufbereitung	62
	4.13 Die Transportanlagen	64
	4.14 Umweltschutzprobleme	66
	4.2 Die Energie- und Wasserversorgung	67
	4.3 Arbeitskräfteprobleme	69
	4.31 Arbeitskräftemangel und -fluktuation	70
	4.32 Streiks und Gewerkschaften	73

		Seite
5	Die Entwicklung von Siedlung und Verkehr unter dem Einfluß des Eisenerzbergbaus	78
5.1	Die Bevölkerungsentwicklung	78
5.11	Die geänderte Beschäftigtenstruktur	78
5.12	Bevölkerungswachstum und -fluktuation	80
5.13	Die Akklimatisation des Menschen an die ungewohnten Lebensbedingungen	83
5.2	Die Veränderungen in den Siedlungs- und Wohnverhältnissen	90
5.21	Die traditionellen Pilbara-Orte	90
5.22	Die neuen Siedlungen - Company towns und Open towns	91
5.23	Die Ausstattung mit Versorgungseinrichtungen	95
5.24	Das Problem der Dauersiedlung	102
5.3	Die verkehrsmäßige Erschließung der Pilbara-Region und ihre überregionale Anbindung	105
5.31	Bahn- und Straßenverkehr als Rückgrat des Frachtentransportes	106
5.32	Das Flugzeug als Hauptverkehrsmittel im Passagiertransport	111
5.33	Der Seeverkehr	112
6	Ausbau der Pilbara-Region	112
6.1	Der noch immer weiter expandierende Eisenerzbergbau	114
6.2	Die Gewinnung von Meersalz, Erdöl und Nichteisenerzen	116
6.3	Die bevorstehende Erschließung von Erdgas und anderen Bodenschätzen	118
6.4	Die Folgeindustrien auf der Basis von Erdgas, Meersalz und Eisenerz	119
6.5	Die Nutzung der sonstigen Ressourcen für Landwirtschaft, Fischerei und Tourismus	121

			Seite
	7	Die überregionale Wirkung innerhalb des west-australischen Wirtschaftsraumes	124
		7.1 Das Problem der wirtschaftlichen Dezentralisation gegenüber dem Agglomerationszentrum Perth	124
		7.2 Die Belebung der allgemeinen und wirtschaftlichen Entwicklung	128
V	Neuere exportorientierte Eisenerzgruben außerhalb der Pilbara-Region		133
	1	Koolanooka, Tallering Peak und Weld Range in West-Australien	133
	2	Frances Creek im Nord-Territorium	134
	3	Savage River auf Tasmanien	135
VI	Die Bedeutung des Eisenerzes im Rahmen der gesamt-australischen Bergwirtschaft und Wirtschaftsstruktur		140
	1	Die Führungsrolle des Eisenerzes im expandierenden Mineralsektor	140
	2	Volkswirtschaftliche Auswirkungen	144

ZWEITER TEIL
DER EISENERZVERBRAUCH IN AUSTRALIEN — 147

I	Die Besonderheiten der australischen Eisen- und Stahlindustrie	147
II	Gegenwärtige Probleme der australischen Eisen- und Stahlindustrie	153
III	Die Schwierigkeiten einer exportorientierten Eisen- und Stahlindustrie in Australien	157

Seite

DRITTER TEIL
AUSTRALISCHES EISENERZ AUF DEM WELTMARKT   162

I   Verkehrsmäßige Voraussetzungen für
den Export australischen Eisenerzes   162

     1   Der seegehende Eisenerzhandel   162

     2   Das Frachtkostenproblem   166

     3   Der Ausbau der Häfen   172

II   Die Absatzmärkte   177

     1   Der ostasiatische Absatzmarkt   178

     2   Der westeuropäische Absatzmarkt   183

     3   Der amerikanische Absatzmarkt   187

III   Die Bedeutung des Eisenerzexports für die
australische Wirtschafts- und Handels-
struktur   189

     1   Der Beitrag zur Exportdiversifikation   189

     2   Die geographische Umorientierung
des Außenhandels -
Japan als Haupthandelspartner   195

IV   Die Konkurrenzfähigkeit australischer
Eisenerze auf dem Weltmarkt   200

     1   Erzvorräte, Erzqualitäten, Förder-
kapazitäten und Veredelung in
Australien   200

     2   Die Konkurrenz anderer Fördergebiete
und das Kartell der eisenerzexpor-
tierenden Länder   203

     3   Künftiger Stahlverbrauch
und Substitutionskonkurrenz   206

Seite

SCHLUSS
VERLAGERUNG DER EISENERZFÖRDERUNG
IN PERIPHERE ROHSTOFFRÄUME					212

* * * * * * *

VERZEICHNIS DER QUELLEN					216

VERZEICHNIS DER ABKÜRZUNGEN				228

VERZEICHNIS DER TABELLEN					229

VERZEICHNIS DER ABBILDUNGEN				232

* * * * * * *

VORWORT

Die entscheidenden Impulse, die zum Entstehen der vorliegenden Arbeit führten, gehen auf persönliche Eindrücke zurück, die ich im Jahre 1966 auf einer Reise durch Australien erhielt. Damals war ich sechs Monate in der Pilbara-Region tätig und wurde dabei unmittelbar mit den Problemen bei der Erschließung der neuentdeckten Eisenerzvorkommen konfrontiert.

Seitdem habe ich die Entwicklung und den großen Aufschwung des australischen Eisenerzbergbaus mit stetem Interesse verfolgt. Einen ersten Niederschlag fand diese Auseinandersetzung in meiner wirtschaftsgeographischen Staatsexamensarbeit über 'Entwicklung und Standortprobleme des Eisenerzbergbaus in West-Australien', die ich 1970 zum Abschluß meines wirtschaftswissenschaftlichen Studiums an der Universität zu Köln vorlegte. Für die Dissertation regte Professor Otremba an, die Spannweite des Themas zu vergrößern und auch die übrigen Bergbaugebiete sowie ihre jeweiligen Entwicklungsphasen in die Untersuchung einzubeziehen.

Voraussetzung dafür war ein zweiter Besuch in Australien. Diese Reise wurde mir dank der Vermittlung durch die Professoren Otremba und Dahlke über ein Graduiertenstipendium ermöglicht. In der Zeit von September 1973 bis April 1974 konnte ich an Ort und Stelle den Stand der neuesten Entwicklung kennenlernen und das für meine Arbeit erforderliche Material sammeln.

Im Verlauf der Reise und bei der Auswertung der Unterlagen wurde jedoch klar, daß die Darstellung der Entwicklung aller Bergbaugebiete viel zu umfangreich geworden und über den Rahmen einer normalen Dissertation weit hinausgegangen wäre. Allein der australische Goldboom seit 1851 - mehrfach untersucht und beschrieben - hätte Stoff für eine eigene Abhandlung gegeben. Die Entwicklung Australiens zum wichtigsten Eisenerzförderland der westlichen Welt und die damit verbundene Fülle der seit 1970 bekannt gewordenen und wissenschaftlich bisher kaum aufgearbeiteten Daten rechtfertigten demgegenüber vor allem eine neue Untersuchung der Eisenerzwirtschaft im australischen Raum.

Die australischen Eisenerzexporte sind inzwischen auch in die Interessensphäre der Bundesrepublik Deutschland gerückt: 1975 war Australien bereits der zweitwichtigste Eisenerzlieferant der deutschen Eisen- und Stahlindustrie.

Thema dieser Arbeit ist die spezielle Rolle, die der australische Eisenerzbergbau im australischen und asiatischen Wirtschaftsraum einnimmt. Es soll gezeigt werden, von welchen Voraussetzungen der australische Eisenerzbergbau abhängt, mit welchen Problemen er in dem nur wenig besiedelten Kontinent und unter ungünstigen klimatischen Verhältnissen fertig zu werden hat, aber auch, welche Auswirkungen von ihm im engeren und weiteren regionalen Bereich ausgehen.

Die Arbeit stützt sich auf eigene Untersuchungen während des zweiten Australienaufenthaltes und auf die Auswertung vorhandener Literatur in australischen und deutschen Universitäts- und Staatsbibliotheken. Hier lagen neben Spezialstudien anderer Fachdisziplinen verschiedene Beiträge zu Einzelfragen vor. Hervorgehoben seien in diesem Zusammenhang neben den Arbeiten der Australier Blainey, Raggatt und Kerr besonders die Veröffentlichungen Dahlkes.

Begünstigt wurde die Arbeit ferner durch den Umstand, daß zuverlässige Statistiken erhältlich sind. Dies gilt insbesondere für die Veröffentlichungen des australischen Bundesamtes für Statistik als auch für die Veröffentlichungen der Abteilung Eisen- und Stahlstatistik des deutschen Bundesamtes für Statistik in Düsseldorf, die internationale Anerkennung genießen. Außerdem standen mir die Statistiken der Eisenerz-Einkaufs-Kontore in Essen und Düsseldorf zur Verfügung. Weniger auskunftsfreudig zeigten sich einzelne australische Bergwerksunternehmungen. Die Untersuchung basiert im wesentlichen auf Zahlenangaben bis zum Jahre 1974. Im Einzelfall konnten auch noch Veröffentlichungen bis zum Abschluß der Arbeit im Sommer 1976 berücksichtigt werden.

An dieser Stelle sei all den Unternehmungen, Institutionen und Persönlichkeiten Dank gesagt, die durch Informationsmaterial und durch schriftliche oder mündliche Auskünfte die Arbeit unterstützt haben. Namentlich genannt sei der Australienexperte Dr. Reiner, der mir gern mit Rat und Tat zur Seite stand. Die Reinzeichnung der meisten Abbildungen verdanke ich dem Institutskartographen, Herrn Butschan. Die letzten Korrekturen besorgte Oberstudienrat H. J. Stöger.

Mein besonderer Dank für die umfangreiche Förderung der Arbeit gilt jedoch meinem hochverehrten Lehrer, Herrn Professor Dr.Dr.h.c. Erich Otremba.

Köln, im Herbst 1976   Lutz Fehling

EINFÜHRUNG

DIE STELLUNG AUSTRALIENS
IN DER EISENERZWIRTSCHAFT DER ERDE

In den letzten Jahrzehnten sind auf der Suche nach Eisenerz immer neue Lagerstätten bekanntgeworden. Im Jahre 1967 schätzte man die gesamten Vorkommen an verwertbaren Eisenerzen auf der Erde auf rund 250 Mrd t mit einem durchschnittlichen Eisengehalt von 44 %. Überdurchschnittlich stiegen im Vergleich zu 1954 die erkundeten Eisenerzvorräte im asiatischen und amerikanischen Raum, besonders jedoch in Australien.

Tabelle 1   Die Welt-Eisenerzvorräte* in Mrd t
            im kontinentalen Vergleich

K o n t i n e n t	1954	1967	Zuwachs in %	Weltanteil 1967 in %
Asien mit UdSSR	29,2	127,8	334	50,8
Nord-/Mittelamerika	10,8	44,5	404	17,7
Südamerika	19,7	34,1	73	13,7
Europa	16,5	21,3	29	8,5
Australien/Ozeanien	1,0	16,8	1580	6,7
Afrika	4,1	6,8	66	2,6
W e l t	81,3	251,3	209	100,0

*) Es handelt sich um die 'sicheren und wahrscheinlichen' Vorräte; unter Einbeziehung der 'potentiellen' Vorräte erhöhen sich die Gesamtvorräte auf rund 800 Mrd t.

Quelle: UN-Survey of World Iron Ore Resources,
        New York 1970, S.8

Entsprechend erhöhte sich der Anteil Australiens auch an der Eisenerzförderung. Sie stieg von 7,1 Mio t im Jahre 1965 auf 96,7 Mio t im Jahre 1974, und damit von 1,2 % auf 10,8 % der Welt-Eisenerzproduktion.[1]

Tabelle 2 Welt-Eisenerzförderung in Mio t -
Vergleich der Fördergebiete zwischen 1965 und 1974

Fördergebiet	1965	1974	Zuwachs in %
Australien/Ozeanien*	7,1	96,7	+ 1262,0
Südamerika	61,9	127,0	+ 105,2
Afrika	39,7	72,6	+ 82,9
Ostblock-Staaten	167,6	239,5	+ 42,9
Asien	73,3	97,5	+ 33,0
Nord-/Mittelamerika	123,0	138,0	+ 12,2
Europa (ohne Ostblock)	138,8	125,0	- 9,9
Welt- Eisenerzförderung	611,4	896,3	+ 46,6

*) 1965 enthielt der Anteil Ozeaniens eine Fördermenge von 0,3 Mio t aus Neukaledonien.

Quelle: Zusammengestellt nach Zahlenangaben (1974 vorläufig): Eisenerzförderung der Welt, Eisen- und Stahlstatistik, Statistisches Bundesamt, Düsseldorf 1971 und 1976

Stand Australien 1965 unter den Eisenerzförderländern noch an unbedeutender Stelle, überrundete es 1974 bereits die USA und nahm nach der Sowjetunion den zweiten Platz ein. Damit wurde es zum wichtigsten Eisenerzförderland der westlichen Welt.

---

1) In dieser Arbeit beziehen sich alle Mengenangaben für Erze auf Stoff-, Material- bzw. Erz-Tonnen; auf Angaben in Eisen- bzw. Fe-Tonnen wird jeweils besonders hingewiesen.

Tabelle 3 Die Welt-Eisenerzförderung 1974 nach
Hauptproduktionsländern

Rang	Staaten	Fe* in %	Förderung in Mio Stoff-t	Weltanteil in %
1	Sowjetunion	54	224,9	25,09
2	Australien	64	96,7	10,79
3	USA	58	85,9	9,58
4	Brasilien	68	80,0	8,93
5	Frankreich	31	54,7	6,10
6	VR China	56	51,0	5,69
7	Kanada	61	47,3	5,28
8	Schweden	62	36,2	4,04
9	Liberia	68	36,0	4,02
10	Indien	61	34,2	3,82
11	Venezuela	64	26,4	2,95
12	Rep. Südafrika	64	11,7	1,31
13	Chile	62	10,3	1,15
14	Peru	60	9,6	1,07
15	Mauretanien	65	8,3	0,93
	Sonstige	--	83,1	9,25
	W e l t	--	896,3	100,00

*) Durchschnittswerte

Zusammengestellt nach vorläufigen Zahlenangaben:
Eisenerzförderung der Welt 1970-1975, Statistisches Bundesamt,
Eisen- und Stahlstatistik, Düsseldorf 1976

Doch nicht diese beachtliche Produktion an sich macht
Australiens Bedeutung für die Weltwirtschaft aus. Es
ist vor allem der Anteil des geförderten Eisenerzes,
den Australien exportiert. Während z. B. die USA eine
annähernd gleichgroße Fördermenge fast vollständig
selbst verbrauchen, führt Australien demgegenüber fast
alles aus.

Australien ist heute der Welt größter Eisenerzexporteur. Vergleicht man die Eisenerzexporte der einzelnen Länder im Jahre 1974, so führt Australien vor den traditionellen Exportländern, wie Kanada, Schweden, Venezuela und Brasilien. Ein Fünftel des in der Welt exportierten Eisenerzes stammt aus Australien. Wie schon seit langem auf dem Agrarsektor wurde Australien nun auch auf dem Gebiete der Eisenerzversorgung zum wichtigen Rohstoffergänzungsraum.

Tabelle 4   Die Eisenerzexporte der Hauptproduktionsländer
             im Jahre 1974 - und zum Vergleich das Jahr 1965

Exporte 1965		Staaten	Exporte 1974	
Rang	Mio t		Rang	Mio t
.	0,2	Australien	1	84,9
7	12,7	Brasilien	2	58,4
3	24,1	UdSSR	3	42,0
1	31,1	Kanada	4	37,3
2	24,5	Schweden	5	33,5
5	17,2	Venezuela	6	25,0
6	15,4	Liberia	7	24,8
8	11,5	Indien	8	18,5
4	20,7	Frankreich	9	18,3
12	6,0	Mauretanien	10	11,2
10	7,6	Peru	11	10,1
9	10,7	Chile	12	9,0
15	2,2	Rep. Südafrika*	13	5,3
17	0,7	Angola	14	5,1
16	1,7	Norwegen	15	2,8
13	2,7	Algerien	16	2,7
11	7,4	USA	17	2,5
14	2,3	Sierra Leone	18	2,1

*) einschließlich Swaziland

Quelle: Zusammengestellt nach:
        Eisenerzexporte, Statistischer Bericht 1974,
        Erzkontor Ruhr Essen 1975, S.30

ERSTER TEIL

DIE EISENERZFÖRDERUNG IN AUSTRALIEN

I Der Eisenerzbergbau in räumlicher Nähe zu den Verhüttungsanlagen (vor allem in Neusüdwales)

Der Eisenerzbergbau steht in der Entwicklung des australischen Bergbaus zeitlich an letzter Stelle, denn lange Zeit zogen die anderen Reichtümer des Landes wie Gold, Silber, Wolle und Weizen das Hauptinteresse der Wirtschaft auf sich.[1]

Erst um 1848[2] wurde in der damaligen Kolonie Neusüdwales aus dem bei einem Straßendurchbruch entdeckten Vorkommen bei *Berrima*[3] das erste Eisenerz Australiens abgebaut und von den FitzRoy Ironworks mittels Holzkohle und eines in der Nähe gelegenen Kalkvorkommens verhüttet.[4]

---

1) Vergl. Brüning,K., Frenzel,K.: Australien, München 1974, S.217
2) Vergl. Hughes,H.: The Australian Iron and Steel Industry 1848-1962, Melbourne 1964, S.2;
   Hughes bezieht sich dabei auf die 'New South Wales Gazette' vom 3-8-1848. Die Jahreszahlen anderer Autoren dagegen bewegen sich zwischen 1849 und 1852;
   Vergl. dazu auch: Raggatt,H.G.: Mountains of Ore, Melbourne 1968, S.101
3) Berrima liegt in der Nähe des heutigen Mittagong; vergl. Abb. 1
4) Vergl. Hughes,H.: The Australian Iron and Steel Industry 1848-1962, Melbourne 1964, S.2ff

Kartenentwurf: Fehling
In Anlehnung an Hughes, *The Australian
Iron and Steel Industry 1848-1962*

ABB. 1

DER EISENERZBERGBAU IN AUSTRALIEN VON 1848 BIS 1915:
IN RÄUMLICHER NÄHE ZU DEN VERHÜTTUNGSANLAGEN

▲ Eisenhütten
■ Eisenerzgruben
▨ Kohlenfelder
△ Versuchshochofen (1907 – 1910)

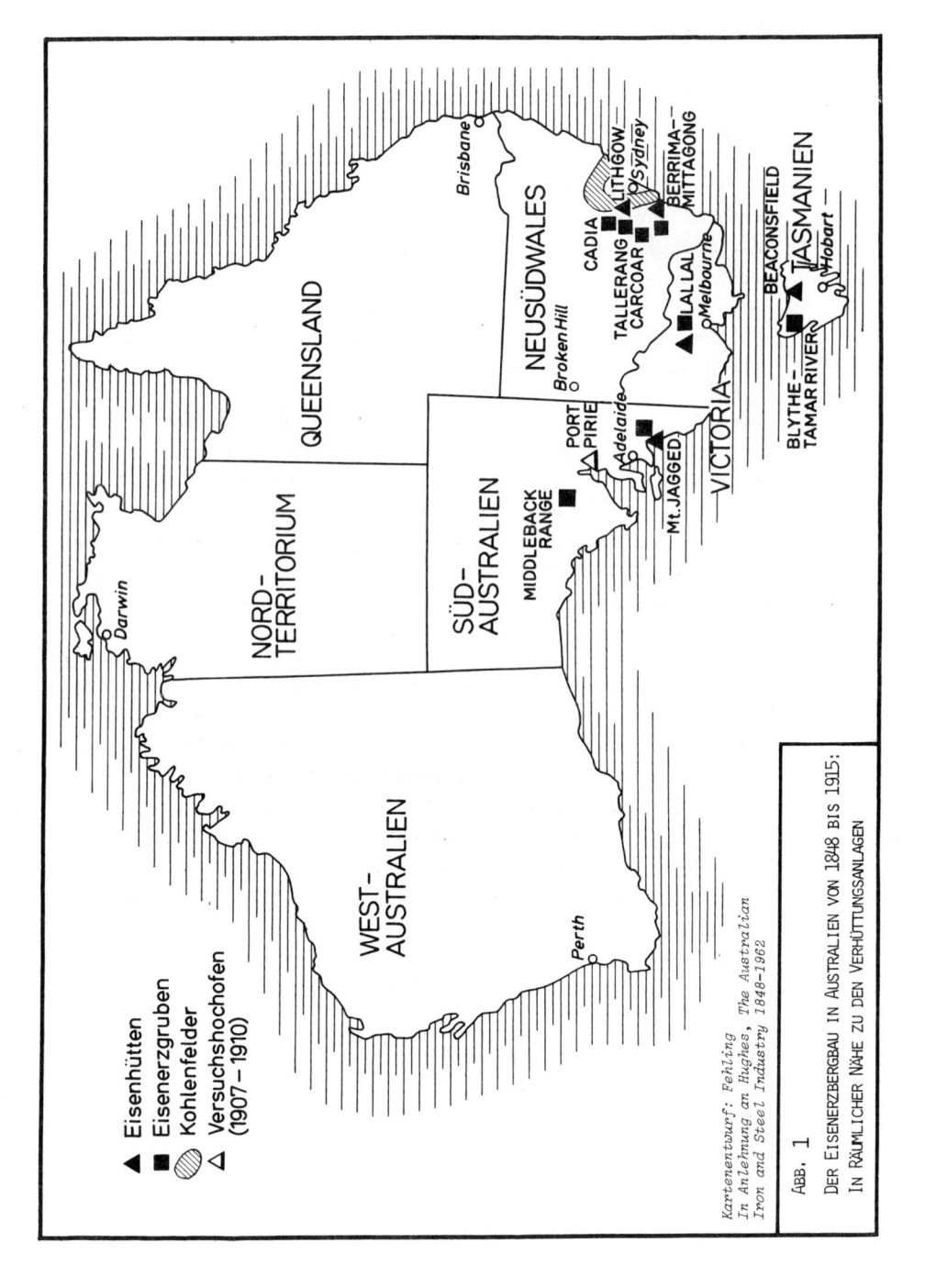

Diese kleine Eisenhütte hatte eine wechselvolle Geschichte mit langen Zeiten der Produktionsunterbrechung und wurde schließlich 1878 geschlossen. Zuerst ging das Kalksteinvorkommen zu Ende. Kalkstein mußte nun aus dem 50 km entfernten Marulan herantransportiert werden. Dann beschloß man, statt Holzkohle Kokskohle zu verwenden, die über Sydney vom 100 km entfernten Bulli herantransportiert wurde. Letztlich war das Eisenerz ungenügend getestet und erwies sich von ungleicher Qualität. Zu diesen Schwierigkeiten kamen noch Knappheit an Kapital und gelernten Arbeitskräften.[1]

Andere Versuche in den Jahren 1870 bis 1884, auf lokalen Eisenerzvorkommen eine Eisenhüttenindustrie zu etablieren, erlitten infolge ungünstiger wirtschaftlicher Bedingungen ein ähnliches Schicksal:[2]
- in Tasmanien die Vorkommen am *Blythe* und *Tamar River* mit Verhüttung in *Beaconsfield*;
- in Victoria bei *Lal Lal* in der Nähe von Ballarat;
- in Süd-Australien am *Mt Jagged*.

Aber nicht nur wegen produktionswirtschaftlicher Probleme mußten diese Werke aufgeben, sondern auch wegen absatzwirtschaftlicher Schwierigkeiten. Roheisen und Stahl aus Europa beherrschten mit ihren niedrigen Preisen den australischen Markt, so daß die einheimischen Hütten durch ihre unzulängliche Ausrüstung den Wettbewerb nicht bestehen konnten.[3] - Roheisenblöcke wurden sogar oft als Schiffsballast mit nach Australien gebracht.[4]

---

1) Vergl. The Australian Iron and Steel Industry (anonym): Canberra o.J., S.5
2) Vergl. Hughes,H.: The Australian Iron and Steel Industry 1848-1962, Melbourne 1964, S.12ff
3) Vergl. Harnickel,P.: Die Eisen- und Stahlindustrie in Australien, In: Stahl und Eisen, Düsseldorf 1958, S.1094
4) Vergl. The Australian Iron and Steel Industry (anonym): Canberra o.J., S.5

Erst ein 1875 in *Lithgow* (Neusüdwales) eingerichtetes
Werk überstand - nach mehrmaligem Besitzerwechsel und
Jahren der Produktionsunterbrechung - die wirtschaftlichen Gefahren der Gründerzeit. Hier wurde auch im Jahre
1900 der erste Stahl Australiens in einem Siemens-Martin-
Ofen erblasen, allerdings hauptsächlich aus eingeführtem
Roheisen und Schrott.[1]

1907 wurden für einen neuen Hochofen erstmalig die lokalen Eisenerzvorkommen der Blue Mountains verwendet; zuerst die von *Carcoar*, später die Erze von *Tallerang* und
Cadia. Gute Kokskohle kam aus der unmittelbaren Umgebung,
dem ausgedehnten westlichen Kohlenrevier von Neusüdwales.
- 1908 wurden die Werke in Lithgow von den Gebrüdern
Hoskins übernommen. Dank einer veränderten Wirtschaftspolitik - ein bescheidener Ansatz eines "Produktionsprämiensystems auch zugunsten der Eisen- und Stahlerzeugung in Australien"[2] - entwickelte sich dieses Unternehmen recht gut. Die Roheisenerzeugung lag in den Jahren
bis zum Ersten Weltkrieg etwa bei 50.000 t pro Jahr.[3]
- Lithgow wurde so zum ersten Industriezentrum Australiens.

In Süd-Australien begann indessen 1899 durch die *Broken
Hill Pty Co Ltd (BHP)*[4] der Abbau eines hochwertigen
Eisenerzvorkommens am *Iron Knob* auf der Eyre-Halbinsel
nördlich der *Middleback Range*.

---

1) Vergl. Shann,E.: An economic history of Australia, Cambridge 1930, S.421ff;
   Gloe,R.: Die Industrialisierung Australiens, Diss. Kiel 1939, S.28f

2) Vergl. Gloe,R.: Die Industrialisierung Australiens, Diss. Kiel 1939, S.61

3) Hughes,H.: The Australian Iron and Steel Industry 1848-1962, Melbourne 1964, S.195

4) Im Folgenden wird zur Bezeichnung dieser Gesellschaft stets nur die Abkürzung *BHP* verwendet. Vergl. auch Fußnote S.151

Diese bereits 1885 gegründete Gesellschaft war zunächst
mit Erfolg im Silber-, Blei- und Zinkbergbau in *Broken
Hill* tätig gewesen und hatte 1890 die Zinkhütte Port
Pirie am Spencer Golf in Süd-Australien errichtet.
Das Eisenerz war für den Betrieb der Hütte als Zuschlag
erforderlich; es wurde ursprünglich aus zahlreichen
kleinen Lagerstätten nördlich und östlich von Port Pirie
gewonnen.[1]

Das Eisenerz vom Iron Knob wurde anfangs recht umständ-
lich über den 150 km langen Landweg herangeschafft:
zuerst mit Ochsenkarren nach Port Augusta, dann durch
eine Schmalspurbahn nach Port Pirie. Ab 1901 erfolgte
der Transport über eine 55 km lange Schmalspurbahn vom
Iron Knob an die Küste nach Hummock Hill - dem späteren
Whyalla - und dann per Schiff über den Spencer Golf zum
gegenüberliegenden 50 km entfernten Port Pirie.[2]

---

1) Vergl. Raggatt,H.G.: Mountains of Ore, Melbourne 1968, S.102
2) Vergl. Raggatt,H.G.: Mountains of Ore, Melbourne 1968, S.102

II Der Eisenerzbergbau zur Versorgung küstennaher
    Eisen- und Stahlwerke

  1 Die Gruben der Middleback Range in Süd-Austra-
     lien zur Versorgung der Eisen- und Stahlwerke

    1.1 Newcastle und Port Kembla an der australi-
         schen Ostküste

Ist die erste Phase im australischen Eisenerzbergbau
dadurch gekennzeichnet, daß sich die kleinen Eisenhütten in unmittelbarer Nähe der Eisenerzvorkommen ansie-
delten, so erfolgt nun - im internationalen Vergleich -
schon relativ früh der Eisenerztransport zu den an der
Küste errichteten neuen Eisen- und Stahlwerken.

Da eine Ausdehnung des Bergbaus in Broken Hill infolge
der Vergabe von Konzessionen an andere Gesellschaften
unmöglich gemacht wurde, war die Lebensdauer der BHP
als Bergbaugesellschaft begrenzt.

Auf der Grundlage der reichen Eisenerzvorkommen in der
Middleback Range und aufgrund erfolgreicher Schmelzver-
suche in einem Versuchshochofen ab 1907 in Port Pirie
am Spencer Golf, entschloß sich die Gesellschaft im
Jahre 1911 zur Errichtung eines eigenen Eisen- und Stahl-
werkes in *Newcastle* in der Nähe des nördlichen Steinkoh-
lenreviers von Neusüdwales.[1]

Als Alternativstandort kam u.a. noch der Erzverschiffungshafen Hummock Hill in Frage, der jedoch zu der Zeit
vor allem aus drei Gründen ausschied:

- Der große Wasserbedarf der Eisen- und Stahlindustrie
  hätte zu der Zeit in diesem trockenen Gebiet mit nur

---

[1] Vergl. Bridges, R.: From Silver to Steel, Melbourne 1920

ABB. 2

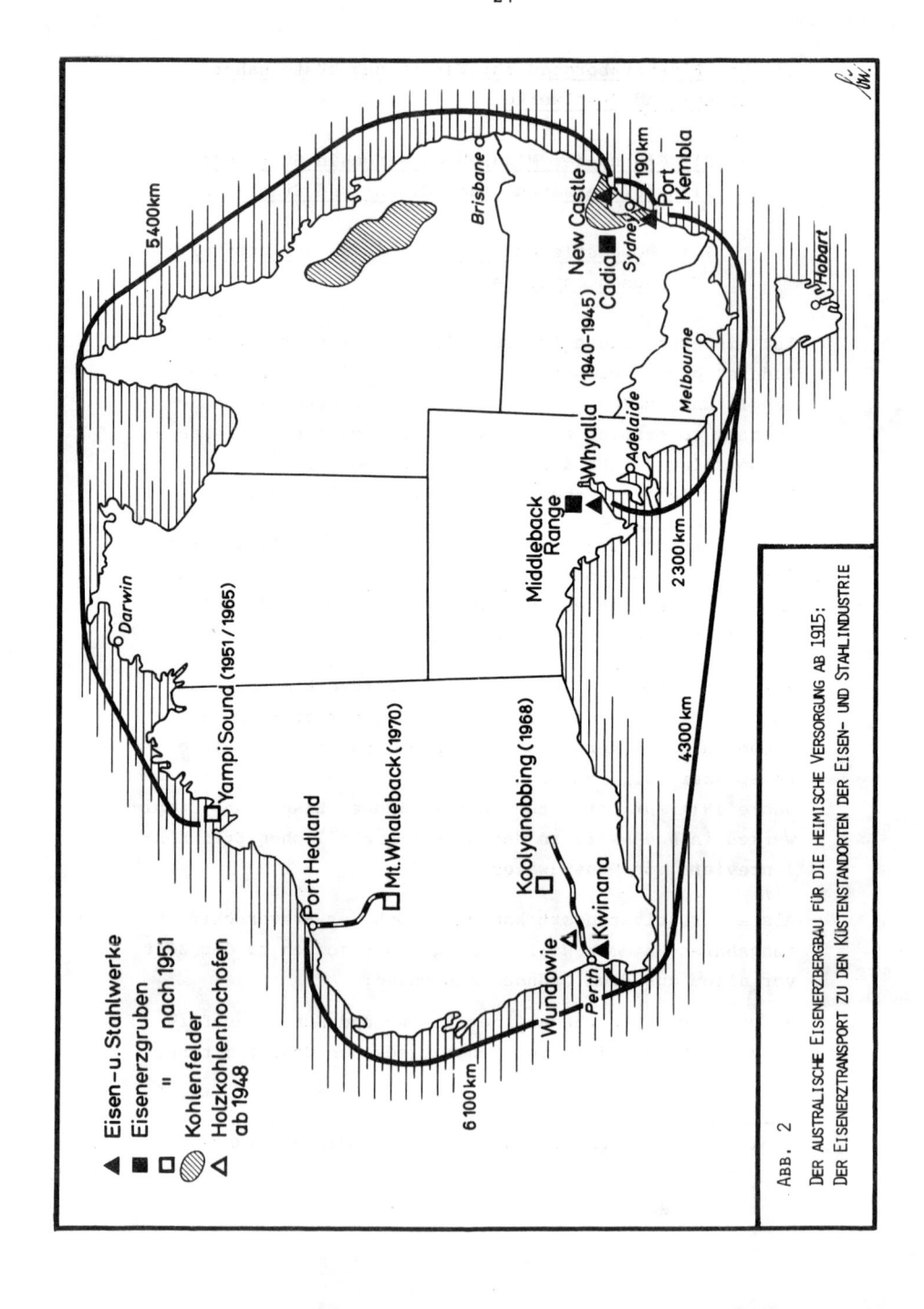

DER AUSTRALISCHE EISENERZBERGBAU FÜR DIE HEIMISCHE VERSORGUNG AB 1915;
DER EISENERZTRANSPORT ZU DEN KÜSTENSTANDORTEN DER EISEN- UND STAHLINDUSTRIE

▲ Eisen- u. Stahlwerke
■ Eisenerzgruben
□ " nach 1951
▨ Kohlenfelder
△ Holzkohlenhochofen ab 1948

unregelmäßigen Niederschlägen kaum gedeckt werden können.

- Für die Herstellung einer Tonne Roheisen benötigte man damals noch 1,5 t Eisenerz und 3,5 t Kokskohle; daher wurde ein Standort in Kohlennähe bevorzugt.

- Die Entfernung zu den Verbrauchermärkten der Bevölkerungszentren an der Ostküste Australiens war ein weiterer entscheidender Standortnachteil.[1]

Die Produktion in Newcastle wurde 1915 aufgenommen, "mit gerade noch vor Kriegsausbruch in Australien eingetroffenen Produktionsmitteln."[2] Die weltpolitische Lage verhalf dem neuen Werk zu einem günstigen Start. Der Krieg in Europa bewirkte eine allgemeine Isolierung Australiens von den Hauptzentren der Weltwirtschaft und eine völlige Unterbrechung der Einfuhr gerade derjenigen Fabrikate, die bisher von der britischen Schwerindustrie bezogen worden waren.

Brachten die Kriegsverhältnisse somit einen Schutz vor der ausländischen Konkurrenz mit sich, so machte sich ab 1920 wieder drückend der Wettbewerb aus Übersee bemerkbar. Erst die Errichtung eines Zollschutzes und die Einführung einer Preispolitik, die einheitliche Preise in allen australischen Bundesstaaten gewährleistete, beseitigten die Wettbewerbsnachteile.[3]

---

1) Vergl. Raggatt,H.G.: Mountains of Ore, Melbourne 1968, S.103
2) Gloe,R.: Die Industrialisierung Australiens, Diss. 1939, S.62
3) Vergl. Wunderlich,R.: Überblick über die Entwicklung der australischen Stahlindustrie, In: Stahl und Eisen, H.20, Düsseldorf 1967, S.1368; und Gloe,R.: Die Industrialisierung Australiens, Diss. Kiel 1939, S.62ff

Die Hoskins-Werke in Lithgow wurden 1928 aus Rentabilitätsgründen und wachsenden Standortnachteilen gegenüber dem Konkurrenten BHP auch an die Küste verlegt. Sie nahmen 1929 in *Port Kembla* unter dem Firmennamen 'Australian Iron and Steel Company' (AIS) die Produktion auf.

Ausschlaggebend für die Verlagerung des Industriestandortes Lithgow nach Port Kembla war vor allem die Möglichkeit, die günstigeren süd-australischen Eisenerze aus der Middleback Range zu beziehen, statt die qualitativ und quantitativ geringen Vorkommen in der Umgebung von Lithgow in den Blue Mountains auszubeuten. Außerdem konnte die Bulli-Kohle - aus dem südlichen Kohlenbecken von Neusüdwales - in nächster Nähe von Port Kembla gewonnen werden. Schließlich war auch der Abtransport der Fertigerzeugnisse von hier aus günstiger.[1]

Die Produktionsverlagerung erfolgte jedoch zu einem ungünstigen Zeitpunkt. Unter dem Eindruck der Weltwirtschaftskrise und des in den folgenden Jahren schwachen Auftragseingangs übernahm die BHP im Jahre 1935 die AIS als Tochtergesellschaft. Seit diesem Zeitpunkt überwacht die BHP fast die gesamte australische Eisen- und Stahlindustrie.

Bis 1951 erfolgte die Versorgung der ostaustralischen Küstenwerke mit Eisenerz beinahe ausschließlich durch die Gruben der Middleback Range[2] in Süd-Australien; nur während des Zweiten Weltkriegs wurde eine geringe Menge aus der *Cadia*-Grube in Neusüdwales bezogen.

In der Middleback Range wurden nach dem anfangs abgebauten Iron Knob im Laufe der Zeit auch die 'Eisenerz-

---

1) Vergl. Gloe, R.: Die Industrialisierung Australiens, Diss. Kiel 1938, S.66

2) Der Name *Middleback Range* hat sich für das Erzabbaugebiet auf der Eyre Halbinsel eingebürgert, obwohl der Iron Knob und Iron Monarch ungefähr 35 km nördlich der Middleback Range liegen. Siehe auch Abb. 3

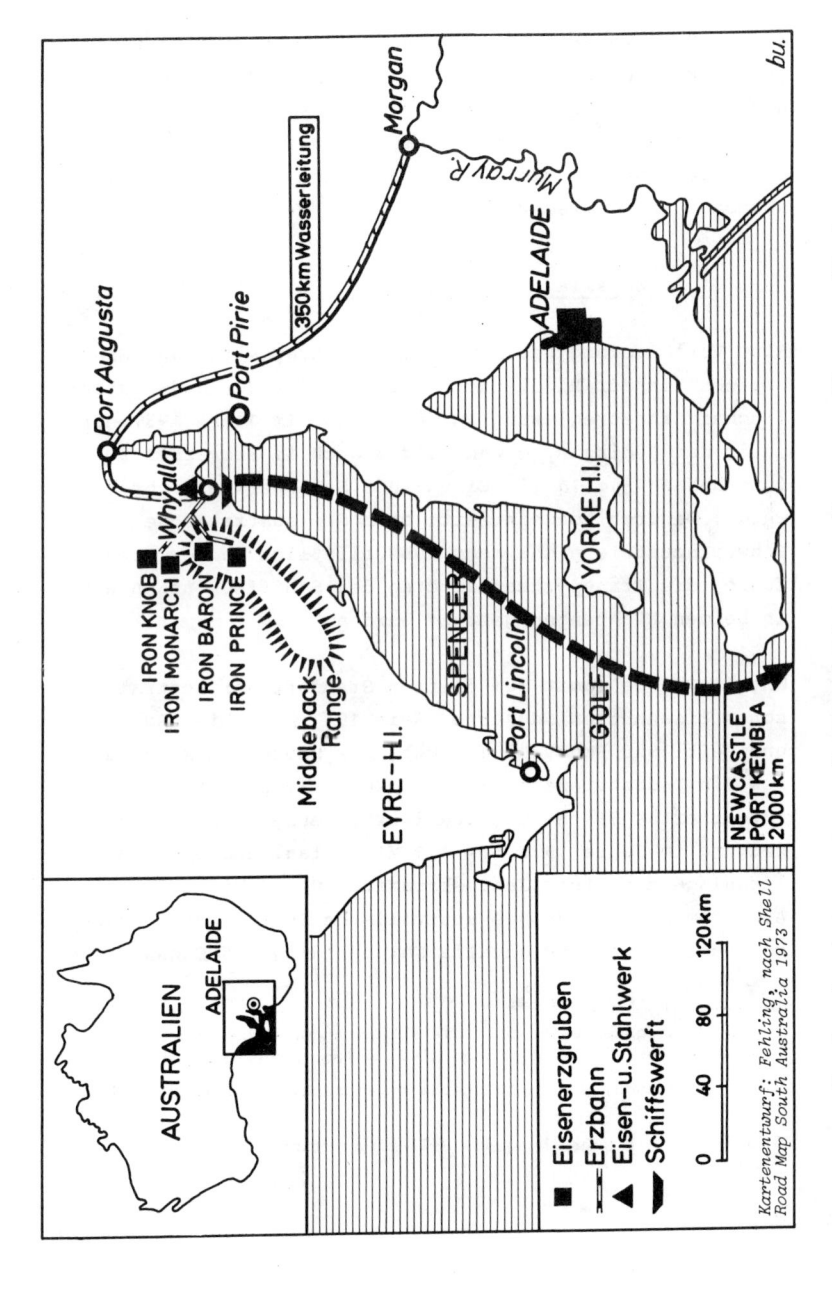

ABB. 3 DIE ABBAUSTANDORTE DES EISENERZBERGBAUS DER MIDDLEBACK RANGE IN SÜD-AUSTRALIEN

berge' Iron Monarch, Iron Prince und Iron Baron für den
Abbau erschlossen. Diese Lagerstätten bilden auch heute
noch die Grundlage der heimischen Versorgung. Da die
vier 'Erzberge' qualitativ unterschiedliche Erzsorten
aufweisen, werden sie jeweils nach dem aktuellen Bedarf
abgebaut und gemischt.[1]

1.2 Whyalla am Spencer Golf

Eine Verlängerung des Konzessionsvertrages für den Eisen-
erzabbau in der Middleback Range seitens der süd-australischen Landesregierung wurde der BHP im Jahre 1937 nur
unter der Bedingung gewährt, daß auch im Erzverschiffungshafen *Whyalla* ein Eisen- und Stahlwerk errichtet
wurde. Dadurch konzentrierte sich die australische
Schwerindustrie nicht mehr ausschließlich an der Ostküste; die Transportkapazitäten der Schiffe konnten nun
in beiden Richtungen genutzt werden.[2]

Whyalla wurde somit zum dritten Standort der australischen Eisenhüttenindustrie. Seit 1941 wird hier Roheisen
und seit 1950 Rohstahl erzeugt. Bis heute hat sich daraus ein Industriezentrum entwickelt. Es umfaßt ein voll-
integriertes Eisen- und Stahlwerk, dessen Rohstahlerzeugung im Jahre 1973 bei 1,1 Mio t lag, und eine Pelletanlage mit einer Jahreskapazität von 2 Mio t.[3]
Außerdem ist die größte australische Schiffswerft angeschlossen, die 'BHP Whyalla Shipbuilding and Engineering

---

1) Die wichtigsten Daten über die Abbaustandorte des Eisenerzbergbaus in der Middleback Range sind in Tab. 5 zusammengefaßt.
2) Vergl. Boesch, H.: Weltwirtschaftsgeographie, Braunschweig 1969², S.228
3) Allgemeine Beschreibung des Pelletierverfahrens auf S. 62

Works'.[1]

In dieser Industrieanlage waren 1974 etwa 8.000 Menschen beschäftigt.[2] In der Stadt Whyalla wohnten im gleichen Jahr rund 34.000 Menschen. "If iron ore had not been found at Iron Knob, the Whyalla region would probably have remained nothing but a marginal sheep-grazing area."[3]

Das größte Problem für diesen Standort bestand zunächst in der Wasserversorgung für dieses außergewöhnlich trockene Buschland mit einer hohen Niederschlagsvariabilität. Es wurde gelöst durch den Bau einer über 350 km langen Wasserleitung von Morgan am Murray River. Eine weitere Schwierigkeit war es, Arbeiter für das bis dahin menschenarme Gebiet anzuwerben. Die BHP konnte sich nicht einfach auf den Bau der Industrieanlagen beschränken. Sie mußte die verkehrsmäßige Erschließung des Raumes finanzieren und hatte in vollem Umfange für die Wohnungen, sozialen Einrichtungen usw. zu sorgen.[4]

Heute bringt die Lage Whyallas abseits der Ballungszentren den großen Vorteil mit sich, keine größeren Wohngebiete durch Umweltverschmutzung zu beeinträchtigen.

---

1) Ende 1975 gab es in Australien drei größere Schiffswerften:
   - die erwähnten 'BHP Whyalla Shipbuilding and Engineering Works', die Schiffe bis zu einer Größe von 85.000 DWT bauen können;
   - die 'State Dockyard' in Newcastle;
   - die Vickers Cockatoo Dockyard Pty Ltd in Sydney.
   Vergl. Bank of NSW Review, Heft Nov. 1975, Sydney, S.18f

2) BHP today, Melbourne August 1975, S.39

3) Rowell,K.A.: Iron Ore, In: Proceedings of Australia's Mineral Resources, Armidale 1969, S.19

4) Vergl. Boesch,H.: Weltwirtschaftsgeographie, 1969^2, S.228; auch Brüning,K., Frenzel,K.: Australien, München 1974, S.139f

2   Die west-australischen Gruben zur heimischen
    Eisenerzversorgung

2.1 Die Inselerze im Yampi-Sound und die Errich-
     tung des Eisen- und Stahlzentrums Kwinana an
     der australischen Westküste

Um die Eisenerzreserven der Middleback Range zu schonen, baut man seit 1951 zusätzlich Vorkommen in West-Australien ab. Dabei handelt es sich einmal um die schon seit langem bekannten 'Eisen-Inseln' im *Yampi-Sound* der Kimberley-Region. Die Eisenerze dieser Inseln waren schon seit Ende des letzten Jahrhunderts den Besatzungen der Perlkutter bekannt. Die 'schweren Steine' dienten den Perltauchern als Ballast.[1] 1938 war zunächst den Japanern die Abbaugenehmigung erteilt worden, die jedoch durch das Exportembargo 1939 hinfällig wurde. Die Erzverschiffung erfolgt seit 1951 von der Insel *Cockatoo*, seit 1965 auch von der Nachbarinsel *Koolan*. Die Erze dienten bis 1971 vorwiegend der Inlandsversorgung, werden aber seitdem größtenteils exportiert.

Diese Vorkommen genießen eine gewisse Vorrangstellung unter den Eisenerzlagerstätten der Erde, da die Erzfrachter direkt in der Nähe des jeweiligen Erzabbauortes beladen werden können.[2] Da es sich außerdem um hochwertige Erze handelt, will man das 300 m tief reichende Erzlager - die Vorräte unter dem Meeresspiegelniveau werden auf 100 Mio t geschätzt - sogar im Tiefbau erschließen. Das wäre dann eine Ausnahme im heutigen australischen Eisenerzbergbau,

---

1) Vergl. Coghill,I.: Australia's Mineral Wealth, Melbourne 1972², S. 121
2) Vergl. Geological Survey of WA (ed): Iron in Western Australia, Perth 1966, S.19f

der bis heute nur die Förderung im Tagebau kennt.[1]

Die Erteilung der Konzessionen zum Abbau der westaustralischen Vorkommen im Yampi-Sound und später die von Koolyanobbing durch die BHP wurde seitens der westaustralischen Landesregierung an die Forderung geknüpft, in dem südlich von Perth gelegenen *Kwinana* schrittweise ein Eisen- und Stahlzentrum zu errichten.

Kernstück des Industriekomplexes ist die schon 1955 in Betrieb genommene Erdölraffinerie, die auch als Energielieferant - zum Teil mit Ölabfällen - der Eisen- und Stahlherstellung dient. Der Ausbau begann 1956 mit der Fertigstellung eines Walzwerkes, 1968 erfolgte der Anstich eines Hochofens mit einer Jahreskapazität von über 600.000 t Roheisen. Eine Sinteranlage mit einer Produktion von 1 Mio jato nahm ebenfalls die Arbeit auf. Bis 1978 soll der Ausbau zu dem bisher einzigen vollintegrierten Eisen- und Stahlwerk in West-Australien abgeschlossen sein, so daß Australien dann über insgesamt vier integrierte Schwerindustriezentren verfügen wird.

2.2 Koolyanobbing und die Eisenwerke in Wundowie

Seit 1967 werden vor allem die Vorkommen bei *Koolyanobbing* zur Versorgung der heimischen Eisen- und Stahlindustrie herangezogen. Der Konzessionsvertrag zwischen der west-australischen Regierung und der BHP über die Ausbeutung der Eisenerzvorkommen wurde im Jahre 1961 abgeschlossen, "only months before reports of the immense Pilbara orebodies began to reach the BHP Headoffice."[2]

---

1) Vergl. BHP testing underground mine possibility, In: BHP News Review, Melbourne September 1975, S.1; auch: Versuche zur Eisenerzgewinnung vor Westaustralien, In: Stahl und Eisen, H.5., Düsseldorf 1976, S.219
2) Coghill,I.: Australia's Mineral Wealth, Melbourne 1972^2, S.121

Der unter diesen Umständen erfolgte Aufschluß der
Lagerstätte Koolyanobbing hatte - trotz der relativ
bescheidenen Förderleistung - beachtliche Auswirkungen auf die Entwicklung von West- und sogar Gesamt-
Australien. In dem Konzessionsvertrag verpflichtete sich
nicht nur die BHP zum Ausbau eines Eisen- und Stahlkomplexes in Kwinana, sondern auch der west-australische
Staat verpflichtete sich, eine Normalspurbahn zu den
Erzlagern zu bauen, zu betreiben und zu unterhalten.

Dies paßte in das west-australische Verkehrskonzept insofern, als Koolyanobbing in der Nähe der Bahnstrecke
Perth-Kalgoorli liegt, einem Teilstück der transkontinentalen Bahntrasse, das damals noch nicht auf Normalspur
umgebaut worden war.[1] Wegen der überregionalen Aufgaben
der Transkontinentalbahn und wegen der großen Exportbedeutung des Eisen- und Stahlwerks in Kwinana beteiligte
sich auch die australische Bundesregierung an den Bahnbaukosten.

"Auf diese Weise hatte der Staat West-Australien einen
doppelten Erfolg erzielt. Neben der Versorgung eines leistungsfähigen Betriebes der Schlüsselindustrie mit Rohstoffen hatte Perth nun Anschluß an das gesamtaustralische Eisenbahnnetz mit einheitlicher Spurweite gewonnen."[2]
- Koolyanobbing liegt überdies in einem kaum besiedelten
Gebiet, so daß der Bergbausiedlung auch eine raumerschließende Bedeutung zukommt.

Aus der Lagerstätte Koolyanobbing beziehen seit 1967 auch
die *Eisenwerke in Wundowie*, die nicht zum BHP-Konzern gehören, das erforderliche Erz. Wundowie liegt östlich von

---

1) Vergl. Reiner,E.: Ausbau der Normalspur in Australien, In: Zeitschrift f. Wigeo., H.6, Hagen 1969, S.175f
2) Dahlke,J.: Der west-australische Wirtschaftsraum - Ein Reisebericht, Wiesbaden 1975, S.126

Perth in der Darling Range. Diese Gesellschaft betreibt
ihren Hochofen ausschließlich mit Holzkohle, welche aus
umliegenden gesellschaftseigenen Eukalyptuswäldern gewonnen
wird. Das Werk wurde auf Initiative der west-
australischen Regierung hin gebaut und bereits 1948 in
Betrieb genommen; das Erz lieferte ursprünglich ein in
der Nähe gelegenes kleines Vorkommen. Die jährliche Roheisenerzeugung
liegt heute bei 60.000 t, für die rund
100.000 t Eisenerz benötigt werden.[1]

Von 1951 an erfolgte damit mehr oder weniger kontinuierlich
eine Verlagerung der Eisenerzförderung auch für die
heimische Versorgung in die west-australischen Abbaugebiete.
1950 wurde der gesamte Inlandsbedarf von 2,4 Mio t[2]
Eisenerz noch zu 100 % durch die süd-australischen Gruben
der Middleback Range gedeckt. 1974 dagegen betrug
der süd-australische Förderanteil am Gesamtbedarf von
insgesamt 11,8 Mio t - bei absolut auf 5,4 Mio t gestiegener
Förderung - nur noch 45,8 %.[3] Dieser Vergleich
weist gleichzeitig darauf hin, in welchem Umfang sich die
Eisen- und Stahlerzeugung erhöht hat. Im Jahre 1974 wurden
in Australien 7,3 Mio t Roheisen und 8,0 Mio t Rohstahl
[4] erzeugt.

---

1) Australian Mineral Industry 1973 Review, BMR, Canberra 1975,
S.183
2) Kalix,Z.: Australian Mineral Industry: Production and Trade
1842-1964, Canberra 1966, S.215
3) Siehe Abb. 6
4) Welt-Rohstahlerzeugung, Eisen- und Stahlstatistik Düsseldorf
1975, S.2f

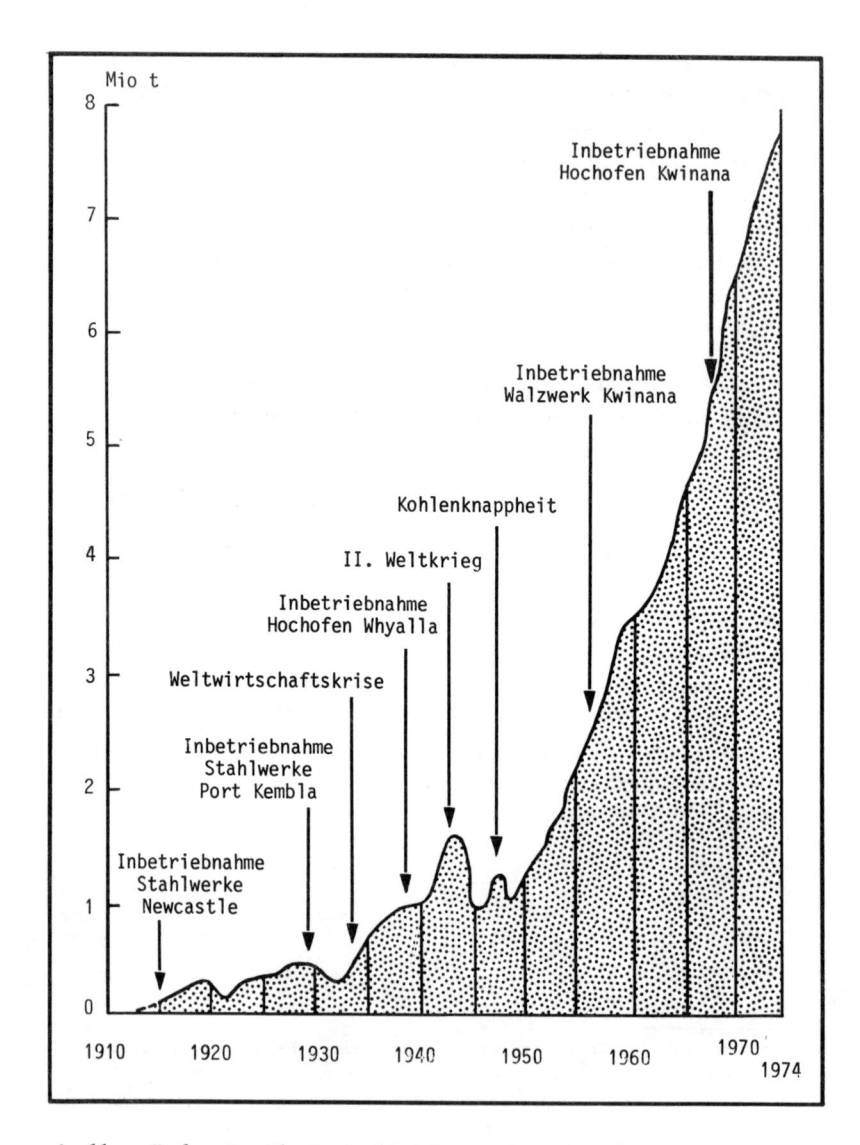

Quellen: Hughes,H.: The Australian Iron and Steel Industry 1848-1962, Melbourne 1964; Rohstahlerzeugung der Welt, Eisen- und Stahlstatistik, Düsseldorf 1965-1975

ABB. 4 DIE ROHSTAHLERZEUGUNG AUSTRALIENS VON 1915 BIS 1974

Tabelle 5   Die vorwiegend inlandsorientierten Abbaustandorte* des Eisenerzbergbaus in Australien

	MIDDLEBACK RANGE		KOOLYANOBBING
	IRON BARON und IRON PRINCE	IRON MONARCH und IRON KNOB	
LAGE	Die Range liegt in Süd-Australien auf der York-Halbinsel, etwa 40 km westlich von Whyalla, und erstreckt sich gleichmäßig über mehr als 60 km vom Iron Knob im Norden bis zum Iron Duke im Süden. Siehe Abb. 9		In West-Australien im Yilgarnia-Gebiet 385 km ost-nordöstlich von Perth; siehe Abb. 4,8
ERZVORRATE	68 Mio t Hämatit mit durchschnittlich 60 % Fe-Gehalt (1965)	57 Mio t Hämatit mit durchschnittlich 60 % Fe-Gehalt (1974)	60 Mio t Hämatit mit durchschnittlich 61,4 % Fe-Gehalt
INBETRIEBNAHME	1936	1898, Iron Knob wieder seit 1974	September 1967
FÖRDERUNG in 1974	2,8 Mio t	2,6 Mio t	2,2 Mio t
BERGBAUSIEDLUNG	Iron Knob mit 750 Einwohnern		Koolyanobbing mit etwa 350 Einwohnern
LÄNGE der BAHNLINIE	52 km		489 km
HAFEN	Whyalla		Kwinana
BERGBAUGESELLSCHAFT	The Broken Hill Proprietary Co Ltd		Dampier Mining Co Ltd (100%ige Tochtergesellschaft der BHP)

*) Die entsprechenden Einzelheiten über den heute vorwiegend exportorientierten
   Abbaustandort 'Yampi Sound' enthält Tabelle 28

Quellen: Siehe Tabelle 11

III Der exportorientierte Eisenerzbergbau

Die entscheidende Wandlung des australischen Eisenerzbergbaus erfolgte jedoch, seit er nicht mehr nur der Versorgung der heimischen Schwerindustrie dient, sondern vor allem für den Export betrieben wird.

1 Die wirtschaftshistorischen Voraussetzungen

1.1 Die erste Exportphase von 1929 bis 1939

Die zwanziger und dreißiger Jahre waren gekennzeichnet durch die optimistische Erwartung unbegrenzter Eisenerzreserven in den verschiedenen australischen Staaten.[1] Diese Zuversicht führte zu der Entwicklung eines bescheidenen Exportmarktes von insgesamt 2,3 Mio t Eisenerz in den Jahren 1929 bis 1939. Es handelte sich vor allem um ein stark manganhaltiges Eisenerz aus der Middleback Range, das nur erschwert verhüttet werden konnte.

Tabelle 6 Eisenerzexporte Australiens und deren Bestimmungsländer in den Jahren 1929 bis 1939

Jahr endend am 30. Juni	Exporte in 1.000 t nach				
	Japan	Europa	U S A	Sonst.	Gesamt
1929	-,-	16,0	28,0	-,-	44,0
1930	166,2	213,6	192,7	7,7	580,2
1931	50,1	-,-	66,7	14,7	130,8
1932	13,4	-,-	20,9	-,-	34,3
1933	13,8	-,-	-,-	-,-	13,8
1934	45,3	-,-	24,3	-,-	69,9
1935	250,5	-,-	131,9	13,5	395,9
1936	292,0	-,-	105,8	34,5	432,3
1937	194,5	-,-	68,8	3,8	267,1
1938	87,6	-,-	79,9	0.4	167,9
1939	74,9	-,-	57,3	-,-	132,2
Insgesamt	1188,3	229,6	776,3	73,9	2268,1

Quelle: Commonwealth Bureau of Census and Statistics, Oversea Trade Bulletins, 1929-39 (nach Hughes,H.: The Australian Iron and Steel Industry 1848-1962, Melbourne 1964,S.120)

1) Vergl. Hughes,H.: The Australian Iron and Steel Industry 1848-1962, Melbourne 1964, S.121

Bereits in dieser Zeit ist Japan das wichtigste Bestimmungsland australischer Eisenerze. Der japanischen Nippon Mining Company billigte man sogar zu, das Vorkommen auf der Koolan Insel im west-australischen Yampi Sound selbst auszubeuten.

1.2 Das Exportembargo von 1938 bis 1960

Das zunehmende Interesse des Auslandes am australischen Eisenerz rief jedoch die australische Regierung auf den Plan. Sie befürchtete, den eigenen Bedarf eines Tages nicht mehr decken zu können, und ließ daher die Eisenerzreserven Australiens überprüfen. Das Ergebnis dieser Überprüfungen, im sogenannten *Woolnough-Report* Anfang 1938 dem australischen Parlament vorgetragen, bestätigte die Befürchtungen der Regierung: Die Vorkommen in der Middle Back Range und im Yampi Sound galten dem Bericht zufolge als die einzigen wirtschaftlich nutzbaren Eisenerzvorräte Australiens mit insgesamt 259 Mio t. Der Bericht gipfelte in der Prophezeiung "unless resources were conserved, Australia would become an importer of iron ore in less than a generation."[1] Darüber hinaus drohte die Gefahr, im Kriegsfall völlig auf eigene Rohstoffvorräte angewiesen zu sein.

Diese Gründe bewogen die australische Regierung zu einem generellen Ausfuhrverbot für Eisenerze mit Wirkung vom 1. Juli 1938.

Die Richtigkeit des Woolnough-Reports wird heute jedoch von dem Wirtschaftshistoriker *Blainey* in Frage gestellt.[2]

---

1) Woolnough-Report zit. nach: Raggatt,H.G.: Mountains of Ore, Melbourne 1968, S.106

2) Vergl. Blainey,G.: The Rush That Never Ended, Melbourne 1974², S.346ff;
derselbe: The Cargo Cult in Mineral Policy, In: Economic record, Melbourne December 1968, S.470-479

Er vertritt die Auffassung, die Vorratsschätzungen der australischen Eisenerzreserven seien manipuliert und bewußt niedrig angesetzt worden, um vor allem die unerwünschte Anwesenheit der Japaner in Australien zu beenden. Sie hatten damals bereits mit der Erschließung der Erze auf der Insel Koolan begonnen und hielten sich damit durchaus legal in der Nähe der völlig unbewachten Küste des entlegenen äußersten Nordwestens von Australien auf. Da Japan sich zu diesem Zeitpunkt bereits im Krieg mit China befand, fürchteten auch die Australier den territorialen Expansionsdrang der Japaner. "So the problem was how to remove the Japanese from Yampi Sound without creating a diplomatic incident. The simplest answer was to ban the export of iron ore not only from Yampi Sound but also from every Australian port."[1]

Welche Absichten dem Export-Embargo auch immer zugrundelagen: Es behielt über 22 Jahre seine Wirksamkeit. Die strengen Schutzbestimmungen lähmten jede nennenswerte Initiative zur Erforschung weiterer Lagerstätten; denn der Inlandsbedarf war für die nächsten Jahrzehnte gedeckt und jeder neue Erzfund wäre sowieso der BHP als alleinigem Unternehmer der Eisen- und Stahlindustrie Australiens zugute gekommen. Die west-australische Regierung erteilte bis 1961 nicht einmal Schürfgenehmigungen für Eisenerz. So beklagt *Blainey:* "Just as the search for gold in eastern Australia in the 1840s had been retarded by the English common law that all the gold belonged to the Crown, so the search for iron ore in Western Australia more than a century later was retarded by the new law that all iron ore belonged to the Crown. Canberra and Perth thus ignored a lesson which the history of Australian mining seemed to furnish - *the obvious one that laws discouraging the search for minerals also discouraged discovery.*"[2]

---

1) Blainey, G.: The Rush That Never Ended, Melbourne 1974², S.345
2) Blainey, G.: The Rush That Never Ended, Melbourne 1974², S.348

Im Laufe der Jahre 1940 bis 1960 gab es zwar Berichte
über nicht näher untersuchte Eisenerzvorkommen im Landesinnern, doch hielt man sie für geringwertig und wegen der
isolierten Lage ohne wirtschaftliche Bedeutung. "Visible
on the ground, they were invisible in Canberra."[1]

Noch 1955 erklärte der australische Außenminister Lord
Casey vor dem Parlament, daß Australien mit Eisenerz
nicht reich gesegnet sei und es zur Schonung der eigenen
Reserven importiert werden müsse.[2] So bezog Australien
sogar von 1956 bis 1968 Eisenerz aus Neukaledonien: Jährlich etwa 0,3 Mio t.[3]

1.3 Die zweite Exportphase seit 1966

Endlich konnte sich die australische Regierung doch nicht
mehr der wirtschaftlichen Notwendigkeit verschließen,
durch Rohstoffausfuhr die ökonomische Entwicklung Australiens zu fördern. Auf anhaltendes Drängen namhafter Interessengruppen wurde deshalb Ende 1960 das Ausfuhrverbot
in der Weise gelockert, daß Erzausfuhren aus neu entdeckten Vorkommen bis zur Hälfte der Vorräte zulässig
sind.

Eine sofort einsetzende intensive Prospektionstätigkeit
einheimischer und internationaler Erzbergbaugesellschaften und eine damit verstärkte Erforschung des weiten
Landes, besonders West-Australiens, war die Folge.[4]
Als Ergebnis dieser Erkundungen sind innerhalb weniger
Jahre umfangreiche Eisenerzlagerstätten nachgewiesen wor-

---

1) Blainey,G.: The Rush That Never Ended, Melbourne 1968^2, S.348
2) Iron Ore in Australia (anonym): Canberra 1967, S.1
3) Canaven,F.: Iron Ore Deposits of Australia, Melbourne 1965,S.19; AMI 1971 Review, S.169
4) Vergl. Raggatt,H.G.: History and Significance of Mineral Exploration in Australia, Melbourne 1965, S.1ff; ders. gibt eine detaillierte Beschreibung dieser 'Entdeckungsgeschichte', In: Mountains of Ore, Melbourne 1968, S.110 ff

den. Die Vorräte stiegen von den 1959 bekannten 400 Mio t bis zum Jahre 1965 auf etwa 18 Mrd t mit einem durchschnittlichen Eisengehalt von über 50 %.[1]

Auf der Grundlage langfristiger Lieferverträge - vor allem mit Japan[2] - und der Beteiligung internationalen Kapitals wurden viele dieser Vorkommen rasch aufgeschlossen. Bereits 1966 wurde in den ersten Gruben die Förderung für den Export aufgenommen. Damit verlor aber auch die BHP ihr über 35jähriges Monopol in der Eisenerzförderung; durch die 30prozentige Beteiligung am Mt-Newman-Konsortium hat die BHP aber auch Anteil an dem Aufschwung, der mit der Aufhebung des Ausfuhrverbotes einsetzte.

Tabelle 7   Die exportorientierten Eisenerzgruben Australiens und deren Förderungen in den Jahren 1967-1974

Grube	Förderung in Mio Stoff-t							
	1967	1968	1969	1970	1971	1972	1973	1974
Koolanooka	0,6	0,6	0,6	0,6	0,7	0,7	0,8	0,7
Mt Goldsworthy*	3,3	4,6	5,1	6,5	7,0	6,6	8,6	8,0
Mt TomPrice Paraburdoo	5,3	9,2	13,3	16,9	20,7	22,5	27,7	32,8
Frances Creek	-,-	0,5	0,8	1,0	1,0	0,8	0,9	0,5
Savage River	-,-	1,1	1,9	1,9	2,2	2,3	2,4	2,2
Mt Whaleback Insgesamt:		4,0	11,8	19,0	21,8	26,7	31,4	
Export:		3,9	11,3	18,2	19,7	23,9	27,3	
Robe River	-,-	-,-	-,-	-,-	-,-	1,4	8,5	11,1

*) Einschließlich Shay Gap und Sunrise Hill

Quellen: Coghill,I.: Australia's Mineral Wealth, Melbourne 1972², S.109;
Australian Mineral Industry 1970-1974 Review, BMR Canberra 1971-1975

---

1) Canavan,F.: Iron Ore Deposits of Australia, Melbourne 1965,S.13
2) Vergl. Seite 181 dieser Arbeit

2 Die heute bekannten Eisenerzlagerstätten in Australien (Zonen, Lagerstätten, Reserven)

Über 90 % der gegenwärtig bekannten Eisenerzreserven Australiens liegen in West-Australien und hier wiederum zum allergrößten Teil in der "Hamersley-Eisenerz-Provinz" der Pilbara-Region.[1] Von den Erzen mit über 54 % Eisengehalt beherbergt diese Region sogar über 95 % der Vorräte. Das Übergewicht der Pilbara-Vorräte ist so groß, daß die jüngsten offiziellen Schätzungen nur die Vorräte der "Hamersley-Provinz" und die des "Sonstigen Australien" unterscheiden.[2]

Außer den in dieser Arbeit erwähnten und in Abbildung 5 eingezeichneten Lagerstätten gibt es eine Menge weiterer Eisenerzvorkommen in Australien. So hatte *Canavan* in einer Studie für den '8th Mineral and Metallurgical Congress 1965 in Melbourne' insgesamt 62 Lagerstätten katalogisiert.[3] In der 'UN-Survey of World Iron Ore Resources' hat *Evoy* sogar 82 Eisenerzlagerstätten in Australien katalogisiert und kartiert.[4] Der 'Atlas of Australian Resources' verzeichnet insgesamt 53 Lagerstätten.[5] An den bekannten Vorkommen außerhalb der Pilbara-Region hat sich seitdem wenig verändert, so daß diese Untersuchungen

---

1) "The name 'Hamersley Iron Province' is defined for geological purposes only and has no legal, cadastral or administrative significance. The Hamersley Iron Province is nearly co-extensive with the 'Pilbara', which is defined as covering the East and West Pilbara Gold Fields." In: Mead,G.F.: Assessment of Australian Iron Ore Reserves, Canberra 1974, S.19

2) Vergl. Mead,G.F.: Assessment of Australian Iron Ore Reserves, Canberra 1974, S.19-24

3) Vergl. Canavan,F.: Iron Ore Deposits of Australia, Melbourne 1965, S.18

4) Vergl. Evoy,E.: Iron Ore Deposits of Australia, New Zealand and New Caledonia, New York 1970, S.207ff

5) Vergl. Karte 'Mineral Deposits' incl. Beiheft, Atlas of Australian Resources, 2nd Edition, Canberra 1970^4

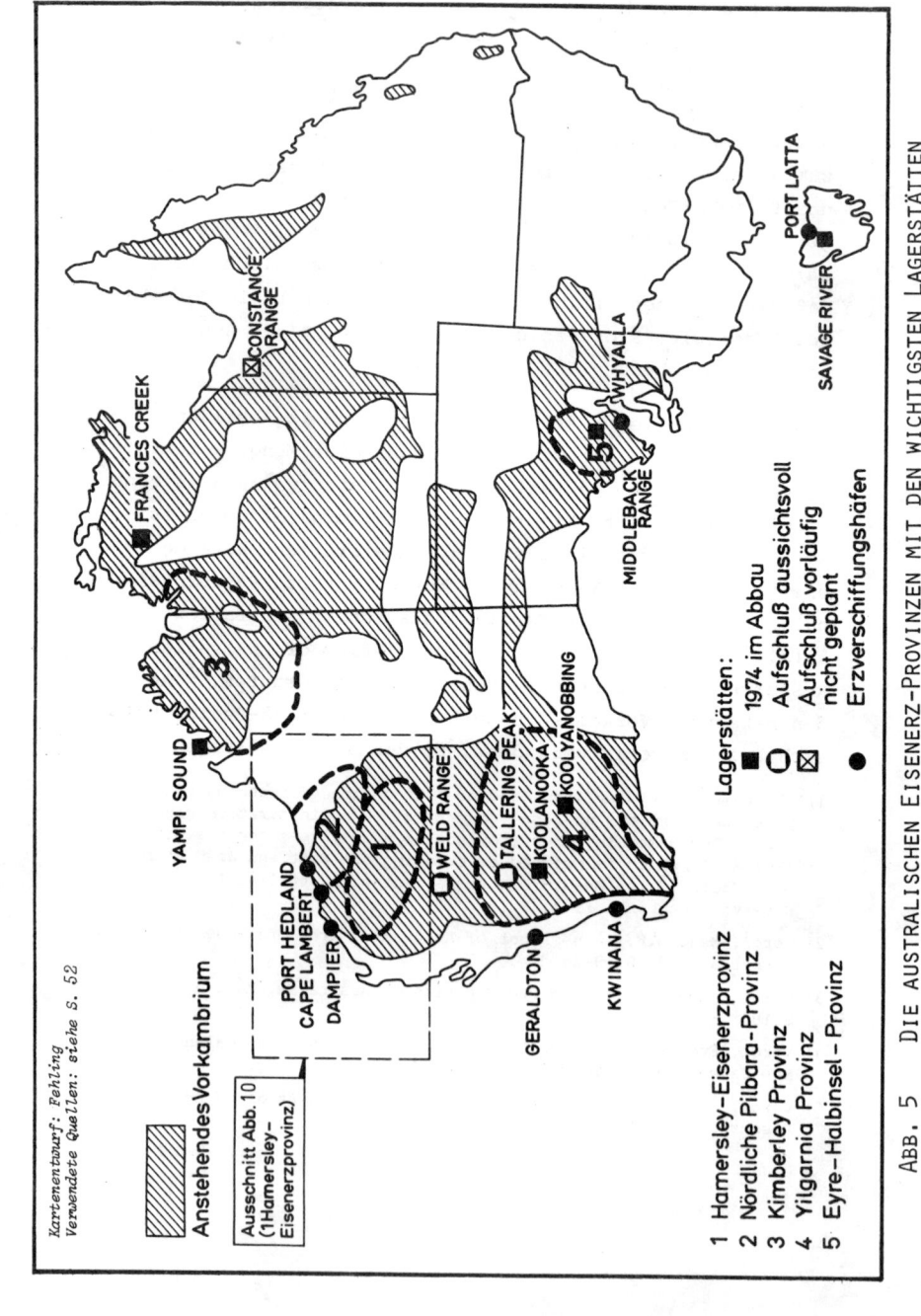

ABB. 5 DIE AUSTRALISCHEN EISENERZ-PROVINZEN MIT DEN WICHTIGSTEN LAGERSTÄTTEN

1 Hamersley-Eisenerzprovinz
2 Nördliche Pilbara-Provinz
3 Kimberley Provinz
4 Yilgarnia Provinz
5 Eyre-Halbinsel-Provinz

Tabelle 8   Die Eisenerz-Vorräte Australiens nach
            ihrem Eisen-Gehalt

Erz- Klassifizierung	Eisenerz-Vorräte in Mrd Stoff-t[a]		
	Hamersley Eisenerz-Provinz	Sonstiges Australien	Ins-gesamt
Reicherz mit 62 % Eisengehalt und höherwertig [b]	8.650	448	9.098
Mittelhaltiges Erz mit 58 bis 61,9 % Eisengehalt [b]	11.621	312	11.933
Geringerhaltiges Erz mit 54 bis 57,9 % Eisengehalt [b]	4.616	201	4.817
Aufbereitungserz [c]	7.141	2.011	9.152
Insgesamt	32.028	2.972	35.000[d]

a) Schließen die 'möglichen' Vorräte ein
b) Hämatit und Hämatit-Goethit
c) Limonit-Erze bis herunter zu 50 % Eisengehalt und andere Erze,
   die wirtschaftlich aufbereitbar sind, z.B. Magnetit-Erze
d) 23,6 Mrd t gelten als 'sicher und wahrscheinlich', 11,4 Mrd t
   als 'möglich'

Quelle: Mead,G.F.: Assessment of Australian Iron Ore Reserves,
        Canberra 1974, S.21

noch weitgehend gültig sind. Die meisten dieser Vorkommen
haben jedoch für die australische Wirtschaft gegenwärtig
keine Bedeutung, da sie zumeist im Vergleich zu den großen
west-australischen Vorkommen nicht abbauwürdig sind.
"But reserves are considerable, and, if they had occurred
instead in Japan, would long since have been fully exploi-
ted."[1]

Die Lagerstätte *Constance Range* in Queensland beherbergt
zwar selbst für australische Maßstäbe umfangreiche Eisenerzvorräte. Ihre Erzreserven werden auf 370 Mio t ge-

---
1) Pounds,N.J.G.: The Geography of Iron and Steel, London 1971, S.44

schätzt.[1] Hierbei handelt es sich jedoch um minderwertige Aufbereitungserze, die zudem noch im Tiefbau gewonnen werden müßten. In Anbetracht der west-australischen Lagerstätten hatte man jedoch kein Interesse mehr an diesem Vorkommen und stellte 1965 die Aufschlußarbeiten ein.[2]

3 Übersicht über die Abbaustandorte 1974

Fast alle australischen Abbaustandorte des Eisenerzbergbaus haben derzeit den Charakter von 'bergwirtschaftlichen Rohstoffergänzungsgebieten'. Sie liegen außerhalb der industriellen Kerngebiete und kennen "lediglich den Abbau, die Veredelung und Aufbereitung für den Transport."[3] Eine Ausnahme hiervon bilden lediglich die Eisenerzgruben der Middleback Range in Süd-Australien, soweit die hier geförderten Erze in dem relativ nahen Industriestandort Whyalla verarbeitet werden.

Gemeinsam ist allen Standorten der Erzabbau im Tagebau mit nicht zu mächtigen Deckschichten, der "ideal für eine vollmechanische Mineralgewinnung ist".[4]

Die Verteilung der australischen Eisenerzförderung nach Inlands- und Exportversorgung ergab im Jahre 1974 ein Gesamtbild, das Abbildung 6 und Tabelle 9 verdeutlichen.

---

1) Vergl. Canavan,F.: Iron Ore Deposits in Australia, Melbourne 1965, S. 18
2) Vergl. Iron Ore in Australia (anonym), Canberra 1967, S.3
3) Otremba,E.: Der Wirtschaftsraum - seine geographischen Grundlagen und Probleme, Stuttgart 1969, S.136
4) Otremba,E.: Die Erde als Wohnraum der Menschheit, Zürich 1969, S. 381

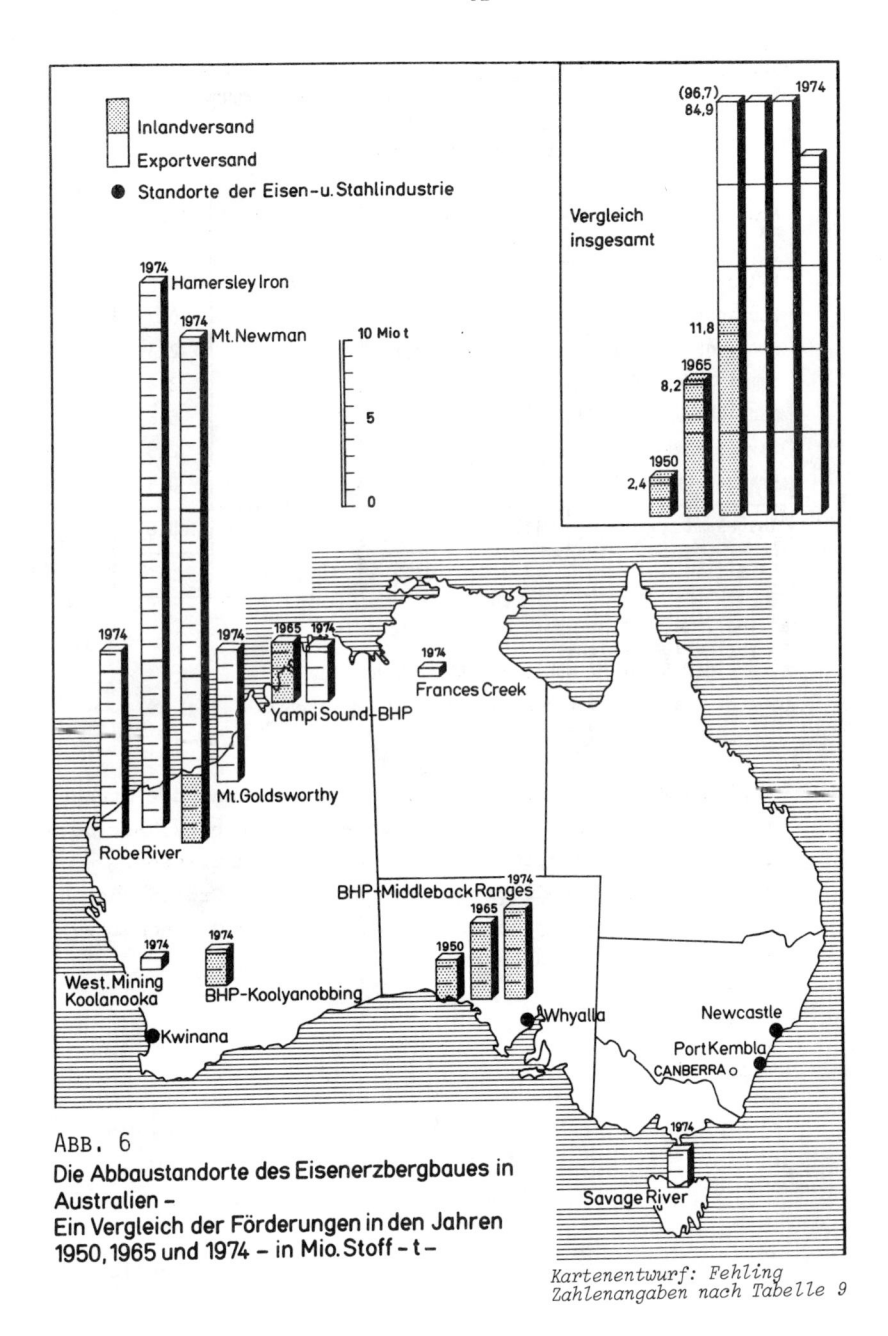

ABB. 6
Die Abbaustandorte des Eisenerzbergbaues in Australien –
Ein Vergleich der Förderungen in den Jahren 1950, 1965 und 1974 – in Mio. Stoff - t –

Kartenentwurf: Fehling
Zahlenangaben nach Tabelle 9

Tabelle 9   Verteilung der australischen Eisenerzförderung 1974
            nach Gruben, Inlands- und Exportversorgung

Grube bzw. Grubenbezirk	Eisenerzförderung in Mio t$^{a)b)}$			in %
	Versand		Insgesamt	
	Inland	Export		
Pilbara-Gruben,WA	4,4$^{c)}$	78,4	82,4	85,2
Koolanooka,WA	-,-	0,7	0,7	0,7
Koolyanobbing,WA	2,1	0,1	2,2	2,3
Yampi Sound,WA	0,3	3,0	3,3	3,4
Middleback Range,SA	5,4	-,-	5,4	5,6
Savage River,Tas	-,-	2,2	2,2	2,3
Frances Creek,NT	-,-	0,5	0,5	0,5
Insgesamt	11,8	84,9	96,7	100,0
Anteil in %	12,5 %	87,5 %	100,0 %	

a) incl. Pellets
b) vorläufige Zahlen
c) aus der Grube Mt Whaleback/Mt Newman

Quelle: Pratt,R.: Vorabdruck des Kapitels 'Iron Ore', AMI 1974 Rev., Canberra 1975, S.2ff

Diese Übersichten zeigen deutlich die Dominanz der Gruben in der Pilbara-Region, die im Jahre 1974 bereits über 85 % des in Australien geförderten Eisenerzes bestritten. Aufgrund dieser produktionswirtschaftlichen Größenordnung wird die Pilbara-Region einer ausführlichen wirtschaftsräumlichen Analyse unterzogen.

IV Die Pilbara-Region

1 Abgrenzung und naturräumliche Ausstattung[1]

Die Pilbara-Region liegt etwa 1.200 km nördlich von Perth in dem nordwestlichen Teil von West-Australien. Sie umfaßt in ihrer naturräumlichen Abgrenzung das Gebiet, das von den Wasserscheiden der Flußsysteme Ashburton und DeGrey River eingeschlossen wird; ein Gebiet von rund 259.000km².[2] Somit erstreckt sich die Pilbara-Region etwa vom Indischen Ozean am 20. südlichen Breitengrad bis zum Wendekreis des Steinbocks im Süden; im Westen und Osten begrenzt etwa durch den 115. und 121. östlichen Längengrad.

Dieser offiziell eingegrenzten Pilbara-Region steht der umfassendere regional-politische Begriff der 'Pilbara Statistical Division' gegenüber. Er umfaßt nach einer Gebietsreform im Jahre 1972 die Landkreise - 'shires' - von Port Hedland, East Pilbara, West Pilbara und Roeburne; insgesamt ein Gebiet von 510.335 km².[3] Dieser Zählbezirk Pilbara umfaßt zusätzlich im Osten noch die menschenleere 'Große Sandwüste' und ein menschenarmes Gebiet westlich des Ashburton River. Hinsichtlich demographischer Betrachtungen können deshalb die statistische und naturräumliche Pilbara-Region gleichgesetzt werden.

Im Zentrum des Pilbara-Gebietes liegen die in nordwestlicher Richtung streichenden Hamersley- und Ophthalmia-

---

1) Vergl. vor allem: Learmonth,N. and A.: Regional Landscapes of Australia - Form, Function and Change, Sydney-London 1971, S.362ff; Fehling,L.: Entwicklung und Standortprobleme des Eisenerzbergbaus in West-Australien, Staatsarbeit Köln 1970, S.28ff

2) Vergl. TPS, Canberra 1974, S.2/2+43

3) Vergl. Australian Bureau of Statistics, Local Government Areas 1973-74, Perth 1975, S.22f

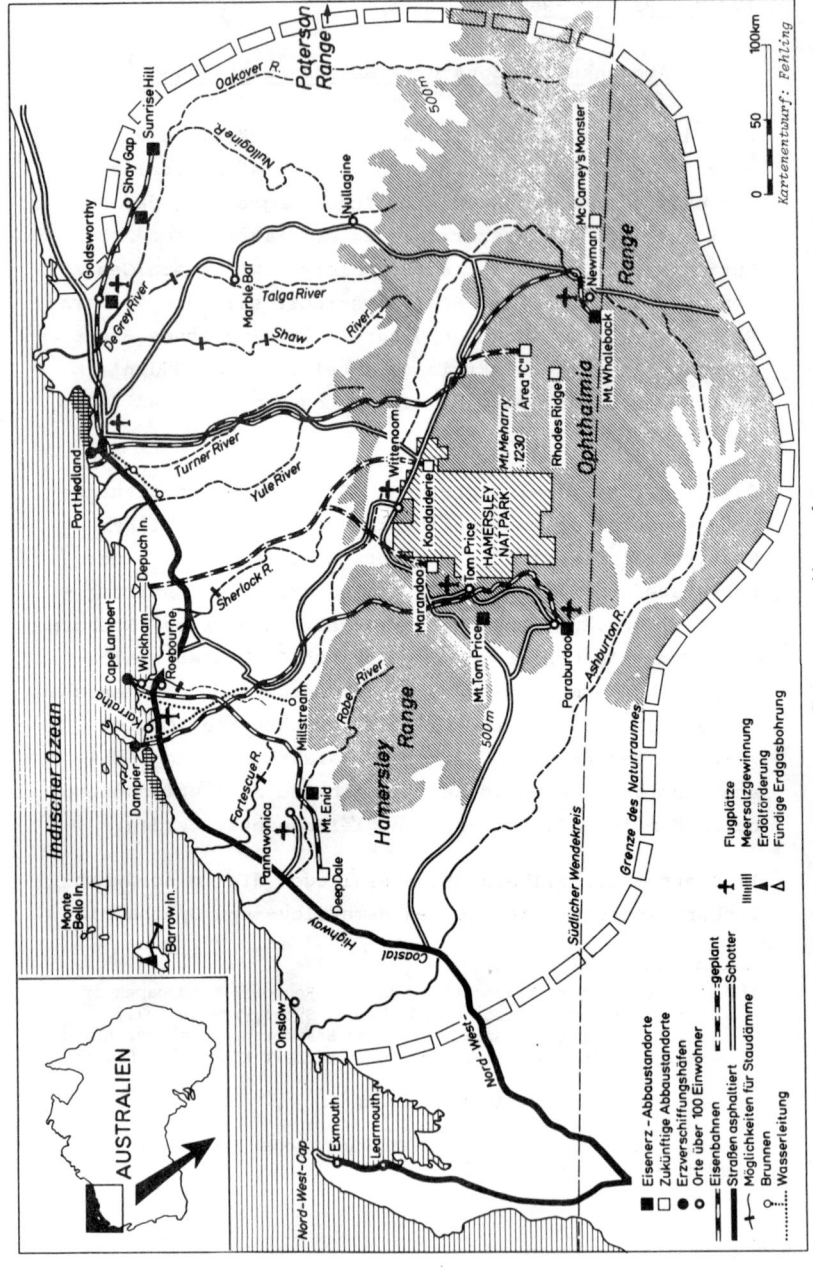

ABB. 7 DIE PILBARA-REGION IN WEST-AUSTRALIEN

Ranges mit dem 1.230 m hohen Mt Meharry[1], der höchsten Erhebung West-Australiens. Das Berg- und Hügelland kann als Mittelgebirge bezeichnet werden.

Die an der Nordflanke liegenden Flüsse - der Robe River im Westen, der Fortescue River im zentralen Teil und der DeGrey River im Osten - haben wegen mangelnder Niederschläge nur eine episodische Wasserführung. Durch starke Erosion im Quellgebiet bestehen die Flußbetten aus breiten und tief eingeschnittenen Schotterbetten, in deren Tiefe häufig Grundwasserströme zu finden sind.[2]

Mit den hohen Temperaturen zählt dieses Gebiet zu den heißesten und zugleich sonnigsten Teilen Australiens - mit bis zu 80 % der möglichen Sonnenscheindauer: etwa 3.500 Stunden im Jahr.[3] Am östlichen Rand der Pilbara-Region liegt auch der Hitzepol Australiens: In der Ortschaft Marble Bar erreichen die Temperaturen durchschnittlich an 145,4 Tagen im Jahr mehr als 37,7°C, an 239,7 Tagen mehr als 32,2°C.[4]

Niederschläge treten nur sporadisch auf. Ihr Effekt wird durch die Heftigkeit der meist durch Zyklonen verursachten Regen sowie durch die Sonneneinstrahlung und die ständig hohen Temperaturen aufgehoben.[5] Die durchschnittlichen Niederschläge von nur 250 bis 300 mm im Jahr machen das Land zu einem ariden Gebiet. Die Ver-

---

1) Bis zum Jahre 1963 galt noch der etwa 1200 m hohe Mt Bruce als höchste Erhebung.
2) Vergl. Reiner,E.: Die wirtschaftliche Entwicklung West-Australiens, In: Zeitschrift für Wirtschaftsgeographie, H.2, Hagen 1968, S.38
3) Vergl. Kerr,A.: Australia's North West, Perth 1967, S.379
4) Vergl. WA Year Book 1975, Perth 1975, S.56
5) Vergl. Reiner,E.: Die wirtschaftliche Entwicklung West-Australiens, In: Ztschr.f.Wirtschaftsgeogr., H.2, Hagen 1968, S.37

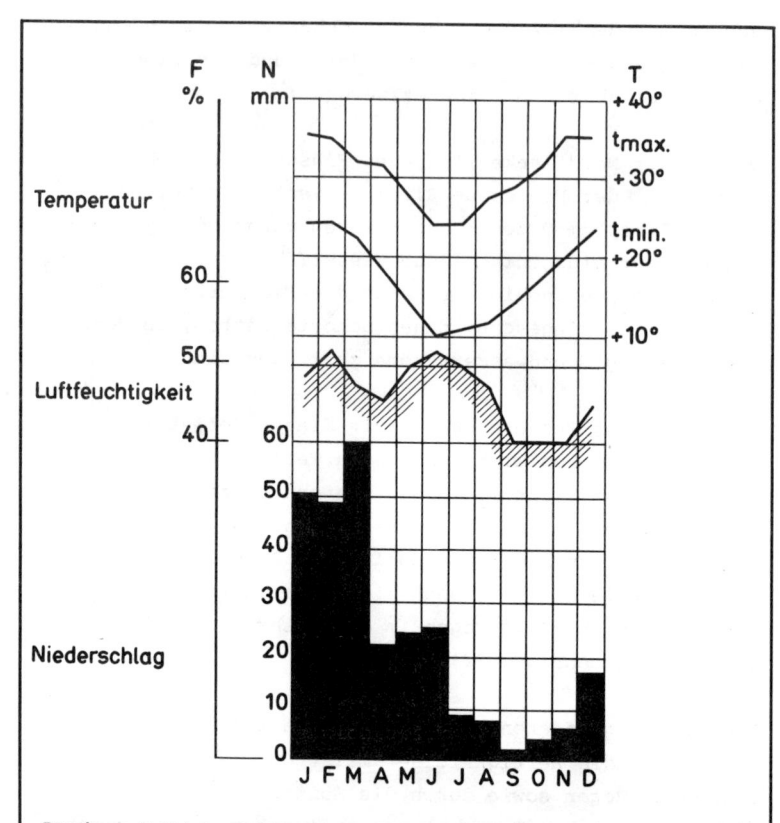

Durchschnittliche Meßdaten der Meßstationen *Marble Bar*, *Nullagine*, *Onslow*, *Peak Hill*, *Port Hedland und Roeborne*; Einzelangaben in: Kerr,A.: Australia's North West, Perth 1967, S.385-389, und Western Australian Year Book 1975

ABB. 8   DURCHSCHNITTLICHE KLIMADATEN DER PILBARA-REGION

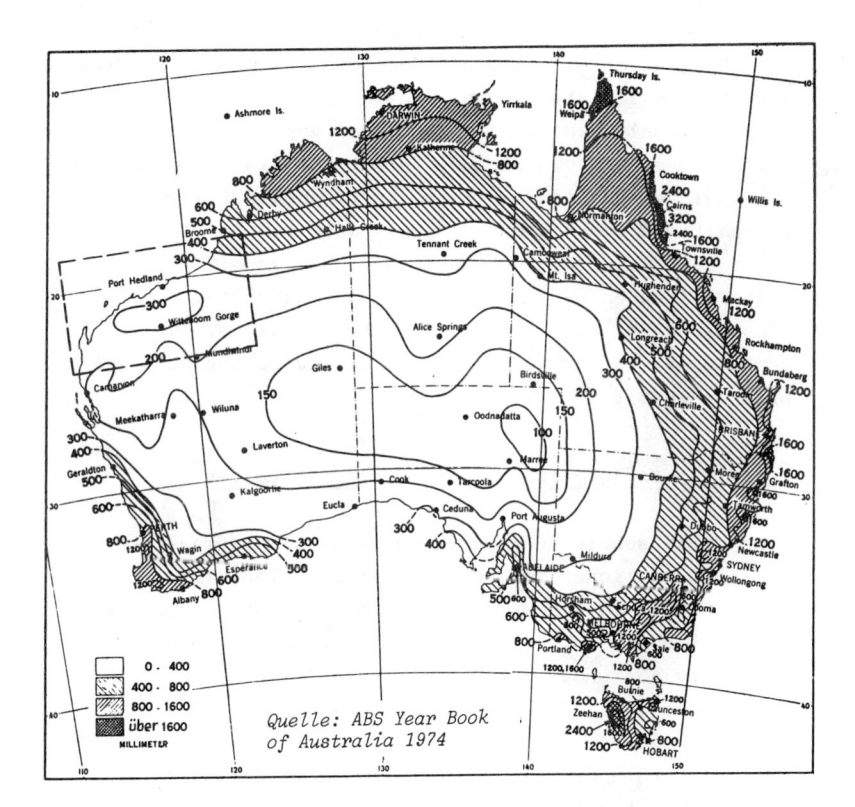

ABB. 9   DIE DURCHSCHNITTLICHEN JÄHRLICHEN NIEDERSCHLÄGE IN
DER PILBARA-REGION IM VERGLEICH ZU GESAMT-AUSTRALIEN

dunstungsrate liegt zehnmal so hoch wie der Niederschlag; für die Meersalzgewinnung sind dadurch ideale Voraussetzungen gegeben.

Zwischen Dezember und März sind tropische Zyklone charakteristisch für diesen Küstenabschnitt. Sie bilden durch ihre Heftigkeit eine latente Gefahr für die Produktionsanlagen und die Siedlungen. Die in der Timor-See entstehenden Wirbelstürme sind mit den Taifunen und Hurrikanen anderer Breiten vergleichbar. Nicht nur die hohen Windgeschwindigkeiten, sondern auch die sie begleitenden wolkenbruchartigen Regen richten häufig schweren Schaden an. Die Niederschläge erreichen Werte - bis zu 350 mm innerhalb 24 Stunden -, wie sie sonst im ganzen Jahr zusammengenommen nicht auftreten.[1] Der höchste Niederschlag innerhalb 24 Stunden wurde 1890 in dem küstennah gelegenen Whim Creek mit 747 mm gemessen.[2]

2 Zur Exploration der Eisenerzlagerstätten[4]

Schon 1895 schrieb der Regierungsgeologe *Woodward* über den nordwestlichen Teil der damaligen Kolonie:
"Iron occurs in immense lodes, and would be of enormous value if cheap labor were abundant, there would be enough to supply the whole world should the present sources be worked out ... This is essentially an iron country, it being impossible to travel even a short distance without encountering a deposit or lode, owing to which it is almost impossible to work a magnetic compass with any degree of accuracy."[3]

---

1) Vergl. Kerr,A.: Australia's North West, Perth 1967, S.372
2) Climatic Survey Northwest of WA, Bureau of Meteorology, Canberra 1972, S.32
3) zit.nach: Carter,J.: Australia's Rising Northwest, Sydney 1971, S. 58
4) Vergl. Fehling,L.: Entwicklung und Standortprobleme des Eisenerzbergbaus in West-Australien, Staatsarbeit Köln 1970, S.16ff

Und 1932 berichtet der Regierungsmineraloge *Simpson*:
"Deposits of iron are very plentiful in western Australia, many of them obviously containing many millions of tons of ore readily obtainable by quarrying and open-cut mining ... They have had little attention given to them up to the present as sources of metallic iron, as conditions are adverse to trading such low-priced material to distant markets ... With progress in time, however, these potential sources of wealth will doubtless be utilised..."[1]

So wußten zwar die Regierungen von West-Australien und des Commonwealth von diesen Vorkommen in der Pilbara-Region, doch betrachtete man sie als geringwertig und prüfte nicht ihre wahren Ausmaße. Zudem gerieten die Vorkommen durch die abseitige Lage, aber auch später durch das Eisenerzexport-Embargo wieder in Vergessenheit. Als herrschende Meinung galt, was *Friedensburg* 1965 noch so beschreibt: "Australien verfügt über mehrere recht hochwertige Eisenerzvorkommen; die meisten sind jedoch wegen ihrer Lage im Landesinneren ohne wirtschaftliche Bedeutung."[2]

Die west-australische Regierung hatte darüber hinaus das von der Bundesregierung erlassene Embargo noch verschärft. Durch die sogenannte 'blancet'-Verordnung wurden alle Eisenerzfunde der Vergangenheit und Zukunft als staatseigen deklariert. Auf diese Weise hatte Perth allen potentiellen Entdeckern von Eisenerzvorkommen jegliche Rechte an ihrer Entdeckung genommen. Kein Wunder, daß sich eine solche Bestimmung lähmend auf die Suche nach Bodenschätzen auswirkte.[3]

---

1) Zit.nach: Carter,J.: Australia's Rising Northwest, Sydney 1971, S.59
2) Friedensburg,F.: Die Bergwirtschaft der Erde, Stuttgart 1965^6, S.36
3) Vergl. Hancock,L.: The Pilbara Iron Story, In: Australian Mining 15-4-66, Sydney, S.31

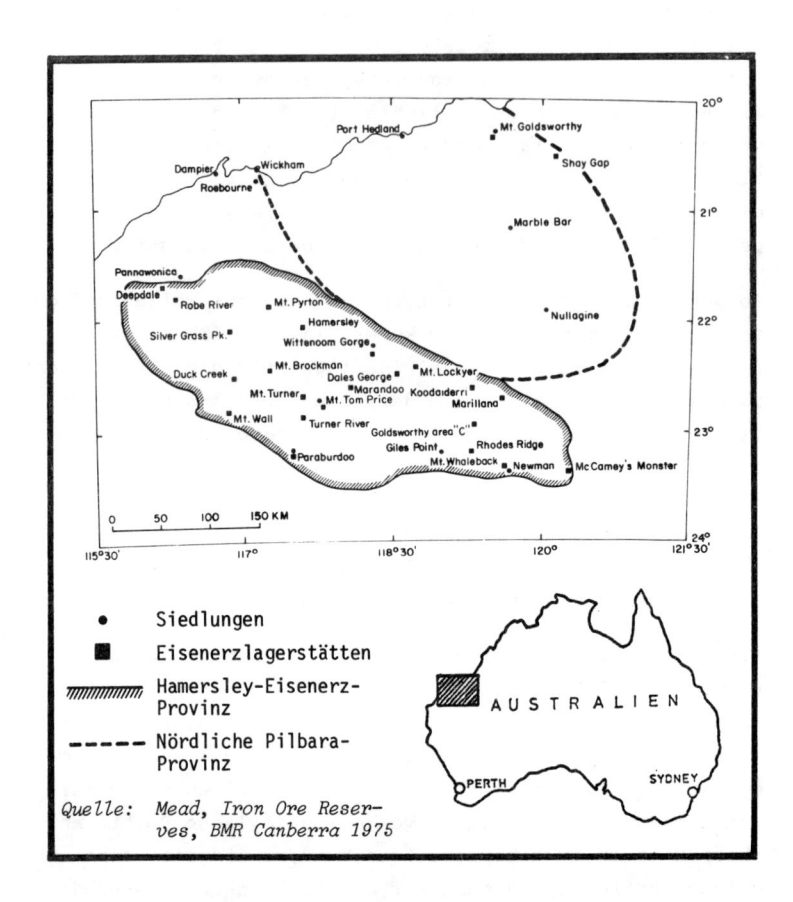

ABB. 10 DIE EISENERZ-LAGERSTÄTTEN DER HAMERSLEY-
EISENERZ-PROVINZ IN WEST-AUSTRALIEN

Erst nach Lockerung dieser 'Schutz'-bestimmungen 1960 und 1961 erlebte die Explorationstätigkeit nach Eisenerz einen großen Aufschwung, und es wurden innerhalb weniger Jahre tatsächlich umfangreiche Eisenerzlagerstätten nachgewiesen: Bereits 1964 schätzte man die sicheren und wahrscheinlichen Vorräte mit über 50 % Eisengehalt auf 14 Mrd t[1] und im Jahre 1974 auf 22 Mrd t.[2] Die Pilbara-Region zählt damit zu den großen Eisenerzgebieten der Erde, "wohl nur zu vergleichen mit dem Labrador-Trog in Kanada und dem Eisernen Viereck von Minas Gerais in Brasilien".[3]

Entsprechend ihrer unterschiedlichen geologischen Entstehung unterscheidet man heute in der 'naturräumlichen' Pilbara-Region zwei Eisenerzreviere: die Hamersley Eisenerzprovinz und die Nördliche Pilbara-Provinz.[4]

Die schnellen und gründlichen Prospektionserfolge der Geologen beruhten nicht zuletzt auf einem hohen finanziellen Kapitaleinsatz. So stiegen die privatwirtschaftlichen Ausgaben für geologische Untersuchungsarbeiten allein in West-Australien von A$ 9,6 Mio im Jahre 1965 auf bis zu A$ 86,3 Mio im Jahre 1970/71.

---

1) Vergl. McLeod,W.N. and Halligan,R.: Iron Ore Deposits of the Hamersley Iron Province, In: 8th Commonwealth Mining and Metallurgical Congress, Vol.1, Melbourne 1965, S.123

2) Vergl. Mead,G.F.: Assessment of Australian Iron Ore Reserves, In: AMI Quarterly Rev., Vol.27, No.2, Canberra 1975, S.21

3) Lohe,E.: Neue Planungen im Eisenerzbergbau Australiens, In: Stahl und Eisen, H.7, Düsseldorf 1966, S.398

4) Zur Geologie der Lagerstätten vergl.:
Prider,R.: Geology and Mineralization of the Western Australian Shield, Melbourne 1965, S.56-63; Campana,B.: Stratigraphic-Structural-Paleo-Climatic Controls of the Newly Discovered Iron Ore Deposits of Western Australia, 1966, S.53-59; Griffith,A.: Iron in Western Australia, Perth 1966, S.1-20; Lohe,E.: Neue Planungen im Eisenerzbergbau Australiens, In: Stahl und Eisen, H.7, Düsseldorf 1966, S.393-398; MacLeod,W.: Banded Iron Formations of Western Australia, Melbourne 1965, S.132-137; LaBerge,G.: Altered Pyroclastic Rocks in the Hamersley Range, 1966, S.147-161; Kerr,A.: Australia's North-West, Perth 1967, S.338-341

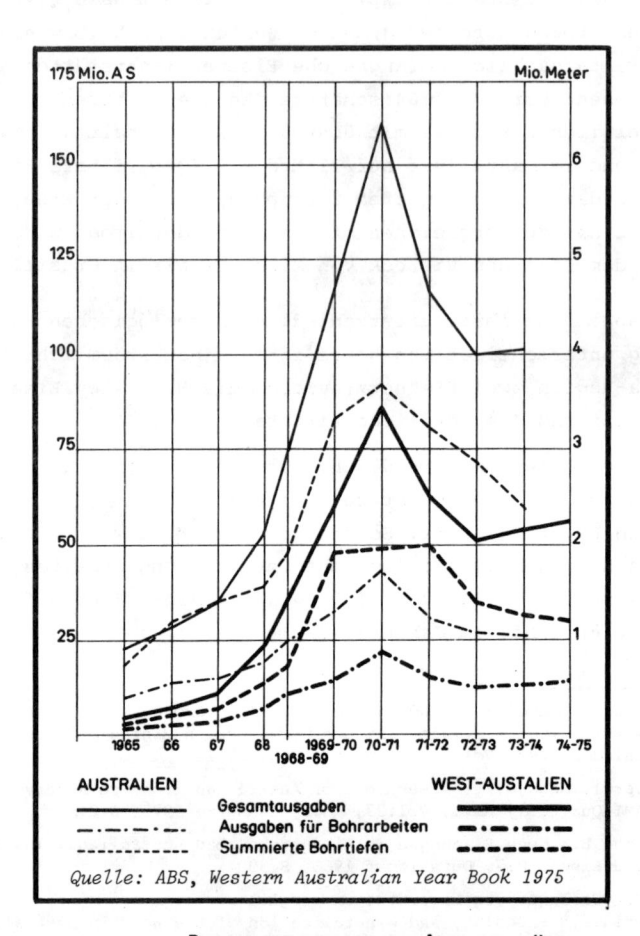

ABB. 11 PRIVATWIRTSCHAFTLICHE AUSGABEN FÜR
BERGBAULICHE UNTERSUCHUNGSARBEITEN
(OHNE ERDÖL) SEIT 1965

3 Die unternehmerischen Probleme

3.1 Die bergbaulichen Rechtstitel[1]

Wirtschaftliche Funktion, relative Seltenheit und Nichtvermehrbarkeit der Mineralien erforderten schon immer ihre Ausnahmestellung im Rechtssystem eines Landes. In Australien fällt die Nutzbarmachung der Bodenschätze unter die Kompetenz der einzelnen Bundesstaaten.

West-Australien hat die Sonderstellung seines Bergbaus in einem Berggesetz, dem 'Mining Act', von 1904 und 1961 fixiert. Nach diesem Gesetz erteilt der Minister für Bergbau die Schürfgenehmigungen, sogenannte 'temporary reserves', mit einer Laufzeit von zwei Jahren; diese müssen nach Ablauf der Frist entweder verlängert oder in eine Konzession umgewandelt werden. Konzessionen über eine Fläche von mehr als 300 ac[2] werden aber nur mit einem Konzessionsvertrag, dem 'lease agreement', verliehen. Wenn die Regierung sich davon überzeugt hat, daß der Konzessionär für die veranschlagten Investitionen das benötigte Kapital bereitstellen kann, werden in dem Vertrag genauestens die gegenseitigen Verpflichtungen festgelegt. Der Konzessionsvertrag muß dann gesetzesartig als 'Special Act of Parliament' vom west-australischen Parlament ratifiziert werden.[3] Da für den Außenhandel jedoch die Bundesregierung zuständig ist, muß sie die Export-Klauseln des Vertrages bestätigen.[4]

Vier Eisenerzbergbaugesellschaften in der Pilbara-Region nahmen bisher auf der Grundlage solcher Verträge ihre Arbeit auf.

---

[1] Vergl. WA Year Book 1969, Perth 1969, Chapt.VII, Part 1

[2] 1 acre = 40,47 a = 4047 m²; 300 ac = 1,214 km²

[3] Vergl. Hargraves,A.: Mineral Holdings available for Prospecting and Exploration, Melbourne 1965, S.12

[4] Vergl. Rayner,J., Morgan,J.: Government and the Mineral Industry, Melbourne 1965, S.84

Die Gesellschaften verpflichteten sich hauptsächlich zur Auslegung der erforderlichen Infrastruktur und zum Auf- und Ausbau ihrer Anlagen in genau terminierten Phasen:
(1) Förderung und Verschiffung der Erze
(2) Verarbeitung bzw. Erzaufbereitung
(3) Direktreduktion des Erzes oder Herstellung von Eisen und Stahl.

Außerdem werden in den Verträgen die Förderzinsabgaben, die sogenannten 'royalties', nach der verschifften Menge Erz oder Konzentrat festgesetzt. - Die Exportpreise können die Unternehmungen nicht frei bestimmen. Sie sollen sich an den Weltmarktpreisen orientieren. Die Lieferverträge müssen von der Regierung genehmigt werden. - Die einseitigen Konventionalstrafen sind hart. Kommt eine Gesellschaft ihren vertraglichen Verpflichtungen nicht nach, so kann sie aufgelöst werden, und ein neues Unternehmen wird mit der Fortführung betraut.[1]

Die vertraglichen Verpflichtungen der Regierungsseite beziehen sich vor allem auf Aufgaben der verkehrstechnischen Erschließung und der Unterhaltung notwendiger Dienstleistungen, insbesondere Polizei, Erziehungswesen und Gesundheitsdienst. Für die 'Endphase' verpflichtete sich die Landesregierung ursprünglich, billigen Atomstrom zur Verfügung zu stellen.[2]

Die Konzessionsverträge sollen gewährleisten, daß die wirtschaftliche und infrastrukturelle Entwicklung des jeweiligen Gebietes einen dauernden Auftrieb erhält, so daß es nicht etwa wieder zu den vom Goldrausch her bekannten Verödungen, insbesondere den 'Geisterstädten' kommen kann.

---

1) Vergl. Parkin,L., O'Driscoll,D.: The Role of Government Organization in Mineral Exploration, 1965, S.49
2) Vergl. Kerr,A.: Australia's North West, Perth 1967, S.110

3.2 Rentabilitätsüberlegungen und Finanzierung durch internationales Kapital

Zu Beginn der sechziger Jahre herrschte auf dem Eisenerz-Weltmarkt ein harter Wettbewerb. Aber der Aufschluß der Pilbara-Erze war von günstigen Umständen begleitet.

Aussichtsreiche Voraussetzungen ergänzten einander zu einem fruchtbaren Wirkungsgefüge. So besaß Japan eine expandierende Stahlindustrie bei gleichzeitigem Mangel an hochwertigen Eisenerzen. Diesen Bedarf konnte Australien leicht decken. Es verfügte über die gefragten Erze und ausbaufähige Häfen, die von großen Erzfrachtern angelaufen werden konnten. Aus der relativen Nähe der beiden Handelspartner ergab sich ein weiterer Vorteil in Form einer Frachtkostenersparnis gegenüber den anderen Lieferländern. Im Jahre 1965 mußten beispielsweise die japanischen Abnehmer für eine Tonne brasilianisches Eisenerz US$ 4,00 mehr an Fracht bezahlen als für eine Tonne australisches Erz.[1]

Diese günstigen Voraussetzungen und die Berücksichtigung der politischen Stabilität in Australien ermutigten die Japaner zu langfristigen Abnahmeverträgen mit bis zu 20 Jahren Laufzeit - in den sechziger Jahren eine "bahnbrechende Neuerung".[2] Weder der europäische noch der amerikanische Markt hätten ähnliche Vorbedingungen erfüllen können: Einerseits wurden dort nur kurzfristige Verträge mit einer ein- bis dreijährigen Laufzeit abgeschlossen; zum anderen hätte dort zu der Zeit niemand ernsthaft geglaubt, daß australische Erze infolge der hohen Transportkosten noch zu wettbewerbsfähigen Preisen verkauft werden könnten.

---

1) Vergl. Warren, K.: Mineral Resources, Harmondsworth/England 1973, S. 215

2) Verhaltener Optimismus in West-Australien (anonym), In: NZZ, Zürich 18-6-76, S.12

Der gesicherte Absatz an die japanischen Handelspartner schon vor dem Aufschluß der Erze war die entscheidende Voraussetzung dafür, daß sich Kapitalgeber für die hohen Investitionskosten fanden. Auf dieser Basis übernahmen vier internationale Bergbaukonsortien mit australischer, amerikanischer, englischer und relativ geringer japanischer Beteiligung den Aufschluß der Pilbara-Vorkommen, in den bisher schon mehr als A$ 1,6 Mrd investiert wurden.

Auffällig ist dabei, daß beispielsweise die hohe Kapitalbeteiligung durch die amerikanische Stahlindustrie und die angeschlossenen Erzhandelsgesellschaften primär aus Renditegründen geschah und erst sekundär der amerikanischen Erzversorgung als Ausweichmöglichkeit diente.

Das investierte Kapital fand natürlich nicht nur beim Ausbau der Grubenbetriebe Verwendung, sondern trug zu einem erheblichen Teil zur infrastrukturellen Erschließung des unentwickelten Pilbara-Raumes bei. "Without that the Pilbara would probably not yet be making a major contribution to the Australian economy."[1]

3.3 Übersicht über die Bergbaubetriebe der einzelnen Gesellschaften und ihre Förderungskapazität

Die genannten vier Bergbaugesellschaften förderten das Eisenerz 1974 an insgesamt sieben räumlich getrennten Abbaustandorten. Wichtige Einzelheiten sind in Tabelle Nr. 11 zusammengefaßt.

Die Förderung verteilt sich in den Jahren seit 1967 auf die einzelnen Bergbauunternehmungen wie folgt:

---

1) Madigan, R.T.: The Mineral Prospects in the Pilbara in the 1970's, In: Growth No.19, Melbourne 1971

Tabelle 10   Die Eisenerzförderung in der Pilbara-Region
              von 1967 bis 1974 nach Bergbaugesellschaften

Bergbau-gesell-schaft	Eisenerzförderung in Mio Stoff-t								1974 in %
	1967	1968	1969	1970	1971	1972	1973	1974	
Goldsworthy Mining (a)	3,3	4,6	5,1	6,5	7,0	6,6	8,6	8,0	9,6%
Hamersley Iron (b)	5,3	9,2	13,3	16,9	20,7	22,5	27,7	32,8	39,4%
Mt Newman Project (c)	-	-	4,0	11,8	19,8	21,8	26,7	31,4	37,7%
Cliffs WA Mining (d)	-	-	-	-	-	1,4	8,5	11,1	13,3%
Insgesamt	8,6	13,8	22,4	35,2	47,5	52,3	71,5	83,3	100,0%

1974 im Abbau befindliche Lagerstätten:
(a) Mt Goldsworthy, Shay Gap, Sunrise Hill
(b) Mt Tom Price, Paraburdoo
(c) Mt Whaleback
(d) Robe River

Quellen: Siehe Tabelle 7

Quellennachweis zu Tabelle 11:

West Australian Department of Industrial Development (ed.): Minerals and Minerals Development 1975, Perth 1975, S.17ff (Spalte 6, 9, 13, 14, 16);
Ders. (ed.): Activity of Iron Ore Companies in WA, Staff Information Paper, Perth 1975, S.7 (Spalte 7);
Ders. (ed.): Resources of the Pilbara and Existing Development in the Region, S.25ff (Spalte 15);
Summary of Iron Ore Operations in WA, Perth November 1971, ein Faltblatt (Spalte 3);
WA Year Book 1975, Perth 1975, S.138; Consumes Report of the Pilbara, Perth 1974 (Spalte 8, 12);
Bambrick,S.: The Changing Relationship - The Australian Government and the Mining Industry, CEDA M. Series No.42, Melbourne 1975, S.4ff, (Spalte 14);
Fehling,L.: Entwicklung und Standortprobleme des Eisenerzbergbaus in West-Australien, Staatsarbeit Köln 1970, Anhang Tabelle II

- 59 -

Tabelle 11 Wichtige Daten zu den 1974 existenten Abbaustandorten des Eisenerzbergbaus in der Pilbara-Region

	ABBAUSTANDORT:	Mt. GOLDSWORTHY SHAY GAP / SUNRISE HILL	MT. TOM PRICE PARABURDOO	MT. WHALEBACK	MT ENID / ROBE RIVER
1					
2	L A G E	110 bzw. 190 km östlich von Port Hedland	225 km bzw. 325 km südlich von Roebourne	360 km südlich von Port Hedland bei Mt. Newman	145 km östlich von Onslow
3	ERZVORRÄTE (Stand Ende 1971)	80 Mio t Hämatite mit durchschnittlich 65 % Fe-Gehalt; zukünftig "Area C" in der Ophthalmia Range	503 Mio t Hämatite mit durchschnittlich 64 % Fe-Gehalt, bzw. Paraburdoo mit 655 Mio t mit 60-61% Fe-Gehalt	1,0 Mrd t Hämatite mit durchschnittlich 64 % Fe-Gehalt	308 Mio t Limonite mit durchschnittlich 57 % Fe-Gehalt
4	INBETRIEBNAHME	Juni 1966 Mt. Goldsworthy April 1973 Shay Gap und Sunrise Hill	August 1966 Mt Tom Price 1972 Paraburdoo	April 1969	1972
5	FÖRDERUNG 1974	8,0 Mio t Fein- und Stückerze	32,8 Mio t Fein-, Stückerze und Pellets	31,4 Mio t Fein- und Stückerze	11,1 Mio t Pellets und Sinter
6	ABSATZSICHERUNG	Langfristige Verkaufsverträge mit der japanischen und französischen Stahlindustrie	Langfristige Verkaufsverträge mit Japan; kurzfristige Verträge mit Europa, USA, Südkorea und Volksrepublik China	Zusätzlich zu den Verkäufen an die austr. Stahlindustrie bestehen langfristige Verträge mit Japan; kl.Mengen Europa,Südkorea	Langfristige Verkaufsverträge für Pellets und Sinter mit japanischen Stahlwerken
7	BESCHÄFTIGTE (Stand 31-12-74) Grube und Hafen	953	3.362	2.796	879
8	BERGBAUSIEDLUNG (Einw. nach Volkszählung 30-6-1971)	Mt Goldsworthy (1.020) Shay Gap (ab April 1973)	Mt. Tom Price (3.370) Paraburdoo (1.778)	Mt Newman (3889)	Pannawonica
9	LÄNGE DER BAHNLINIE	115 km von Mt Goldsworthy 180 km von Shay Gap	293 km von Mt Tom Price 393 km von Paraburdoo	426 km	163 km
10	H A F E N max. Schiffsgröße (Ende 1974)	Port Hedland (Finucane Island) 100.000 DWT	Dampier 100.000 DWT / Intercourse Island 150.000 DWT	Port Hedland (Nelson Point) 160.000 DWT	Cape Lambert 100.000 DWT
11	ERZAUFBEREITUNG zu Pellets oder Sinter (Stand Ende 1974)	Keine derartige Aufbereitung	Pelletanlage in Dampier mit 2,3 Mio jato	keine derartige Aufbereitung	In Cape Lambert Pelletanlage mit 5 Mio jato, Sinteranlage 6,5 Mio
12	HAFENSIEDLUNG (Einw. nach Volkszählung 30-6-1971)	Port Hedland (7.172)	Dampier (3558) Karratha (1823)	Port Hedland (7.172) South Port Hedland	Wickham
13	BERGBAUGESELLSCHAFT	Goldsworthy Mining Ltd.	Hamersley Iron Pty. Ltd.	Mt. Newman Mining Co. Pty.	Cliffs Robe River Iron Associates (Joint Venture)
14	EIGENTUMSVERHÄLTNISSE	33 1/3% Cons. Goldfields (Aust.) Pty. Ltd. (Großbritanien) 33 1/3 % Utah Constr. & Mining Co. of California (USA) 33 1/3 % Cyprus Mines Corp. of California (USA)	54,0 % Conzinc Rio Tinto of Austr. Ltd. (80 % britisch und 20 % australisch) 28,3 % Kaiser Steel Corp. of California (USA) 11,5 % Aktien im australischen Freiverkehr 6,2 % sechs jap. Stahl- und zwei Handelsgesellschaften (Japan)	30 % Dampier Mining Co.Ltd. (Australien) 30 % Pilbara Iron Ltd. (Tochtergesellsch. von Colonial Sugar Refining Co.Ltd.) (Australien) 25 % Amax Iron Ore Corp. (USA) 10 % Mitsui C. Itoh Iron Pty. Ltd. (Japan) 5 % Seltrust Iron Ore Ltd. (Großbritanien)	35 % Robe River Ltd. (Australien) 30 % Cliffs (WA) Mining Co. Pty Ltd (USA) 30 % Mitsui Iron Ore Development Pty. Ltd. (Japan) 5 % Mt. Enid Iron Co. Pty. Ltd. (Australien)
15	BERGBAULICHE RECHTSTITEL	Iron Ore (Mt Goldsworthy) Agreement Act 1964-1971	Iron Ore (Hamersley Range) Agreement Act 1963-1972	Iron Ore (Mt. Newman) Agreement Act 1964-1967	Iron Ore (Cleveland Cliffs) Agreement Act 1964-1973
16	GETÄTIGTE INVESTITIONEN	$A 130 Mio (Stand Ende 1974)	$A 645 Mio (Stand Ende 1973)	$A 544 Mio (Stand Ende 1974) $A 100 Mio bis Ende 1976	$A 275 Mio (Stand Ende 1973)

Quellen: Siehe Fußnote Seite 58

4 Die produktionswirtschaftlichen Probleme

Aus der örtlichen Gebundenheit an das nutzbare Mineralvorkommen erwachsen unter dem Einfluß natürlicher, regionaler und technisch-wirtschaftlicher Faktoren die produktionswirtschaftlichen Standortprobleme.

4.1 Die technische Ausstattung

Technischer Zuschnitt und maschinelle Ausrüstung der zur Zeit im Eisenerzbergbau der Pilbara-Region tätigen vier Gesellschaften ähneln sich sehr; sie unterscheiden sich im wesentlichen nur durch die Größe der eingesetzten Maschineneinheiten und damit in der Förderkapazität.
Sie erlauben eine "effektive Leistung des Menschen in einem ihm nicht adäquaten Klima".[1] Arbeitskräftemangel einerseits und technisch-ökonomische Effizienz andererseits zwingen zu großzügigen Anlagen. Eine "vollendete Technik in der Einsamkeit der Naturlandschaft"[2] charakterisiert so den Raum Pilbara.

4.11 Erzabbau

Die Erzgewinnung im Tagebau ist kostengünstig und ermöglicht eine hohe Wirtschaftlichkeit des Abbaus. Doch "der Vorteil des Abbaus der Lagerstätten im Tagebau liegt nicht nur in den niedrigen Produktionskosten, sondern auch in der vollkommeneren Ausnützung der Lagerstätte wie auch in der Möglichkeit einer schnelleren und einfacheren Vergrößerung oder Verminderung der Produktion, als das im Tiefbau möglich ist".[3]

---

1) Reiner,E.: Die wirtschaftliche Entwicklung West-Australiens, In: Zeitschrift f. Wirtschaftsgeogr., H.2, Hagen 1968, S.37
2) Otremba,E.: Allgemeine Agrar- und Industriegeograpie, Stuttgart 1960², S.299
3) Jancović,S.: Wirtschaftsgeologie der Erze, Wien 1967, S.7

Die Lagerstätten der Pilbara-Region bestehen aus bis zu 200 m hohen Erzbergen, die mit fortschreitendem Abbau abgetragen werden. Im Jahre 1969 rechnete man damit, daß der Mt Goldsworthy nach 10 Jahren, der Mt Tom Price nach 25 und der Mt Whaleback nach 50 Jahren mit der Umgebung nivelliert sein würden.[1] Nicht verwertbare Deckschichten gibt es kaum; als Abraum fallen geringerhaltige Erze an, die aber auch verkauft werden können.

Hancock faßt für den Erzabbau seiner Projekte 'Marandoo' und 'McCameys Monster'[2] sogar nukleare Sprengungen ins Auge. Nach den in seinem Auftrag durchgeführten amerikanischen Untersuchungen könnten durch eine einzige nukleare Sprengung über 40 Mio t Eisenerz freigelegt werden. Die Kosten für die Lossprengung des Erzes könnten dabei von momentan etwa A$ 1,00 pro Tonne auf A$ 0,018 gesenkt werden.[3]

In der Erzzertrümmerungsanlage wird das abgebaute Erz zerkleinert und dann vorsortiert; die endgültige Erzklassierung erfolgt jedoch erst im Hafengebiet.

Zum Klassieren im weiteren Sinne gehört auch das Mischen bzw. 'Verschneiden' der Erze. Viele der reichen Funde könnten vorschnell ausgebeutet werden. Von den Gesellschaften werden jedoch langfristige Programme aufgestellt, die eine maximale Nutzung sowohl der hochwertigen als auch der geringerwertigen Vorkommen durch eine Kombination von Verschneiden und Aufbereitung gewährleisten. So hat man von Anfang an der Versuchung widerstanden, trotz scheinbar unerschöpflicher Reicherzvorkommen eine Politik des Raubbaus zu betreiben.[4]

---

1) Vergl. Pilbara quarries lead ore extraction (anonym), In: Australian Financial Review vom 31-3-69, Sydney, S.36
2) Siehe Tabelle 21
3) Vergl. Hancock, I.G.: Nuclear Mining in the Pilbara, Address to WA Conference, Perth 1973, S.24
4) Vergl. Australian Financial Review vom 6-1-75, Sydney, S.7

4.12 Erzaufbereitung

Der Weltmarkt verlangt vorwiegend nach Stückerz. Dieses fällt im Untersuchungsgebiet aufgrund der natürlichen Lagerbedingungen, soweit es sich um Hämatitlagerstätten handelt, reichlich an. Die gewonnenen Feinerze lassen sich heute in verschiedener Weise für den Markt vor- bzw. aufbereiten:[1)]

(1) das traditionelle *Sintern*, das eine größere Beweglichkeit in der Auswahl der Erze ermöglichen soll und in Hochofennähe praktiziert wird; dort können auch Gichtstaub und andere Hüttenkreislaufstoffe in den Herstellungsprozeß einbezogen werden;

(2) das seit etwa 20 Jahren immer mehr an Bedeutung gewinnende *Pelletier-Verfahren*, dessen günstigster Standort im Fördergebiet liegt; bei diesem Verfahren werden mit Kalk versetzte Erzkügelchen - die sogenannten *Pellets* - hergestellt, die auch auf dem Transport nicht zerbrechen;

(3) die *Vor- oder Direktreduktion*, das jüngste Verfahren, bei dem *Eisenschwamm* erzeugt wird; mit festen oder gasförmigen Roduktionomitteln verringert man hierbei den Sauerstoffgehalt des Eisenerzes gleichförmig bis zu einem Endprodukt mit über 90 % Eisengehalt.

Daß für das Sintern auch ein Standort im Erzgebiet rentabel sein kann, beweist die Sinteranlage in Cape Lambert mit einer Jahreskapazität von 6,5 Mio t.

---

1) Vergl. Kaup,K.: Einige Probleme der Rohstoffversorgung, In: Stahl und Eisen, H.25, Düsseldorf 1971, S.1432ff;
Niedermüller,W.: Erschließung von Eisenerzvorkommen in Übersee, In: Glückauf, Essen 1973, S.628ff;
Kamphausen,D., Walther,H.W.: Kapitel Eisen, In: Gocht,W.(ed.): Handbuch der Metallmärkte, Berlin 1974, S.48ff.

Die Pelletkapazität des Pilbara-Gebietes beträgt gegenwärtig etwa 7,3 Mio t mit je einer Anlage in Dampier und Cape Lambert. Die Pelletanlagen arbeiten hochautomatisiert und werden über Schwerölöfen mit Energie versorgt.

Eine Direktreduktionsanlage sollte bereits 1973 in Dampier in Betrieb genommen werden. Beim Abschluß der Konzessionsverträge wurde ausdrücklich vereinbart, daß der Bau von Direktreduktionsanlagen anstelle von Hüttenwerken als gleichwertiger Ersatz anerkannt wird. Doch verzögerte sich der Baubeginn immer wieder. Vor allem weiß man noch nicht, inwieweit das Erdgas aus dem Nordwest-Schelf für den Reduktionsprozeß zur Verfügung steht; danach richtet sich auch das geeignete Reduktionsverfahren.

Das vorreduzierte Erz, das als engklassiertes Stückerz oder als Brikett auf den Markt gebracht werden kann, eignet sich besonders gut als Schrottersatz im Elektroofen. Es umgeht damit die Hochofenphase. Zudem begünstigte der in den letzten Jahren zeitweise auftretende Mangel an Kokskohle die Einführung dieses Verfahrens.[1]

Insgesamt gesehen, befinden sich die Direktreduktionsverfahren aber noch in der Entwicklung und haben zur Zeit erst eine geringe wirtschaftliche Bedeutung. Im Jahre 1971 betrugen die Kapazitäten aller Direktreduktionsanlagen auf der Welt nur rund 4 Mio t/Jahr Eisenschwamm.[2]

---

1) Weltweiter Kohlenmangel bremst die Stahlindustrie (anonym), In: Handelsblatt vom 11-9-1970, Düsseldorf, S.8
2) Vergl. Kamphausen,D., Walther,H.W.: Eisen, In: Gocht,W.(ed.): Handbuch der Metallmärkte, Berlin 1974, S.53

Für die Verzögerungen im Bau von Direktreduktionsanlagen in der Pilbara-Region sind aber nicht nur technische Probleme, sondern auch wirtschaftliche Überlegungen verantwortlich. So weist *Bambrick*[1] hinsichtlich der Rentabilität von Veredelungsanlagen jeder Art darauf hin, daß durch den Verkauf des unveredelten Erzes höhere Gewinne erzielt werden können.

4.13 Die Transportanlagen

Technische Probleme gibt es nicht nur beim Abbau und bei der Aufbereitung der Erze, sondern auch bei deren Transport. Vor allem in dem verkehrsmäßig so unerschlossenen Pilbara-Gebiet sind die Transportanlagen von besonderer Bedeutung. Dies drückt sich auch darin aus, daß nicht nur über 50 % der Investitionen für den Bau solcher Anlagen eingesetzt werden mußten, sondern auch deren Unterhaltskosten bei allen Gesellschaften mehr als 50 % der gesamten Gruben-Selbstkosten betragen. [2]

Der Erztransport von den Gruben zu den Verschiffungshäfen erfolgt im Pilbara-Gebiet bisher ausschließlich per Eisenbahn. Seit 1972 sind vier eingleisige Bahnlinien in Normalspurausführung in Betrieb - mit einer Gesamtlänge von fast 1.200 km. Die Tansportkapazität einer Bahnlinie beträgt zur Zeit bis zu 35 Mio t pro Jahr. Dieses Volumen wird derzeit bereits erreicht, und man plant den zweigleisigen Ausbau.

---

1) Bambrick,S.: Critical look at our giant steel maker, In: The Steel Industry, Special survey published by the Austr. Fin.Rev., Sydney 6-3-1976, S.14

2) Glatzel,G.: Entwicklungen im Erzbergbau Australiens, In: Stahl und Eisen 1969, Düsseldorf, S.987

Die Erzzüge bestehen maximal aus 230 Wagen und fünf je
3.600 PS starken Diesellokomotiven; damit erreichen sie
eine Gesamtlänge von 2.400 m und können bis zu 22.000 t
Erz befördern. Im Falle der Bahnlinie Mt Newman dauert
das Beladen eines solchen Zuges eine Stunde, die Fahrt-
zeit zum Hafen acht Stunden, das dortige Entladen zwei
Stunden und die gesamte Rundfahrt etwa 20 Stunden.[1]

Die Bahnlinie von Mt Newman nach Port Hedland ist derzeit mit 426 km die längste im Pilbara-Gebiet. Es gibt
auf der Welt jedoch noch drei längere Trassen für den
Eisenerztransport zwischen Lagerstätte und Verschiffungshafen:[2]

- 650 km von Fort Gouraud nach Port Etienne in
  Mauretanien,
- 590 km von Schefferville nach Seven Island in
  Kanada,
- 570 km von Itabira nach Victoria in Brasilien.

Die im Pilbara-Gebiet bisher tätigen vier Eisenerzbergbaugesellschaften verfügen über völlig getrennte Bahn-
und Hafenanlagen. Diese Regelung wurde den Gesellschaften bei Abschluß der Konzessionsverträge Anfang der
sechziger Jahre durch die west-australische Landesregierung, die die siedlungsarme Küste möglichst breit
erschließen wollte, vorgeschrieben.

Aber auch die japanischen Erzabnehmer begrüßten die
Streuung der Anlagen, da dadurch bei den Lieferungen
eine höhere Flexibilität erreicht wird, wenn beispielsweise eine Anlage durch Unwetter oder Streiks ausfällt.

---

[1] Vergl. Mt Newman Mining Co (ed.): Operations guide,
    Perth 1975, S.14ff
[2] Vergl. Glatzel,G.: Betriebliche Entwicklungen im Eisenerz-
    bergbau, In: Erzmetall, Bd.XIX(1966), H.11, Stuttgart, S.558

- Aus den gleichen Gründen bevorzugen die - frei miteinander konkurrierenden - Bergbaugesellschaften selbst diese Lösung, da sie so unabhängig von einer anderen Gesellschaft arbeiten können. [1]

Bei zukünftigen Eisenerzabbauprojekten weiterer Bergbaugesellschaften will man jedoch vom Prinzip der getrennten Anlagen abgehen und die Infrastruktureinrichtungen möglichst gemeinsam nutzen. Davon erhofft man sich nicht nur produktionswirtschaftliche Vorteile, etwa Verringerung der anteiligen Investitions- und Unterhaltskosten oder Steigerung des Zugverkehrs durch zweigleisigen Ausbau der Eisenbahntrassen. Man erhofft sich vor allem eine Zunahme der permanenten Belegschaft, die dann - zumindest an der Küste - in größeren Siedlungen wohnen könnte. [2]

4.14 Umweltschutzprobleme

Die derzeitigen Umweltprobleme ergeben sich vor allem in den Verschiffungshäfen: Bei den verschiedenen Erzoperationen im Hafengebiet werden große Mengen des roten Erzstaubes frei. Je nach Windrichtung werden dann die in unmittelbarer Nähe errichteten Siedlungen, vor allem Dampier und Port Hedland, mit einem roten Teppich bedeckt. Diese Luftverschmutzungsprobleme wurden inzwischen weitgehend gelöst. Zum einen werden die ursprünglichen Siedlungen nicht erweitert, man baute Trabantenstädte in etwa 15 km Entfernung, wie beispielsweise South Port Hedland bei Port Hedland und Karratha bei Dampier. Zum anderen wird das Erz

---

1) Vergl. Advantages and Disadvantages of common use of railways and ports (anonym), In: Australian Financial Review, Sydney 21-2-1975

2) Vergl. Developing of two new WA iron ore deposits still in this decade (anonym), In: Austr. Fin. Rev., Sydney 31-3-1975

jetzt bei den verschiedenen Verladeoperationen mit
Wasser besprüht, so daß die Luftverschmutzung auf ein
erträgliches Maß reduziert werden konnte.[1]

Im Erzabbaugebiet selbst ergeben sich Umweltprobleme
hinsichtlich des Landschaftsschutzes, des Schutzes von
Fauna und Flora und der Erhaltung der Eingeborenenkunst,
wie beispielsweise von Felszeichnungen. -
In Anbetracht der Weite des Landes mit seiner "fast un-
verfälschten Natur" wird allerdings noch "wenig über Umweltverschmutzung geklagt.[2]
Zur Erhaltung der eindrucksvollen Landschaft wurde der
schönste Teil der Hamersley Range zum 'Hamersley Range
National Park' erklärt, in dessen Gebiet keine Abbau-
rechte gewährt werden. Zu Rekultivierungsmaßnahmen sind
die Bergbaugesellschaften zwar nicht verpflichtet, doch
führen es einige freiwillig durch.[3]

4.2 Die Energie- und Wasserversorgung

Sowohl die Energie- als auch die Wasserversorgung im
Pilbara-Gebiet ist von den örtlichen Bedingungen abhängig.

Die Energieversorgung erfolgt derzeit ausschließlich
über lokale Diesel-Kraftanlagen. Zur Sicherstellung der
zukünftigen Versorgung hatte sich die Landesregierung
ursprünglich verpflichtet, ab 1977 billigen Atomstrom
bereitzustellen; auch an ein Gezeitenkraftwerk an der

---

1) Mt Newman Mining Co (ed), Operations guide, Perth 1975,
S.8
2) Günthardt,W., Mettler,E.: Australien - Emanzipation des
Fünften Kontinents, Zürich 1974, S.90
3) Vergl. Environmental Protection Authority (ed): Mining and
Hamersley Range National Park, in: Annual Report 1972,
Perth, S.21-22

Kimberley-Küste war gedacht.

Durch die Entwicklung der letzten Jahre hat man jedoch davon Abstand genommen:[1]

- Im Jahre 1971 wurden in dem der Nordwestküste vorgelagerten Kontinentalsockel Erdgasvorkommen entdeckt.[2]

- Auch das Erdöl, das seit 1964 auf Barrow Island nordwestlich von Dampier gefördert wird, wurde mit in die energiewirtschaftlichen Überlegungen einbezogen.[3]

- Nach einer Untersuchung über die potentielle industrielle Entwicklung der Pilbara-Region, die 1974 abgeschlossen wurde, will man nun aber erst einen Gesamtentwicklungsplan erarbeiten.

Die Wasserversorgung erfolgt vorwiegend aus Bohrlöchern, die entweder Wasser aus artesischen Becken oder Grundwasserströme anzapfen. Da in Küstennähe kein brauchbares Wasser gefunden wird, sind die Küstenorte zum Teil auf lange Rohrzuleitungen angewiesen:

- Bei Millstream wird der Grundwasserstrom des Fortescue River angezapft; eine etwa 130 km lange Wasserleitung versorgt die Ortschaften Dampier, Karratha, Cape Lambert und Wickham täglich mit durchschnittlich 30.000 m³ Wasser.

- Am Turner und Yule River liefern zwei Bohrstellen täglich etwa 15.000 m³ Wasser und versorgen Port Hedland über eine 30 km bzw. 50 km lange Wasserleitung.

---

1) Vergl. TPS, Canberra 1974, S.5/2
2) Vergl. S. 118 dieser Arbeit
3) Vergl. S. 116 dieser Arbeit

Etwa die Hälfte des Wassers wird industriell, d. h. also fast ausschließlich von den Erzgesellschaften, genutzt. Die andere Hälfte dient dem privaten Verbrauch, von der wiederum 75 % auf die Bewässerung von Gärten und Rasen entfällt.

Auch ein zukünftig wesentlich höherer Wasserverbrauch kann befriedigt werden. Einmal läßt sich die Leistung aus den Grundwasserströmen noch steigern, zum anderen könnte das ergiebige artesische Canning Becken östlich von Port Hedland angezapft werden. Außerdem wird der Bau von Talsperren erwogen, um die sporadischen Regenfälle aufzufangen.[1]

4.3 Arbeitskräfteprobleme

Arbeitskräfteprobleme stehen in der Prioritätenskala der produktionswirtschaftlichen Standortprobleme des Pilbara-Bergbaus oben an. Dies gilt im Hinblick auf die Knappheit, die Fluktuation und die Zufriedenheit der Arbeitskräfte, wobei der überproportionale Kostenfaktor zunächst noch unberücksichtigt bleibt.

"There is a tendency in economic studies such as this to regard labour simply as an economic unit or tool of production. To meet the challenge of the Pilbara it will, however, be essential to look at the situation in a very different light, which considers the work-

---

1) Vergl. TPS, Canberra 1974, S.5/36ff

force in human rather than monetary terms."[1]

Trotz aller Fortschritte der modernen Technik benötigen Bergbaubetriebe in dem Maße Arbeitskräfte, wie sich die natürlichen Bedingungen den Mechanisierungsbestrebungen entziehen. So ist beim zügigen Ausbau der Förderkapazitäten in den letzten Jahren auch die Zahl der Belegschaftsangehörigen gestiegen, die Mitte 1975 etwa 9000 Mann zählten.[2]

4.31 Arbeitskräftemangel und -fluktuation

Von Arbeitskräftemangel und -fluktuation werden alle Pilbara-Gesellschaften in gleicher Weise betroffen, da ihre Anlagen etwa im gleichen Zeitraum und in ähnlicher Ausführung errichtet wurden. Es ergeben sich dadurch kaum Präferenzen, wie sie etwa *Jüngst*[3] für die
- meistens im Laufe der letzten 60 Jahre entstandenen -
Bergbaubetriebe in den Kanadischen Kordilleren angibt: Unterschiedliche Schulungs- und Aufstiegsmöglichkeiten, Unterschiede in der Qualität der Verpflegung sowie der Unterkünfte für Alleinstehende, etc.

Der Mangel an Arbeitskräften, besonders an Facharbeitern, war beispielsweise 1974 so groß, daß die verschiedenen Gesellschaften Anwerbekampagnen in ganz Australien, in Neuseeland und sogar in Europa durchführten. Daraufhin wurden beispielsweise von der Cliffs Robe River Com-

---

1) Dep. of Ind. Development, Section 'Services' of the Pilbara, Canberra 1974, S.99

2) Australian Financial Review, Sydney 7-10-1975, S.7

3) Jüngst,P.: Der Erzbergbau in den Kanadischen Kordilleren, Marburg 1973, S.58f

pany 50 Arbeiter aus Großbritannien eingeflogen. [1]

Dabei werden nur zu einem geringen Teil qualifizierte Arbeiter benöigt. Für die einfacheren Arbeiten im Tagebau genügt in der Regel ein geringes Maß an Schulung. "Wenn man von den Aufbereitungsanlagen absieht, sind zudem die im Tagebau ausgeübten Arbeiten keineswegs industriespezifisch, sondern werden auch in anderen Erwerbszweigen, beim Baugewerbe, besonders beim Straßen- und Staudammbau, ausgeübt." [2]

Die geringe Attraktivität der Arbeitsplätze ist nicht auf die Entlohnung zurückzuführen, die weit über dem australischen Durchschnitt liegt.

Nach einem 1974 abgeschlossenen Tarifvertrag [3] wurden ab 1.7.1975 etwa folgende Löhne für die bei den Pilbara-Gesellschaften übliche 60-Stunden-Woche gezahlt:

    Facharbeiter   A$ 220,--
    Angelernte Arbeiter A$ 175,--
    Hilfsarbeiter   A$ 150,--

Zu diesem Grundlohn kommen beträchtliche Sonderleistungen, wie Akkordzulagen, Treueprämien, Urlaubsgeld, Freiflüge, usw. Auch werden Steuervergünstigungen gewährt, vor allem ein jährlicher Steuerfreibetrag von A$ 540 für das Arbeiten nördlich des Wendekreises des Steinbocks, die sogenannte 'tropical allowance'.

Die langen Arbeitszeiten geben die Möglichkeit, innerhalb kurzer Zeit viel Geld zu verdienen und auch zu sparen, weil die Gelegenheit zum Ausgebem weitgehend

---

1) McIlwraith,J.: Mining companies prepare to step up search - for labour, In: Austr.Fin.Review 6-8-1974
2) Jüngst,P.: Erzbergbau in den Kanadischen Kordilleren, Marburg 1973, S.62
3) Mt Newman Iron Ore Production and Processing Agreement No. 11, Perth 1974, S.63ff

entfällt. Zudem sind die Lebenshaltungskosten in den abgelegenen Werkssiedlungen meist recht niedrig. Alleinstehende haben für Verpflegung und Unterkunft in der Regel nur A$ 10,00 je Woche zu zahlen; die Mieten der komfortablen und vollständig eingerichteten Einfamilienhäuser für Verheiratete liegen bei A$ 7,00 pro Woche. [1]

Die Ursachen für die geringe Anziehungskraft der Arbeitsplätze liegen nicht im materiellen, sondern im immateriellen Bereich:

- das den Menschen im Sommerhalbjahr nicht adäquate Klima;
- die Isolierung von den großen Siedlungszentren;
- die im allgemeinen als 'reizlos und unwirtlich' empfundene landschaftliche Umgebung;
- die eingeschränkten Möglichkeiten zu Unterhaltung und Freizeitgestaltung.

In diesem Kapitel interessiert die hohe Fluktuation der Arbeitskräfte als produktionswirtschaftliches Problem. Es erhält sein Gewicht auch schon allein aus der Tatsache, daß der Wechsel eines Beschäftigten oft bis zu A$ 10000 kostet. Unberücksichtigt bleibt dabei, daß neueingestellte Arbeitskräfte Bedienungsfehler an den hochtechnisierten Maschinen machen und so noch weitere Kosten entstehen. [2]

---

1) Vergl. McIlwraith,J.: Mining companies prepare to step up search - for labour, In: Austr.Fin.Rev., Sydney 6-8-1974, S.7
2) Vergl. Brealy, T.B.: Mining Towns are for People, In: ANZAAS search, Vol.5, No.1-2, Sydney 1974, S.56

Aus diesen Gründen versuchen die Bergbaugesellschaften
bereits seit Produktionsaufnahme, einen festen Arbeits-
kräftestamm auszubauen. Man schaffte angenehme Arbeitsbedingungen und baute die Siedlungen großzügig aus.
Vor allem galt es, den Anteil der alleinstehenden
Arbeiter, die durch häufigen Wechsel hohe
Kosten verursachen, zu reduzieren und vermehrt ver-
heiratete Arbeitskräfte mit ihren Familien anzuwerben.
Dafür mußten komfortable Einfamilienhäuser bereitge-
stellt werden - in Anpassung an die Wohnansprüche der
Australier in den Ballungsgebieten.

In ihrer Beschäftigungspolitik verfolgen die Bergbauunternehmen deshalb das Ziel, daß etwa 80 % der
Belegschaft aus verheirateten Arbeitnehmern bestehen
soll. Durch diese Politik gelang es inzwischen, die
anfänglich hohe Fluktuationsrate von fast 200 % im
Jahr auf etwa 50 % zu senken, d.h. ein Beschäftigter
bleibt jetzt durchschnittlich zwei Jahre an seinem
Arbeitsplatz. Dieser Zusammenhang wird aus Abbildung 13
deutlich.

4.32 Streiks und Gewerkschaften

Es scheint jedoch nicht zu genügen, daß die Eisenerzbergbaugesellschaften im Pilbara-Gebiet attraktive Löhne und Arbeitsbedingungen offerieren, um sich eine
stabile und zufriedene Belegschaft zu erhalten.

In einer Untersuchung über die Arbeitsniederlegungen
in ganz West-Australien in der Zeit vom 1-4-1973 bis
zum 31-3-1974 wurde beispielsweise festgestellt, daß
die Belegschaften der Pilbara-Eisenerzbergbaugesell-
schaften zu 43,5 % an den in dieser Zeit in West-
Australien insgesamt verlorengegangenen Arbeitstagen
beteiligt waren. Diese Summe wiederum betrug 92,4 %

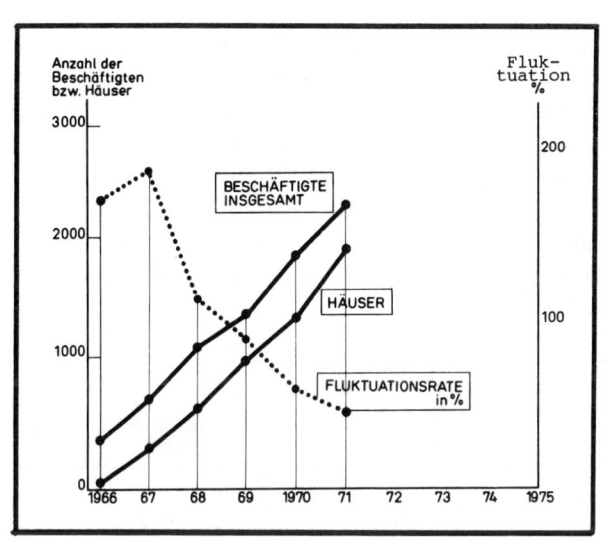

Quelle: Contribution to Development, Operations of Hamersley Iron, Perth 1973, S.9

ABB. 12   DIE ANZAHL DER BESCHÄFTIGTEN BZW. BEREIT-
GESTELLTEN HÄUSER IM VERHÄLTNIS ZUR FLUK-
TUATIONSRATE DER ARBEITSKRÄFTE -
AM BEISPIEL DER HAMERSLEY-GESELLSCHAFT IN
DEN JAHREN 1966 BIS 1971

der im Pilbara-Gebiet insgesamt erfolgten Verluste
an Arbeitstagen, obwohl die im Bergbau Beschäftigten nur 30 % der hier Erwerbstätigen ausmachen.

Durch die Streiks entstehen den Gesellschaften
hohe Produktionsverluste. Beispielsweise
wurden in der Zeit vom 1-4-1973 bis 31-8-1973, also
in einem nur fünfmonatigen Zeitraum, insgesamt
6,1 Mio t Eisenerz weniger als möglich gefördert. Zu
diesem Beispiel ist allerdings anzumerken, daß der
Produktionsrückstand im weiteren Jahresverlauf zum
größten Teil wieder aufgeholt werden konnte. Dies beweist auch, daß sich die Gesellschaften in ihren
Produktionsplanungen bereits auf die Streiks eingestellt haben.

Tabelle 12   Streikdauer und Produktionsverluste der
Pilbara-Gruben in der Zeit vom 1-4-1973
bis 31-8-1973

Bergbaugesellschaft	Streikdauer insgesamt	Prod.verluste Eisenerz - t
Hamersley Iron	18 Tage	1.800.000 t
Mt Goldsworthy	23 Tage	780.000 t
Mt Newman Mining	30 Tage	3.000.000 t
Cliffs Robe River	17 Tage	510.000 t
Produktionsverluste	insgesamt	6.090.000 t

Quelle: TEX Report lt. EK-Kurznachrichten,
Essen 24-8-1973, S.576

---

1) Vergl. W.A. Department of Labour and Industry Report,
zit. in: Dep.of Ind.Development, Pilbara Services,
Canberra 1974, S.99

Auf Anfrage bei allen vier Bergbaugesellschaften
gab nur eine Gesellschaft nähere Auskünfte zu den
bei ihr erfolgten Arbeitsniederlegungen. So hat die
Mt Newman Mining Co in dem 12-monatigen Zeitraum vom
1-11-1974 bis zum 31-10.1975 insgesamt 154 Arbeitsniederlegungen zu melden, bei denen insgesamt 83.940
Arbeitsstunden verlorengingen; an einem Streik nahmen
durchschnittlich 75 Beschäftigte teil. Tabelle 15 ist
ein Auszug dieser chronologischen Streikaufzeichnung.
Hier werden auch einige der typischen wichtigen
Streikgründe genannt.

Offizielle Streiks der Gewerkschaften sind dabei die
Ausnahme; in der Mehrzahl sind es die 'wilden' Streiks.
Dazu gehören auch die zahlreichen Streitereien zwischen
den verschiedenen Gewerkschaften und innerhalb einer
Gewerkschaft. Die Unternehmen können in dieser Situation
kaum einen Einfluß auf die Wiederaufnahme der Arbeit
nehmen.

Durch die vielen Einzelgewerkschaften gestalten sich
die Verhandlungen sehr kompliziert. So müssen die vier
Pilbara-Gesellschaften die Tarifverträge beispielsweise mit elf verschiedenen Gewerkschaften aushandeln.
Dabei werden auf Forderung der Gewerkschaften die Verhandlungen nicht global, sondern mit jedem Unternehmen
getrennt geführt. Auch die Gewerkschaften treten nicht
einheitlich auf, sondern als Gruppierungen, wie z.B.
als Metallarbeiter-, Bergarbeiter- und Transportge-
werkschaften. [1]

---

1) Vergl. Australian Financial Review, Sydney 7-10-1975
und 16-10-1975

Tabelle 13   Auszug aus der chronologischen Streik-Aufzeichnung
vom 1-11-1974 bis zum 31-10-1975 der Bergbaugesellschaft Mt Newman

Streik Nr.	Streik-beginn	Streik-ende	Grube/Hafen	Zahl der Streikenden	Verlorene Arb.stdn.	Ursache des Streiks
2	11-11-74	11-11-74	Grube	14	18	Verwaltungsangestellte: Fehlen eines Raumes zum Kartenspielen
5	14-11-74	15-11-74	Grube	481	4399	Alle: 24-stündiger Warnstreik wegen neuer Arbeitsordnung
9	26-11-74	29-11-74	Grube	65	1445	Ein Baggerführer soll wegen Arbeitsverweigerung entlassen werden
11	27-11-74	30-11-74	Hafen	293	8284	Sympathiestreik für die Streikenden an der Grubenseite; Motto: "One down all down"
20	09-01-75	09-01-75	Grube	33	25	Lastwagenfahrer: Ausfall der Kühlungsanlage in Erzlastern
39	17-02-75	18-02-75	Grube	92	696	Lastwagenfahrer: Auseinandersetzung mit dem Vorgesetzten
57	06-04-75	08-04-75	Hafen	334	6471	Lokale Gewerkschaftsvertreter können sich mit Gewerkschaftsführern über Tarifvertrag nicht einigen
70	08-05-75	13-05-75	Hafen	19	478	Beschäftigte der Qualitätskontrolle: Ungerechte Kündigung eines Vorgesetzten
131	August	09-09-75	Grube	538	33400	Alle: Ablehnung verschiedener Streikbedingungen
133	16-09-75	18-09-75	Grube	62	945	Bohrmannschaft: Verlegung der Kabel für die Bohrmaschinen
135	17-09-75	18-09-75	Grube	108	968	Arbeiter der Erzzertrümmerungs- u. -verladeanl.: Sympathiestreik für die Bohrmannschaft
140	24-09-75	25-09-75	Grube	74	415	Lastwagenfahrer: Ungenügende Wasserbesprühung der Straßen
Nr. 1-154	in 12 Monaten		Ø pro Streik: 75		83940	insgesamt verlorene Arbeitsstunden

Quelle: Siehe S.76

Die Streiks verringern aber nicht nur die Produktivität, sondern sie treffen die Bergbauunternehmen in ihren vielfältigen und intensiven Bemühungen und Maßnahmen zum Aufbau eines permanenten Stammpersonals: Durch die Streiks erhöht sich wiederum die Fluktuation der Arbeitskräfte, da die wilden Streiks für die Mehrzahl der Belegschaftsangehörigen mit Einkommenseinbußen verbunden sind.

5 Die Entwicklung von Siedlung und Verkehr unter dem Einfluß des Eisenerzbergbaus

5.1 Die Bevölkerungsentwicklung

5.11 Die geänderte Beschäftigtenstruktur

Der Eisenerzbergbau führte seit 1965 zu weitreichenden Veränderungen in der Beschäftigtenstruktur der Pilbara-Region. Die Gesamtzahl der Beschäftigten verneunfachte sich in der Zeit von 1961 bis 1971. Die hohe Zahl der Erwerbstätigen im Baugewerbe war allerdings nur temporärer Art; mit der Fertigstellung der großen Erschließungs- und Aufbauprojekte der Montankonzerne verließen ab 1972 viele Bauarbeiter die Pilbara-Region. [1]

Auffallend ist der hohe Anteil der Erwerbstätigen an der Gesamtbevölkerung der Pilbara-Region; sie liegt etwa 40 % über dem west-australischen Durchschnitt. Dies liegt am hohen Anteil der männlichen - und arbeitsfähigen - Bevölkerung, aber auch am relativ hohen Anteil der arbeitenden Frauen.

---

1) Vergl. Kerr,A.: Australia's North West, Perth 1975, S. 204

Tabelle 14   Die Beschäftigtenstruktur im Pilbara-Zähl-
bezirk nach den Volkszählungen von 1961,
1966 und 1971

Erwerbstätige nach Wirtschaftsbereichen	1961	1966	1971
Urproduktion			
fast nur 'Weidewirtschaft'	381	406	455
Produzierendes Gewerbe			
Bergbau, Steine, Erden	576	1124	5019
Verarbeitende Industrie, Erzaufbereitung	37	94	617
Baugewerbe	207	2267	4603
Energie- und Gaswirtschaft	20	45	155
Dienstleistungen			
Handel und Verkehr	109	271	1444
Hotel- und Gaststättengewerbe	136	227	882
Verkehr und Nachrichtenübermittlung	216	311	983
Verwaltung	138	371	730
Andere Dienstleistungen	27	74	1464
Erwerbstätige Pilbara-Region insgesamt	1847	5190	16352
Männer	1588	4682	14365
Frauen	259	508	1987
Anteil der Erwerbstätigen an der			
Gesamt-Bevölkerung von Pilbara	56,9%	58,3%	56,4%
Gesamt-Bevölkerung von West-Australien	39,1%	40,0%	40,9%

Quellen: Australian Bureau of Statistics,
- Western Australian Year Books 1972, 1975;
- TPS, S.2/4, Canberra 1974

5.12 Bevölkerungswachstum und -fluktuation

Mit Beginn des Eisenerzbergbaus hat auch die Gesamtbevölkerung der Pilbara-Region zugenommen. So zählte man im Jahre 1961 erst 3.243 Menschen, im Jahre 1966 7.383, im Jahre 1971 bereits 28.985, und die letzten Schätzungen zum 30-6-1974 liegen bei 36.250 Einwohnern. Das bedeutet eine jährliche Wachstumsrate von ungefähr 25 %; die entsprechende Durchschnittsrate für West-Australien liegt dagegen bei nur 4 % und für Gesamt-Australien bei nur 2 %. Der Anteil an der westaustralischen Bevölkerung stieg von 0,4 % im Jahre 1961 auf 3,3 % im Jahre 1974.

Charakteristisch ist die Herkunft der Bevölkerung: Nach der Volkszählung 1971 ist etwa ein Drittel in Übersee geboren, von denen etwa die Hälfte erst in den letzten fünf Jahren eingewandert war. In Gesamt-Australien war zu der Zeit nur ein Fünftel der Einwohner in Übersee geboren, von denen nur ein Viertel erst in den letzten Jahren eingewandert war. [1]

---

[1] Australian Bureau of Statistics, TPS, Canberra 1974, S.5/94

Tabelle 15   Die Bevölkerungsentwicklung im Pilbara-
              Zählbezirk von 1961 bis 1975

Einwohner	1961	1966	1971	1975*
Männer	2.119	6.350	19.385	unbek.
Frauen	1.124	2.557	9.600	unbek.
Pilbara-Zählbezirk	3.243	8.907	28.985	37.400
West-Australien	736.629	848.100	1.030.469	1.122.550
Anteil in %	0,4	1,1	2,8	3,3

*) Nach der Gebietsreform zusammengestellt aus den 'local
   government areas': Port Hedland, Roeburne, East und West
   Pilbara

Quellen: ABS, 1961-1971 nach Volkszählungen; Western Australian
         Year Books 1972 und 1975, Chapter IV; 1975 nach vor-
         läufigen Schätzungen zum 30-6-1975, In: Dwellings and
         Vital Statistics 1971 und 1975, Mimeographed publications,
         Perth 1976, S.7

Die männliche Bevölkerung überwiegt in der Pilbara-
Region. Das Verhältnis Männer zu Frauen betrug 1971
zwei zu eins; dagegen ist das Verhältnis im west-
bzw. gesamt-australischen Vergleich fast ausgeglichen.
Der Männerüberschuß ist ein besonderes Problem der
Pilbara-Region. Zugleich ist er aber auch ein Hinweis
auf die rasche, nur auf den Ausbau eines neuen
Produktionszweiges ausgerichtete Entwicklung in einem
kaum besiedelten Raum. Die Normalisierungstendenz ist
jedoch schon aus den beiden Volkszählungen ersichtlich: Betrug der männliche Anteil 1966 noch 71,3 %,
so sank er 1971 auf 66,9 %. Infolge der Abwanderung
vieler Bauarbeiter seit 1972 dürfte der Anteil weiter
gesunken sein. Es darf jedoch nicht übersehen werden,
daß sich hinter den großen Zuwachszahlen der Bevölkerung eine Fluktuation von 50 bis 100 % verbirgt. [1]

---

1) Kerr,A.: Australia's North-West, Perth 1975, S.22

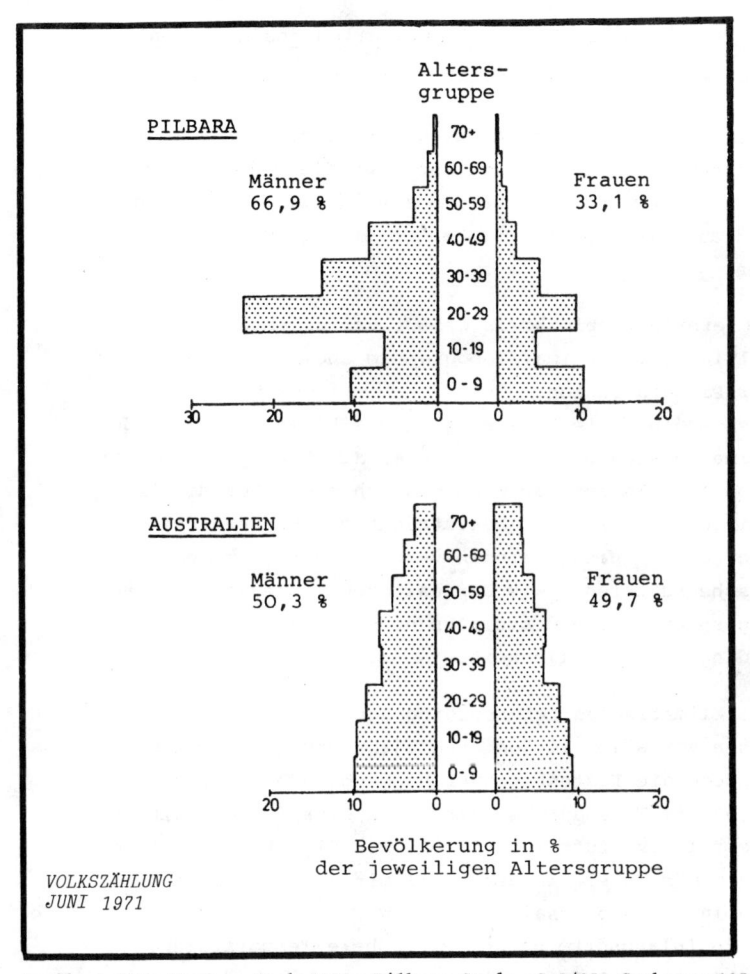

ABB. 13 DER ALTERSAUFBAU DER PILBARA-BEVÖLKERUNG
         IM VERGLEICH ZU GESAMT-AUSTRALIEN

Quellen: ABS: WA Year Book 1975; Pilbara Study, S.5/93, Canberra 1974

5.13 Die Akklimatisation des Menschen an die ungewohnten Lebensbedingungen

Bei der menschlichen Anpassung tauchen Probleme auf, die zum einen ganz spezifisch für die Pilbara-Region gelten, zum anderen aber mehr allgemeiner Art sind und auch für andere Bergbaugebiete zutreffen können.

Zum ersten Problemkreis gehört vor allem die Bewältigung von Klima, Topographie und Entlegenheit der Pilbara-Region.
Insbesondere die Anpassung an das Klima in den heißen Sommermonaten wird immer wieder als Hauptproblem dargestellt. In der Tat wird dadurch nicht nur die Arbeitseffizienz beeinträchtigt, sondern bei den andauernden Hitzeperioden verstärken noch psychologische Faktoren - wie Depressionen - die körperliche Abgespanntheit und steigern noch die durch das Klima bedingte Unbehaglichkeit.

Die klimatischen Lebensbedingungen sind für die Menschen vor allem im Sommerhalbjahr unangenehm. Insbesondere die Küstenbewohner haben bei Temperaturen von 29,6°C im Tagesdurchschnitt noch eine durchschnittliche relative Luftfeuchtigkeit von 59,0 % zu ertragen;[1] zudem müssen sie in der Regel mit zwei bis drei Zyklonen in der Sommersaison rechnen.
- Die Inlandsorte haben zwar höhere Temperaturen, doch ist die Luftfeuchtigkeit geringer, und deswegen wird das Klima hier besser vertragen.
Im Winterhalbjahr dagegen herrscht warmes, trockenes und äußerst angenehmes Wetter mit meist wolkenlosem Himmel; die Nächte sind kühl. -

---

1) WA Year Book 1975, Perth 1975, S.63

Hounham vergleicht verschiedene Gebiete innerhalb
Australiens hinsichtlich ihrer ungünstigen klimatischen
Verhältnisse für die menschliche Anpassung und weist
dabei nach, daß das Pilbara-Gebiet durchaus noch von
anderen Gebieten übertroffen wird. Als Maßstab für
das körperlich-klimatische Unbehagen setzt er einen
"stress day", an dem "light physical work at 3 pm
results in physical discomfort." Drei Orte im west-
australischen Kimberley-Gebiet haben dabei zwischen
225 und 175 solcher 'Streß-Tage' pro Jahr, Port Hedland an der Pilbara-Küste hat demgegenüber 'nur' 150.
Im Vergleich dazu erweisen sich andere Orte im
tropischen Bereich jedoch als wesentlich günstiger:
Townsville und Cairns an der Ostküste haben z.B. nur
50 Streß-Tage im Jahr und jede australische Landes-
hauptstadt hat maximal 25 solcher Tage. -
Das bedeutet aber auch: Kommt jemand aus einem australischen Bevölkerungszentrum zur Arbeitsaufnahme ins
Pilbara-Gebiet, so ist er mindestens sechsmal so
vielen Streß-Tagen ausgesetzt als bisher. [1]

Auch für *Gorham* ist das Klima des Pilbara-Gebietes
im Vergleich zu anderen Gebieten der Erde gar nicht
so ungünstig:
Ein ähnliches Klima haben auch dichtbesiedelte Gebiete
in den USA, wie beispielsweise Houston in Texas mit
zwei Millionen Einwohnern, oder Tucson und Phoenix
in Arizona, wo sich in den letzten Jahren mit Vorliebe
amerikanische Pensionäre niederlassen. Außerdem zwingt
das andere Extrem, die kalten Winter in Nordamerika,

---

1) Vergl. Hounham,C.E.: Climate and air-conditioning requirements in sparcely occupied areas of Australia, 1970; zit.
   in: Kerr,A.: Australia's North-West, Perth 1975, S.39
   siehe auch Abb. 16

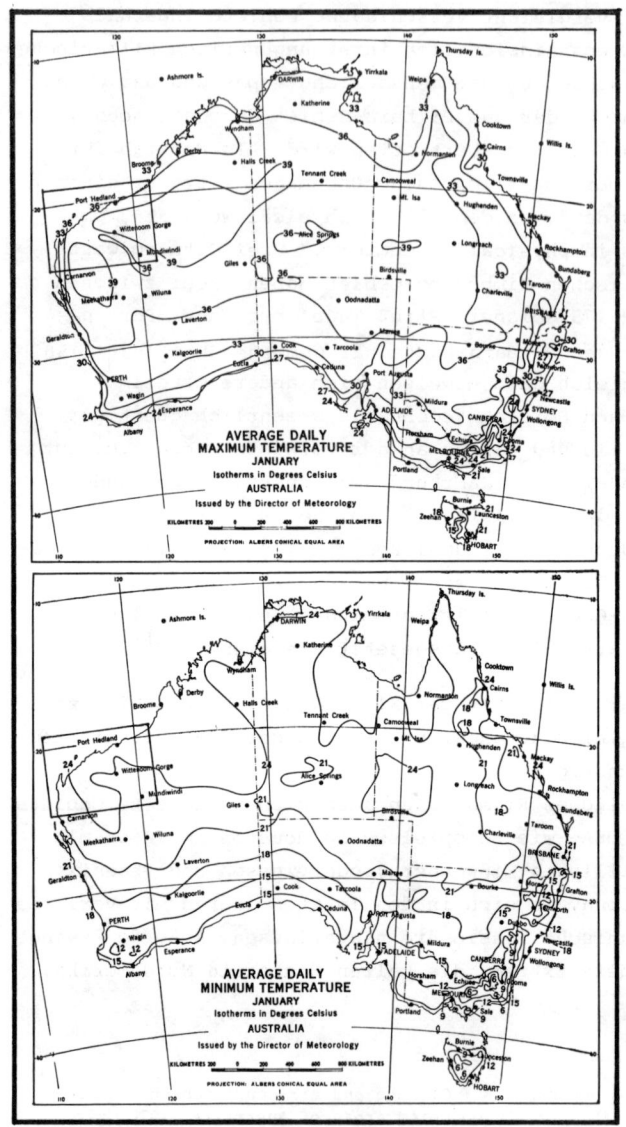

Quelle: ABS Year Book of Australia 1974

ABB. 14   JANUAR-TEMPERATUREN IN DER PILBARA-REGION IM VERGLEICH ZU GESAMT-AUSTRALIEN

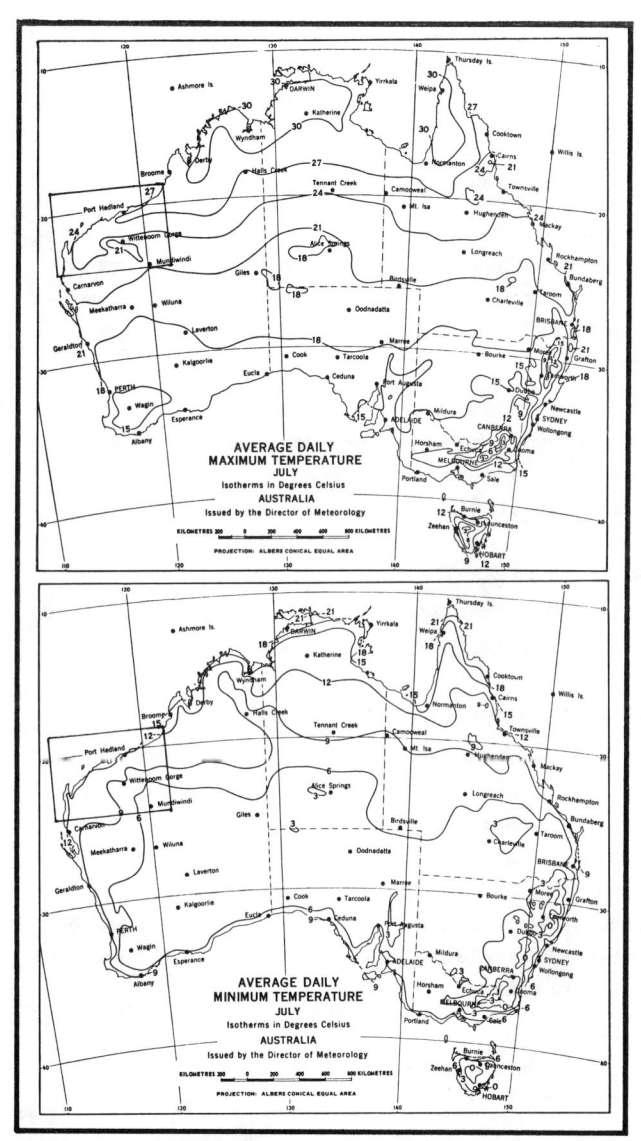

Quelle: ABS Year Book of Australia 1974

ABB. 15 JULI-TEMPERATUREN IN DER PILBARA-REGION IM VERGLEICH ZU GESAMT-AUSTRALIEN

Nordeuropa oder gar Sibirien, den Menschen ebenfalls zu
einer Einschränkung seiner außerhäuslichen Betätigung,
und zwar bis zu sechs Monaten im Jahr. Dort zieht sich
der Mensch in seine geheizten Häuser zurück - im Pilbara-Gebiet in die gekühlten.[1]

Die Schaffung eines künstlichen kühlen Klimas in den
Häusern ist dabei längst kein technisches Problem
mehr, sondern es werden inzwischen andere Argumente
dagegen geltend gemacht, die von *Woodhead* und *Scanes*
eingehend dargestellt werden:[2]

- So wird gegen den Gebrauch von Klimaanlagen in den
  Pilbara-Häusern eingewendet, daß sie einen 'Isolationseffekt' auf deren Bewohner - besonders die Hausfrauen - ausübten, weil sie das Hausinnere so behaglich gegenüber dem Außenklima machten und damit den
  Bewohner in die Rolle eines Gefangenen drängten.
  Doch in den kalten Klimaten existieren die gleichen
  Probleme: "It is doubtful whether the suggestion
  has ever been made that turning the heating off
  might improve social interaction!"

- Als nächstes wird der 'physiologische Effekt' angeführt. Der 'thermische Schock' soll sich schädlich
  auf die menschliche Gesundheit auswirken und darüber hinaus eine allgemeine Akklimatisation verhindern. Dieses Argument ist sicherlich stichhaltiger, doch kann man durch den Einbau eines bestimmten Klimaanlagesystems und durch die Gestaltung
  der Siedlung darauf Einfluß nehmen.

---

1) Gorham,E.R.: Developing the North-West, 45th ANZAAS
   Congress, Perth 1973, S.6

2) Vergl. Woodhead,W.D., Scanes,P.S.: Air conditioning of
   Dwellings in a Tropical Climate, In: Living in remote
   Communities in Tropical Australia, CSIRO, Melbourne 1972

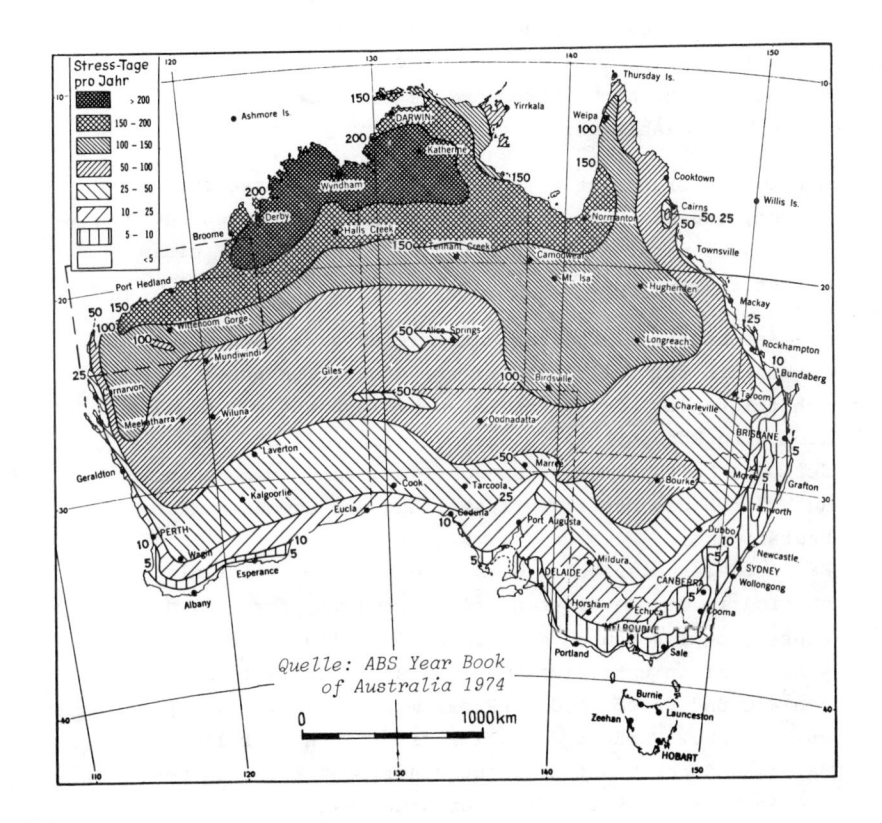

ABB. 16 DIE KLIMATISCHEN 'STRESS-TAGE' IN AUSTRALIEN
DIE DURCHSCHNITTLICHE ANZAHL DER TAGE PRO JAHR,
AN DENEN DAS WOHLBEFINDEN DES MENSCHEN AUF GRUND
DES KLIMAS ERHEBLICH BEEINTRÄCHTIGT IST.

- Das stichhaltigste Argument ist das Kostenproblem.
  Der Einbau einer Klimaanlage macht ein bereits
  teures Pilbara-Haus, dessen Baumaterial zum größten
  Teil aus dem Raume Perth herantransportiert werden
  muß, noch teurer. Zudem sind die Strom-Unterhaltungs-
  kosten in den Sommermonaten mit etwa A$ 20,00 pro
  Woche recht hoch, insbesondere wenn sie vom Mieter
  selbst bezahlt werden müssen.

Der letzte Grund ist beispielsweise dafür ausschlaggebend, daß die Häuser der Regierungsangestellten heute
immer noch nicht klimatisiert bzw. höchstens mit einem
klimatisierten Raum ausgerüstet werden.

Die Bergbaugesellschaften entschieden sich dagegen von
vornherein für vollklimatisierte Häuser, um ihren Beschäftigten so einladende Lebensbedingungen wie möglich
bieten zu können; sie übernehmen auch voll die Kosten
der Unterhaltung. Diese Entscheidung fand im nachhinein
auch durch die positive Einstellung der Bewohner ihre
Bestätigung.
Hat normalerweise jedes Haus eine separate Klimaanlage,
so sind in der modernsten Bergbausiedlung *Shay Gap* die
Häuser sogar schon an eine zentrale Klimaanlage angeschlossen: in unterirdischen Rohren zirkuliert Wasser
von 4°C und versorgt die Häuser mit 'Fernkälte'. - Ein
zusätzlicher Vorteil der klimatisierten Häuser liegt
darin, daß der Erdstaub nicht eindringen kann, da man
die Fenster nicht zu öffnen braucht bzw. wie in Shay
Gap gar nicht öffnen kann.

Neben diesen für die Pilbara-Region typischen
'Akklimatisations'problemen gibt es noch eine Fülle
anderer Anpassungsprobleme, die aber auch in anderen
entlegenen Bergwirtschaftsgebieten auftreten und die
vor allem das Leben und Zusammenleben der Menschen in
den Siedlungen betreffen.

5.2 Die Veränderungen in den Siedlungs- und Wohnverhältnissen

In der Siedlungsgeschichte des Pilbara-Gebietes kann man deutlich drei Phasen unterscheiden, die sich auch heute noch in drei verschiedenen Siedlungsformen zeigen. [1]

5.21 Die traditionellen Pilbara-Orte

Nach der Volkszählung von 1961 lebten rund 3.200 Menschen in der Pilbara-Region. Diese Bevölkerung lebte verstreut über wenige Orte an der Küste, auf isolierten Schaffarmen, in 'mining camps' und in ein paar Inlandsorten, die die Tage des Goldrausches überlebt hatten. Etwa 1000 Leute wohnten in Port Hedland, 500 in Roebourne und Point Samson, 800 im Asbest-Bergbauort Wittenoom und 400 in Marble Bar und Nullagine.

Roebourne, proklamiert 1866, ist die älteste Stadt in der Region und war Zentrum für die weitverstreuten weide- und bergwirtschaftlichen Aktivitäten. Viele der Steingebäude aus dem letzten Jahrhundert werden noch heute genutzt. Als Hafen diente anfangs Cossack, dann Point Samson. - Wegen des günstigeren Hafens wurde Roebourne später von Port Hedland überflügelt. Port Hedland hatte ebenfalls zentrale Versorgungsfunktionen für die frühe Weide- und Bergwirtschaft und diente zeitweise als Endstation der Schmalspurbahn von den Goldfeldern um Marble Bar.

---

1) Vergl. TPS, Canberra 1974, S.7/2

Die meisten dieser traditionellen Pilbara-Orte, vor allem Marble Bar, Nullagine, Wittenoom und Onslow, profitierten kaum von der Entwicklung der 60er Jahre. Die öffentlichen Versorgungseinrichtungen sind noch immer dürftig. Wasser z. B. ist zu rar für die Bewässerung von Gärten und Elektrizität zu teuer für die Hauskühlung. Die Mieten sind sogar höher als im Raume Perth, und es gibt keine subventionierten Supermärkte. Dazu kommt, daß die Verkehrs- und Postdienste nicht mehr so häufig sind, ja teils sogar - wie in Onslow durch die jetzt weit entfernt verlaufende Hauptstraße - fast ganz fehlen.[1]

5.22 Die neuen Siedlungen - Company towns und Open towns

Der stürmische Aufschluß der Eisenerzvorkommen seit Mitte der 60er Jahre verlangte nach neuen bzw. erweiterten Siedlungen sowohl in der Nähe der Abbaustandorte als auch der Erzverschiffungshäfen. Als Folge davon entstanden sogenannte *'Company towns'*, die in der angelsächsischen Literatur wie folgt gekennzeichnet werden: "Es sind Siedlungen, die von einer Gesellschaft erbaut wurden, um Unterkunft für ihre Arbeitskräfte zu erhalten. Gebäude, Grundbesitz und Straßen befinden sich im Besitz der Gesellschaft, die auch die Verwaltungs- und Versorgungsfunktion übernimmt."[2]

---

1) Vergl. Gorham,E.R.: Developing the North West, In: 45th ANZAAS Congress, Sect.5, Perth 1973, S.5
2) Jüngst,P.: Siedlungen des Erzbergbaus in den Kanadischen Kordilleren, In: C.Schott(ed.): Beiträge zur Kulturgeographie von Kanada, Marburger Geographische Schriften 1971, H.50, S.166

In Grubennähe zählen dazu die Siedlungen Tom Price, Paraburdoo, Newman, Goldsworthy, Shay Gap und Pannavonica; auf der Hafenseite ist nur Dampier eine reine Company town, das bereits existente Port Hedland wurde nicht zur kompletten Company town, obwohl die beiden verschiffenden Erzgesellschaften ihre werkseigenen 'Enklaven' auf Finucane Island bzw. Cooke Point errichteten.

Daß sich werkseigene Siedlungen zu einer solchen Größenordnung - mit bis zu 5000 Einwohnern - entwickeln konnten, hatte vor allem zwei Ursachen: Zum einen verfügte der Staat nicht über die entsprechenden finanziellen Mittel zum Ausbau solcher Siedlungen, zum anderen fehlten einfach die Erfahrungen mit Alternativen für die hier spezifischen Verhältnisse.

Erst im Laufe der Jahre wurde die Diskrepanz zwischen dem Lebensstandard der Bevölkerung in den werkseigenen und den übrigen Siedlungen im Pilbara-Gebiet zu einem Ärgernis. Die Menschen in den Company towns wohnen in erstklassigen, vollklimatisierten Häusern zu äußerst günstigen Mieten; der Strompreis wird subventioniert, desgleichen entfallen Gemeindeabgaben zur Finanzierung der öffentlichen Anlagen sowie der Sozial- und Erholungseinrichtungen. Auch die Verbrauchsgüterpreise werden teilweise subventioniert. So kommt es, daß die Lebenshaltungskosten hier nur geringfügig höher als in den Ballungszentren sind. - Ganz allgemein läßt sich zur Ausstattung dieser Company towns sagen, daß sie jede Stadt ähnlicher Größe im Lande übertreffen und eigentlich nur mit den Vororten der großen Städte verglichen werden können.[1)]

---

1) Vergl. Gorham,E.R.: Developing the North West, In: 45th ANZAAS Congress, Sect.5, Perth 1973, S.5

Problematisch ist allerdings, daß eine Beteiligung der Bürger an der Verwaltung der Siedlung kaum möglich ist, da die gesetzlichen Funktionen - außer Polizei, Gesundheits- und Erziehungswesen - in den Händen der Bergbaugesellschaften liegen. "In these 'closed' towns the company serves as employer, landlord, supplier of domestic services, the owner of the trading centre, the organizer of recreational and social pursuits and in effect, is intimately involved with every facet of an individual's life."[1]

Erst 1972 wurden die Company towns unter gewissen Einschränkungen zu 'townsites' erklärt. Im Zuge dieser Änderungen wurden auch Gemeinderäte eingerichtet, die von den Ortseinwohnern gewählt werden bzw. in die sie sich wählen lassen können. Es hat sich allerdings gezeigt, daß das allgemeine Interesse an der Gemeindeverwaltung nicht sehr groß ist - bedingt vor allem durch die hohe Bevölkerungsfluktuation. Doch in der Erziehung der Bevölkerung zu einem größeren Verantwortungsbewußtsein liegen auch die Ansätze für eine steigende Seßhaftigkeit.[2]

Als sich die städtische Situation in den Company towns zunehmend normalisierte, änderte man zu Beginn der 70er Jahre auch die Planungsvorstellungen für die Anlage der neuen Städte, vor allem in den Küstenzentren der Pilbara-Region. Den Anfang machte dabei die Bergbaugesellschaft Hamersley Iron mit der Entscheidung, 'ihren' Ort Dampier wegen der zu nah gelegenen und die Umwelt durch Erzstaub verschmutzenden Anlagen nicht weiter auszubauen.

Der Bedarf an neuen Unterkünften für die wachsende Belegschaft führte schließlich durch Zusammenarbeit von Bundesregierung und Bergbaugesellschaft zur Gründung von

---

1) Vergl. TPS, Canberra 1974, S.7/6
2) Vergl. TPS, Canberra 1974, S.7/6

Karratha als *'Open Town'*. Gemäß dem ursprünglichen Staatsvertrag hatte die Gesellschaft zwar die Hauptlast der infrastrukturellen Einrichtungen zu tragen, doch lagen in diesem Fall die Planungs- und Aufbaukompetenzen beim Staat. Die Regierung gab Karratha noch zusätzliche Wachstumsimpulse, indem sie diesen Ort zum Administrationszentrum des Bezirks West-Pilbara erhob und die entsprechenden Verwaltungsstellen aus Roeborne umsiedelte.

Nach Karratha sind weitere 'offene' Siedlungen gegründet worden: Wickham als Versorgungszentrum für den Erzhafen Cape Lambert und South Hedland als Erweiterung von Port Hedland.

In den Open Towns werden allerdings die Divergenzen im Lebensstandard der Beschäftigten bei den Bergbaugesellschaften und den übrigen Siedlungsbewohnern auch besonders deutlich. -
Schon äußerlich sichtbar stehen die werkseigenen Häuser in separaten 'Blöcken' oder 'Enklaven' und erschweren so eine Integration aller Bewohner. - Sämtliche Einwohner kommen zwar in den Genuß der durch die Bergbaugesellschaften subventionierten öffentlichen Einrichtungen etc. Im Schnitt liegt jedoch der Lebensstandard der Beschäftigten der Erzgesellschaften höher, da sie über die besseren Wohnungen, ein höheres Einkommen und sonstige Zuwendungen verfügen. Hieraus resultiert eine wachsende Unzufriedenheit der übrigen Bevölkerung, auch sind, insgesamt gesehen, die Lebensbedingungen hier nicht ganz so günstig wie in den Company towns.[1]

So hängen mit der führenden Rolle der Bergbaugesellschaften bei der Entwicklung und Finanzierung sowohl der Company towns als auch der Open towns die besonderen Probleme dieser Siedlungsformen zusammen: Die Gesellschaft

---

1) Vergl. TPS, Canberra 1974, S.7/7

wirkt auf das soziale, politische und administrative Leben der Siedlung bestimmend ein und wird infolgedessen auch für alle Unzulänglichkeiten verantwortlich gemacht. Diese Führungsrolle der Bergbaugesellschaften steht in Widerspruch zu einem gesunden Wachstum einer aktiven und unabhängigen Bevölkerung mit Selbstverwaltungsaufgaben. Sie verhindert auch die Entwicklung von wirklicher Ortsverbundenheit.

Seitens der Regierung will man deshalb bei der Planung und dem Aufbau zukünftiger Siedlungen auf die direkte finanzielle Beteiligung der Bergbaugesellschaften verzichten, um eine Einmischung in das Privatleben der Beschäftigten weitgehend zu verhindern.[1]

5.23 Die Ausstattung mit Versorgungseinrichtungen

In den Konzessionsverträgen verpflichteten sich die Gesellschaften zum Aufbau der kompletten Siedlungsanlagen. Sie hatten nicht nur die entsprechenden Unterkünfte für ihre Arbeitnehmer bereitzustellen, sondern sie mußten die Siedlungen auch mit Versorgungseinrichtungen ausstatten, wie Straßen, Einkaufszentren, Schulen, Krankenhäusern, Wasser- und Energieversorgung, Kanalisation, Flugplätzen, Erholungsmöglichkeiten etc. - Auch für die Unterhaltskosten dieser Einrichtungen müssen die Bergbaugesellschaften aufkommen. Nur die Personalkosten für Polizei, Schulen und Krankenhäuser trägt der Staat.

Für diese infrastrukturellen Einrichtungen gaben die Gesellschaften etwa 20 % ihrer gesamten Investitions-

---

1) Vergl. TPS, Canberra 1974, S.7/7

mittel aus.[1] Die eigene Finanzierung brachte den Gesellschaften den Vorteil, die Siedlungen großzügig auszugestalten, um den Arbeitskräften optimale Lebensbedingungen zu bieten und sie damit anzulocken.

Die Bergbausiedlungen liegen grundsätzlich etwa fünf bis zehn Kilometer vom Abbaustandort entfernt. Sowohl in der Ausstattung als auch in der Anlage unterscheiden sie sich nur wenig von den planmäßig angelegten Stadtrandsiedlungen der australischen Großstädte. Im Zentrum der Siedlungen liegt der Versorgungsbereich, um den sich die Wohngebiete gruppieren. Die Überlandstraße verläuft abseits. Dies zeigt beispielsweise der Siedlungsplan von Paraburdoo in Abbildung 17.

In den alten Bergbaustädten des Nordwestens, wie beispielsweise Mekatharra, Nullagine oder Marble Bar, reihen sich dagegen die Dienstleistungs- und Versorgungsanlagen linear entlang der Hauptstraße auf, die meistens gleichzeitig auch die staubige und stark frequentierte Überlandstraße ist.[2]

In der modernsten Bergbausiedlung, in Shay Gap, werden die Autos am Ortsrand geparkt: Wohnhäuser und zentraler Versorgungsbereich sind nur durch Fußwege verbunden. Dadurch sollen auch soziale Interaktionen erleichtert werden.[3]

---

1) In den meisten Publikationen heißt es: 65 % der Gesamtinvestitionen wurden für infrastrukturelle Einrichtungen getätigt. Doch fallen darunter auch die Investitionen für die Bahn- und Hafenanlagen. - Vergl. Appleyard,R.T.: A Decade of Growth in the West, In: Bank of New South Wales Rev., Sydney July 1974, S.14

2) Vergl. Dahlke,J.: Der west-australische Wirtschaftsraum, In: Aachener Geographische Arbeiten, H.7, Wiesbaden 1975, S.102

3) Vergl.Dolman,K.H., Ellson,I.G.: Planning and Design Considerations for Shay Gap Township, In: I.M.M. Conference, Western Australia, May 1973, S.237 ff

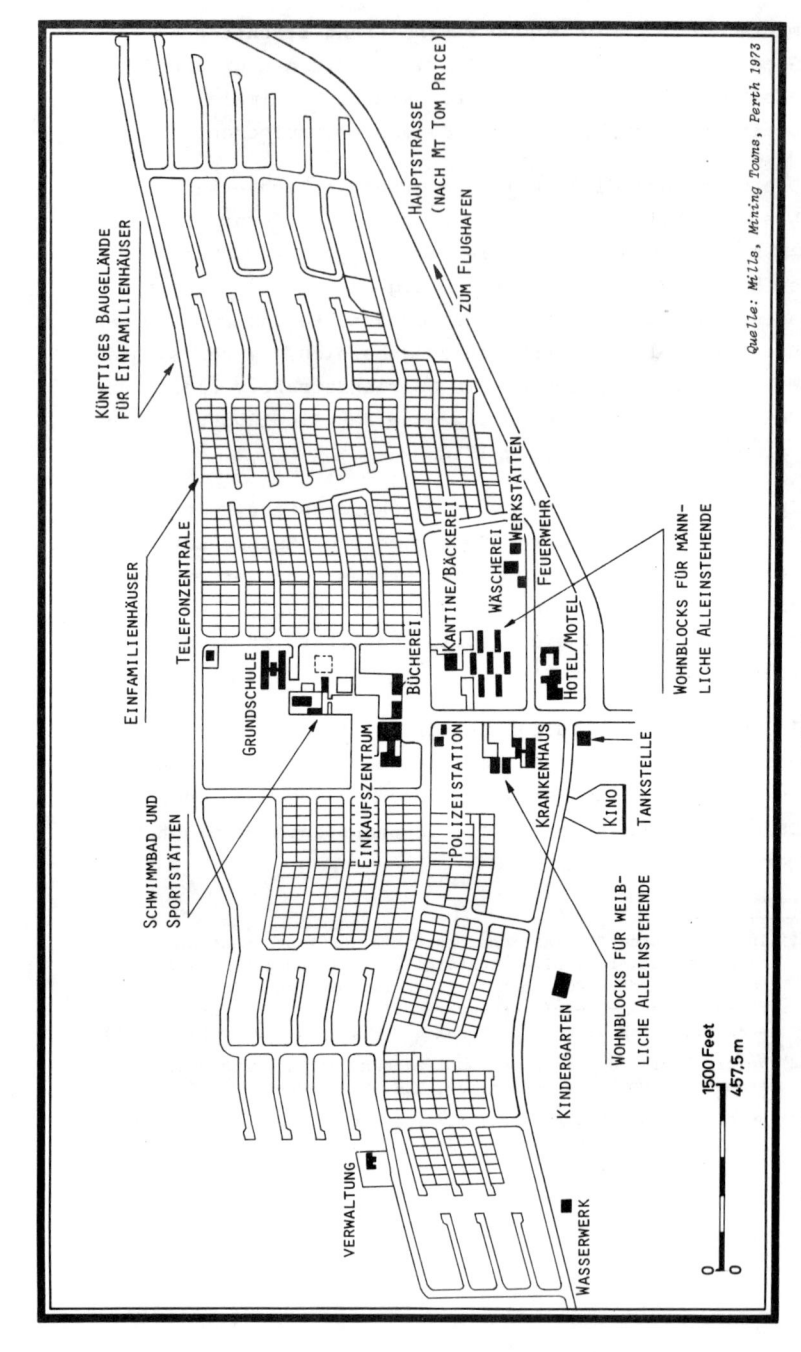

Abb. 18 Flächennutzung in der 1972 gegründeten Bergbausiedlung Paraburdoo

Quelle: Mills, Mining Towns, Perth 1973

Bei den neuen Siedlungskonzeptionen ist allerdings das gleiche zu berücksichtigen, was *Jüngst* auch für die Bergbausiedlungen im kanadischen Norden beschreibt: Aus der Herkunft der meisten Bewohner aus südlichen Gefilden ergibt sich die Frage, "ob man sie hier mit neuen, umweltgemäßen Siedlungsformen konfrontieren oder sie soweit wie möglich ihren alten Wohnstil weiterführen lassen soll, um ihnen die Anpassung an ein Leben an der Grenze der Zivilisation zu erleichtern."[1]

Die Versorgung mit Schulen hat sich in den letzten Jahren weitgehend normalisiert. Da die Bergbaugesellschaften bei der Arbeitskräfterekrutierung besonders jungverheirateten Ehepaaren den Vorzug geben, ist der Anteil der grundschulpflichtigen Kinder überproportional hoch. Jeder Bergbauort verfügt deshalb mindestens über eine Grundschule. Mit der zunehmenden Bevölkerungsstabilisierung in den letzten Jahren stieg auch der Bedarf an höherer Schulbildung. Seit kurzem gibt es deshalb zwei Oberschulen, eine in South Hedland und eine in Karratha, so daß Familien nicht mehr die Pilbara-Region verlassen müssen, um ihren Kindern den Besuch der Klassen 11 und 12 zu ermöglichen.

Die Verbesserung im höheren Schulwesen hat aber wiederum auch einen Rückkoppelungseffekt auf die Bevölkerungsstabilisierung.
Im Schulbetrieb selbst wirkt sich die hohe Fluktuation sowohl der Bevölkerung - und damit der Kinder - als auch des Lehrpersonals sehr ungünstig auf einen stetigen Unterricht aus; außerdem ergeben sich Verständigungsprobleme, da die Pilbara-Bevölkerung zu etwa 50 % aus Einwanderern der verschiedensten Nationen besteht.[2]

---

1) Jüngst,P.: Siedlungen des Erzbergbaus in den Kanadischen Kordilleren, In: Schott,C.(ed.): Beiträge zur Kulturgeographie von Kanada, Marburger Geogr. Schriften, H.50, 1971, S.172
2) Vergl. TPS, Canberra 1974, S.5/104

Tabelle 16   Die Verteilung der Schulen in der
              Pilbara-Region

Schultyp*	Schulort
Senior high schools	South Hedland, Karratha
High schools	Mount Newman
Class I district high schools	Tom Price, Paraburdoo
Class II district high schools	-
Class Ia primary schools	Karratha, Mount Newman
Class I primary schools	Port Hedland, Tom Price, South Hedland (2), Wickham, Dampier
Class II primary schools	Goldsworthy, Onslow, Port Hedland, Roebourne
Class III primary schools	Pannavonica, Shay Gap, Wittenoom, Marble Bar
Class IV	Nullagine

* Schultyp richtet sich nach gesamter Schülerzahl und nach eingerichteten Klassen:
  Senior high schools mit den Klassen 8-12, high schools 8-10, district high schools 1-10, primary schools 1-7;
  class Ia schools besuchen über 600 Schüler, class I 300-600, class II 120-300, class III 30-120, class IV weniger als 30.

Quelle: WA Education Department, Perth Februar 1975; zit.in:
        Kerr,A.: Australia's North West, Perth 1975, S.230

Die medizinische Versorgung der Bevölkerung ist inzwischen ebenfalls ausreichend. Die größeren Bergbausiedlungen verfügen über gut eingerichtete Krankenhäuser mit festem medizinischem Personal. In den beiden kleineren Bergbauorten Pannavonica und Shay Gap befinden sich sehr gut ausgestattete Erste-Hilfe-Stationen mit einer ständigen Krankenschwester. Darüber hinaus steht - wie auch für alle Orte und Farmen - der Flying Doctor Service zur Verfügung. - Die Klinik in Port Hedland wurde in den letzten Jahren erweitert, trotzdem müssen schwierige Krankheitsfälle immer noch nach Perth eingeliefert werden, was natürlich die voneinander getrennten Familienangehörigen oft genug vor Probleme stellt.

Tabelle 17   Die Ausstattung der Pilbara-Region mit Krankenhäusern und sonstigen medizinischen Versorgungsleistungen

Stadt	Anzahl der			Sonstige medizinische Versorgungsleistungen
	Krankenhäuser	Betten	ortsansässige Ärzte	
Dampier	1	28	3	DO
Karratha	-	-	-	CHSC, DO
Marble Bar	1	4	-	RFDS
Mt Newman	1	28	2	CHSC, DO (2)
Onslow	1	12	-	PTDS, RFDS
Pannavonica	-	-	-	PTDS
Paraburdoo	1	17	1	DO
Port Hedland	1	106	6	CHS,CHSC,DO(2),NP
Roebourne	1	25	1	-
Shay Gap	-	-	-	PTDS
Tom Price	1	27	2	CHSC, DO
Wickham	1	17	1	CHSC, DO
Wittenoom	1	12	1	PTDS

Abkürzungen: CHS = Community Health Services, Regional Hdqurtr.
             CHSC = Child Health Services Clinic
             DO   = Public Health Dept. Dental Officer
             PTDS = Part-time Dental Service provided at Clinic
             RFDS = Royal Flying Doctor Service Clinic

Quelle: WA Medical Department and Public Health Department, Perth, 30. Juni 1974;
zit.in: Kerr,A.: Australia's North West, Perth 1975, S.231

Bei der Bereitstellung eines möglichst umfangreichen Freizeitangebotes machten die Bergbaugesellschaften besondere Anstrengungen. In Mt. Newman umfaßt es beispielsweise folgende Anlagen:[1]

---
1) Vergl. Rawling,P.B.: Human Relationsships in Mining Towns, In: A.I.M.M. Conference, Western Australia, May 1973, S.258

- Schwimmbad
- Tennis- und Basketballplätze
- großer Sportplatz
- Drive-in-Kino
- Mehrzweckhalle für Tanzveranstaltungen, Gottesdienste und Theatervorstellungen
- Erholungszentrum mit Alkoholausschank
- Golfplatz mit neun Löchern
- Kindergarten
- tägliche Fernsehübertragungen mit Direktempfang in den Küstenorten dank des dort verlaufenden Coaxialkabels; in den Inlandsorten werden Bandaufzeichnungen mit einwöchiger Verspätung ausgestrahlt.

Außerdem unterstützen die Gesellschaften die Gründungen der verschiedensten Sport- und Freizeitclubs. In Paraburdoo, einem Bergbauort mittlerer Größe, gab es 1973 allein 29 Clubs.[1]

An Freizeitangeboten außerhalb der Städte scheinen die Küstenorte durch die Möglichkeiten zu den verschiedensten Aktivitäten im und am Meer, wie Fischen, Schwimmen, Segeln oder Tauchen, bevorzugt zu sein. Demgegenüber verfügt das Inland über viele lohnende Ausflugsziele wie den Hamersley-Nationalpark - mit seinen imposanten Felsschluchten, einer vielfältigen Flora, die im Frühjahr einem Blumenteppich gleicht, und den Felsmalereien der Eingeborenen - sowie die erfrischenden 'River pools' bei Millstream. Außerdem wird der geplante Staudamm am Fortescue River die Erholungsmöglichkeiten bereichern. Die Bewohner der Inlandsorte müssen zwar 100 bis 200 km bis zu diesen Ausflugszielen fahren, doch spielen hier solche Entfernungen eine untergeordnete Rolle.

Die Bereitschaft, das Freizeitangebot und die Erholungsmöglichkeiten zu nutzen, ist jedoch relativ gering. Ein Arbeiter, der an sechs Tagen in der Woche zehn Stunden lang bei Temperaturen von 46°C im Schatten und 68°C in der Sonne arbeitet, zeigt verständlicherweise nur ge-

---

[1] Vergl. Mills,C.G.: Mining Company Towns - Some Aspects of Human Relationship, In: A.I.M.M. Conferene Paper, WA May 1973, S.252

ringes Interesse für außerberufliche Aktivitäten.[1]

5.24 Das Problem der Dauersiedlung

"Technology can create instant towns, but it can't make instant communities ... From the street the Pilbara towns are models of suburban delight - yet no one can be seen. Dad's working, mum is locked in her individual prison - dreaming of release to the lush south-west when the months are served and the dollars saved."[2]

Es hat sich gezeigt[3], daß die Männer den Arbeitsstil relativ rasch unter den veränderten Arbeitsbedingungen im Pilbara-Gebiet annehmen. Dies gilt mehr oder weniger für jede Art von Beschäftigung, ob als Arbeiter, Maschinist oder Büroangestellter. Ihre Arbeit ist meistens interessanter als die bisher ausgeübte, und die ihnen übertragenen Aufgaben verlangen eine größere Verantwortung. Sie akzeptieren deshalb auch die Herausforderung an die halb-pionierhafte Situation und die extremen Klimabedingungen.

Die Ehefrauen dagegen können diese Berufsbegeisterung ihrer Ehemänner nur selten nachvollziehen, da für weibliche Beschäftigte in der Regel nur sehr wenige Arbeitsmöglichkeiten bestehen. Zwar existieren ähnliche Probleme in jeder neuen Gemeinschaft, doch werden sie durch die besonderen Lebensbedingungen im Pilbara-Gebiet noch verstärkt. Die Folge davon ist, daß die Frau die meiste Zeit im vollklimatisierten Haus bleibt; es ist schwer,

---

1) Vergl. Dahlke,J.: Der westaustralische Wirtschaftsraum, Wiesbaden 1975, S.103

2) Graham,D.: Pilbara - An iron curtain hides the problems of money and loneliness, In: National Times, Sydney 18-3-74, S.3

3) Vergl. Gorham,E.R.: Developing the North West, In: ANZAAS congress, Sect. 5, Perth 1973, S.5

sie für die vielen sozialen und kulturellen Aktivitäten
zu interessieren, die man extra dafür geschaffen hat,
um Neurosen vorzubeugen. Dazu kommt, daß durch die hohe
Fluktuation immer wieder die einmal gewonnenen Bekannten den Ort verlassen und der innere Antrieb gering ist,
neue Bekanntschaften zu knüpfen. - Nur die jüngeren
Kinder scheinen ausnahmslos die neue Umgebung zu akzeptieren und sich in ihr wohlzufühlen.

Das Familien- bzw. Eheleben leidet sehr darunter, daß
Mann und Frau in 'verschiedenen Welten' leben. Der Mann
ist durch die lange Arbeitszeit und die weiteren
Stunden im 'Pub' nur selten zu Hause und nimmt dadurch
nur unvollständig am Familienleben teil. Diese Tatsachen
werden als Ursachen für die vielen Eheprobleme, Ehescheidungen und die weitverbreitete Promiskuität angesehen. Hinzu kommt, daß die Betroffenen in solchen Lebenslagen keine alten Freunde um Rat fragen oder sich an ihre
Familie wenden können.[1]

Dahlke macht allerdings in diesem Zusammenhang darauf
aufmerksam, daß diese Schwierigkeiten nicht immer eine
unmittelbare Folge der neuen Lebensbedingungen sein müssen. Sie resultieren auch daher, "daß viele gescheiterte
Existenzen versuchen, im Nordwesten ein neues Leben zu
beginnen, was natürlich unter den schwierigen Bedingungen noch weniger gelingt als in der relativ günstigen
Umgebung der dichter besiedelten Gebiete."[2]

In den letzten Jahren sind zahlreiche Untersuchungen
über die soziologischen und psychologischen Probleme der
Lebensbedingungen in den neuen Pilbara-Siedlungen unter-

---

1) Vergl. TPS, Canberra 1974, S.8/12
2) Dahlke,J.: Der westaustralische Wirtschaftsraum, Wiesbaden 1975, S.104

nommen worden.[1] Neben der Ursachenforschung sucht man vor allem nach Lösungen, die Bevölkerung seßhaft zu machen. Zu diesem Kapitel sollen noch zwei typische Grundeinstellungen der australischen Bevölkerung herausgestellt werden, die man in Zukunft mehr beachten will:

- In gemieteten Häusern fühlen sich die Australier nicht heimisch. Für sie ist Hauseigentum eine Voraussetzung zufriedenstellender Lebensbedingungen. Bei Mieten zwischen A$ 7,00 und 12,00 besteht allerdings kaum Interesse zum Hauskauf, was sich aber bei realistischeren Mieten schnell ändern könnte, zumal wenn Hypotheken zu günstigen Bedingungen angeboten werden. Zudem werden die Häuser durch die Bergbaugesellschaften möbliert und auch instandgehalten. Dadurch wird der australischen Familie ihre Lieblingsbeschäftigung genommen, nämlich die Hausverschönerung, und sie kann so ihre Individualität nicht zum Ausdruck bringen.[2]

- Der Australier lebt gern in großen Siedlungen; auch dann, wenn er zu seiner Arbeitsstätte größere Entfernungen zurückzulegen hat. In kleineren Siedlungen dagegen fühlt er sich zu isoliert.

Bei Abschluß der Konzessionsverträge stellte die Regierung aber das Prinzip der Streuung über das der Ballung, um eine möglichst breite Entwicklung der Region voranzutreiben. Schon damals äußerten sich kritische Stimmen wie *Ann Marshall*[3] oder *Raggatt*[4], die mindestens für die Küstensiedlungen nur eine einzige Stadt von genügender Größe forderten, um auch die Versorgungsleistun-

---

1) Die bekannteste stammt von Brealey,T.B.: Living in remote Communities in tropical Australia, Part I, Melbourne 1972
2) Vergl. TPS, Canberra 1974, S.8/12
3) Marshall,A.: Iron Age in the Pilbara, In: The Australian Geographer, Vol.X, No.5, Sydney March 1968, S.420
4) Raggatt,H.G.: Mountains of Ore, Melbourne 1968, S.76

gen günstiger anzubieten. - In ihren jüngsten Planungsvorstellungen will die Regierung deshalb Karratha zu einem überregionalen Zentrum mit etwa 130.000 Einwohnern ausbauen.

Ein kühner Vorschlag stammt von dem erfolgreichen Architekten *Howroyd*, der auch schon die zukunftsweisende Bergbausiedlung Shay Gap gebaut hat. Er schlägt vor, eine zentral gelegene Hauptstadt des Pilbara-Gebietes bei Millstream zu errichten, d.h. abseits der geplanten Industrieansiedlung im Raume Karratha und doch höchstens 300 km von allen Pilbara-Orten entfernt.[1]

5.3 Die verkehrsmäßige Erschließung der Pilbara-Region und ihre überregionale Anbindung

Der Anschluß des Verkehrswegenetzes der Pilbara-Region an das nächste Wirtschafts- und Zivilisationszentrum - vor allem zum Raum Perth - ist wichtig, um das Leben der Bevölkerung in diesem abgelegenen Gebiet erträglich zu machen. Wirkungsvolle Verkehrsverbindungen sind hier auch deshalb von Bedeutung, da sie nicht nur ökonomische sondern auch soziale Funktionen übernehmen. So vermindert ein gut ausgebauter Passagierverkehr für die Pilbara-Bewohner das Gefühl der Isolierung; ein effizienter Frachtverkehr senkt die Preise der Versorgungsgüter, die momentan durch die Frachtkostenbelastung um durchschnittlich 6 % teurer sind als in Perth[2], und damit auch die Lebenshaltungskosten in der Pilbara-Region. Diese Auswirkungen dienen schließlich dazu, die Bevölkerungsstabilität zu erhöhen.

---

1) Vergl. Howroyd,L.H.: Population of the North West of Western Australia, In: ANZAAS 45th Congress,Sect.5, Perth 1973,S.9f; s. auch Dahlke,J.: Der westaustralische Wirtschaftsraum, Wiesbaden 1975, S.111f

2) Western Australia Consumer Protection Bureau (ed.): An Examination of Factors Affecting the Cost of Living in the Pilbara, Perth 1974, S.59

Aus Tabelle 18 sind die Anteile, die die einzelnen Verkehrsträger bei der Versorgung des Pilbara-Gebietes im Jahre 1973 hatten, ersichtlich. Beim Vergleich gegenüber dem Jahre 1968 wird die Tendenz deutlich: Der Landtransport - speziell der direkte Straßentransport - gewann an Bedeutung, während sich der Seeverkehr rückläufig entwickelte; dagegen blieb der Luftverkehr relativ konstant.

Tabelle 18   Frachtempfang im Pilbara-Gebiet nach Verkehrsträgern in den Jahren 1968 und 1973

Verkehrsart	Frachtaufkommen in t	
	1 9 6 8	1 9 7 3
Küstenschiffahrt	76.600	66.500
Straßenverkehr	43.700	107.700
Kombinierter Straßen-/Bahnverkehr	38.600	66.600
Luftverkehr	1.400	1.600
Insgesamt	160.300	242.500

Quelle: Australian Bureau of Statistics, zit. in Kerr,A.: Australia's North West, Perth 1975, S.259

5.31 Bahn- und Straßenverkehr als Rückgrat des Frachtentransportes

Innerhalb des Pilbara-Gebietes steht der Eisenbahnverkehr an erster Stelle; 1974 betrug das Frachtaufkommen etwa 82 Mio t. Die in kurzer Zeit erstellten Normalspurstrecken von insgesamt 1.016 km Länge täuschen auf Karten ein gut erschlossenes Gebiet vor. Doch der Bahnverkehr ist einseitig, die Bahn transportiert nur in Richtung Küste und nur Eisenerz. Die Bergbaukonzerne verpflichteten sich zwar in den Konzessionsverträgen,

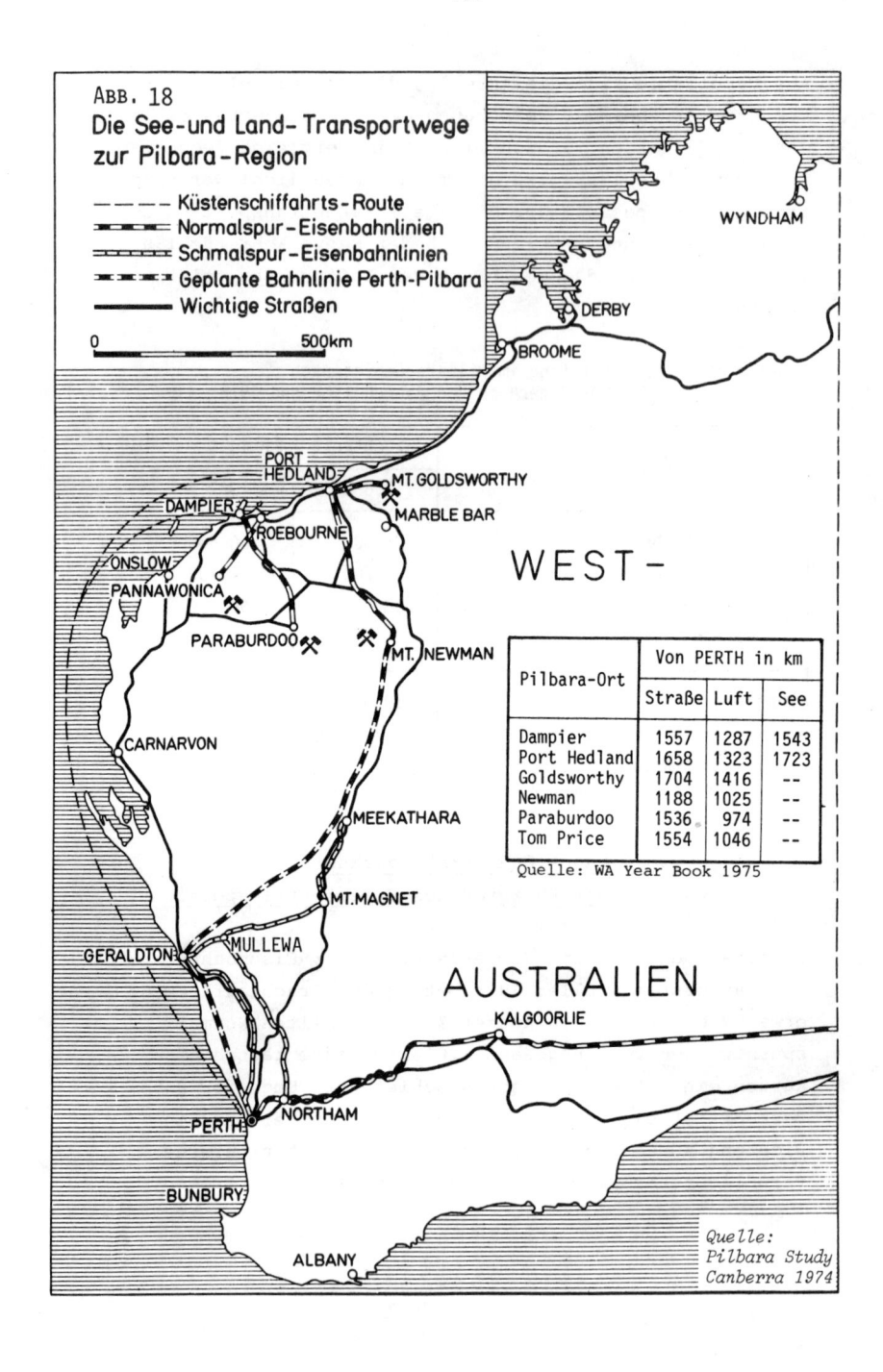

ABB. 18
Die See- und Land- Transportwege zur Pilbara-Region

- ----- Küstenschiffahrts-Route
- ▬▬▬ Normalspur-Eisenbahnlinien
- ▭▭▭ Schmalspur-Eisenbahnlinien
- ▬ ▬ ▬ Geplante Bahnlinie Perth-Pilbara
- ——— Wichtige Straßen

0 _____ 500km

Pilbara-Ort	Von PERTH in km		
	Straße	Luft	See
Dampier	1557	1287	1543
Port Hedland	1658	1323	1723
Goldsworthy	1704	1416	--
Newman	1188	1025	--
Paraburdoo	1536	974	--
Tom Price	1554	1046	--

Quelle: WA Year Book 1975

Quelle: Pilbara Study Canberra 1974

zu gegebener Zeit auch Personen und Frachten anderer Parteien zu transportieren, doch gab es dafür bis jetzt noch keinen Bedarf. Auch die erwartete Stimulierung zur Ausbeutung anderer Bodenschätze blieb bisher aus.[1]

Dieses Bild der Pilbara-Bahnen dürfte sich jedoch rasch ändern, wenn - in Zusammenhang mit dem Eisenerzprojekt Weld Range[2] - eine Bahntrasse zwischen Mt Newman und Meekathara verlegt wird und damit ein Anschluß an das übrige Bahnnetz von West-Australien erfolgt. Die Bahnstrecke Perth-Geraldton-Meekathara existiert zur Zeit zwar, doch nur als Schmalspurbahn; auch ist der Streckenabschnitt zwischen Mullewa und Meekathara heute in einem so schlechten Zustand, daß hier nur Züge mit maximal 30 km/h und einer Achslast von 10 t fahren können. Der Neubau der Strecke Geraldton-Meekathara in Normalspur ist jedoch ebenfalls geplant, außerdem eine neue Strecke in Normalspur von Perth nach Geraldton.[3]

Trotz der zur Zeit wenig günstigen Umstände hat der gebrochene Güterverkehr, d. h. der Transport per Bahn nach Geraldton oder Meekathara und von da an weiter per Lastwagen, für die Versorgung des Pilbara-Gebietes mit etwa 25 % Transportanteil eine beachtliche Bedeutung. Das läßt den geplanten Bahnanschluß des Pilbara-Gebietes sinnvoll erscheinen.

Das Straßennetz der Pilbara-Region ist in den letzten Jahren sehr erweitert worden. Entscheidende Bedeutung haben dabei vor allem die Asphaltstraßen, zu denen die Küstenstraße und kleinere Strecken im Bereich der Siedlungen gehören. Die übrigen Straßen der Region sind größtenteils in einem sehr schlechten Zustand und stra-

---

1) Vergl. Kerr,A.: Australia's North West, Perth 1975, S.254
2) Siehe Seite 133 dieser Arbeit
3) Vergl. TPS, Canberra 1974, S.5/70

Tabelle 19   Die Straßen der Pilbara-Region

Straßenart	1 9 6 9	1 9 7 3
Teerstraßen	222 km	630 km
Schotterstraßen	829 km	588 km
Naturstraßen	1.893 km	3.666 km
Natürliche Pisten	2.945 km	3.924 km
Insgesamt	5.889 km	8.808 km

Quellen: Australian Bureau of Statistics;
 1969: WA Year Book 1972, Perth 1973, S.455
 1973: zit. in Kerr,A.: Australia's North West,
  Perth 1975, S.259

paziös für Fahrzeug und Insassen. Die Asphaltierung der Küstenstraße wurde erst Ende 1974 abgeschlossen. Erst seitdem gibt es eine durchgehende Teerstraße von Perth nach Port Hedland. Die Asphaltierung der Inlandstraße nach Port Hedland wird dagegen nicht vor 1980 beendet sein.

Eine Asphaltstraße in der Pilbara-Region ist aber - wie überall im tropischen Norden Australiens - noch längst nicht mit einer Allwetter-Straße gleichzusetzen. Die größten Trockenflüsse werden zwar durch Brücken überspannt, doch durch die kleineren 'Creeks' führen nur ausbetonierte 'Floodways', sodaß die Straßenverbindungen bei Auftreten der durch Zyklone verursachten Regenfälle oft tagelang unterbrochen sind.[1]

Gleichwohl entfällt auf die Straße der größte Anteil aller Transporte ins Pilbara-Gebiet. Für den Personenverkehr steht zwar auch - neben der privaten Beförderung in Personenwagen - eine Buslinie zur Verfügung, die mehrmals wöchentlich zwischen Perth und Port Hedland verkehrt. Aber obwohl der Fahrpreis nur etwa halb

---
1) Vergl. Kerr,A.: Australia's North West, Perth 1975, S.235

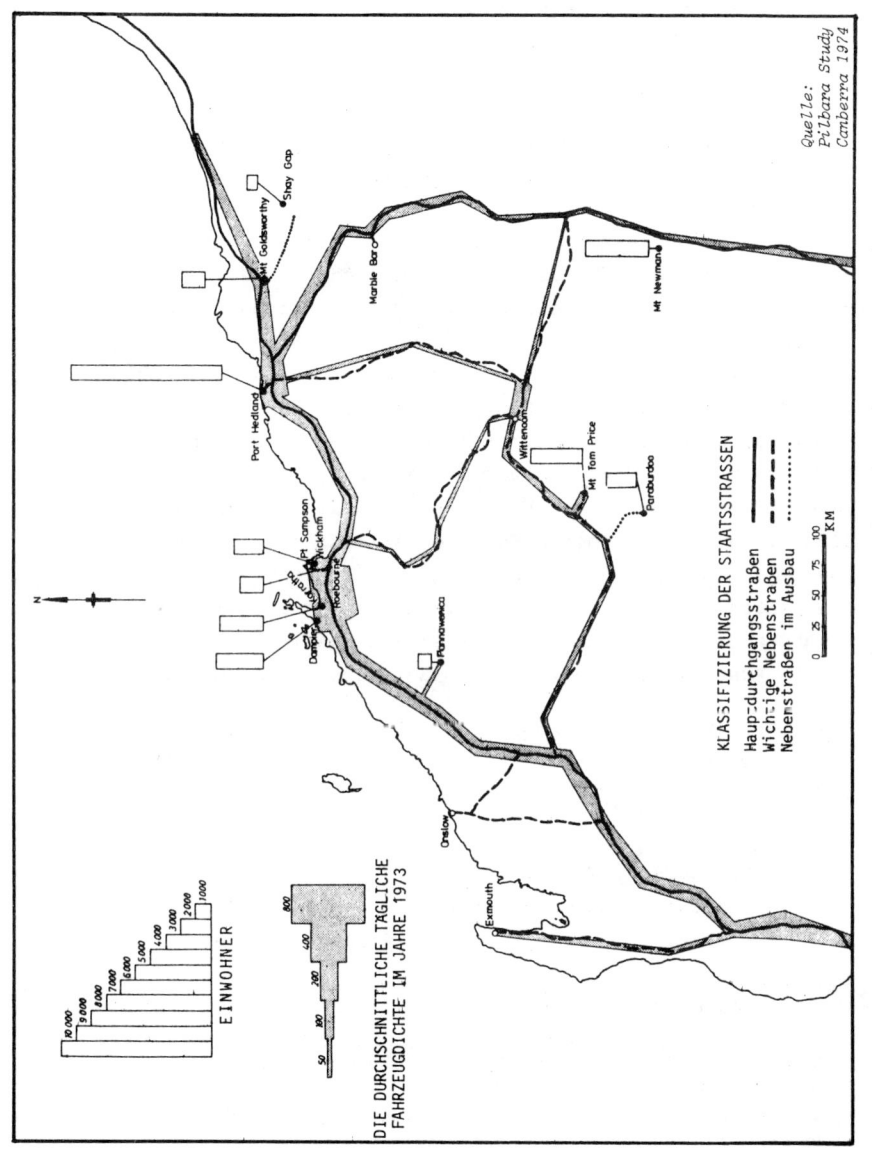

Abb. 19 Durchschnittliche tägliche Verkehrsbelastung der Strassen der Pilbara-Region im Jahre 1973

so hoch wie der Flugpreis ist, wird von dem 30-Stunden-Trip per Bus im Gegensatz zu dem 2-Stunden-Flug nur relativ wenig Gebrauch gemacht.[1]

5.32 Das Flugzeug als Hauptverkehrsmittel im Passagiertransport

Das Flugzeug übernimmt das Hauptverkehrsaufkommen im Passagiertransport. Es ist für die Menschen in dieser Region heutzutage lebensnotwendig. Es schafft nicht nur das beruhigende Gefühl, innerhalb von zwei Stunden in einem Zivilisationszentrum sein zu können, sondern durch die tägliche Ankunft von Post, der neuesten Zeitungen vom Tage, dringend benötigter Waren wie Medizin oder Autoersatzteile, läßt es auch die Abgeschiedenheit leichter ertragen; ganz abgesehen vom medizinischen Notdienst, dem Flying Doctor Service. Alle Eisenerzbergbausiedlungen und -häfen verfügen über ausreichende Flugplätze, so daß mindestens die in West-Australien bewährte 845 km/h schnelle 'Fokker Fellowship F28' mit 58 Passagieren und 2 t Frachtaufnahme landen kann.[2]

Die Flugverbindungen sind relativ häufig und ergaben 1974 folgendes Bild:[3]

Perth - Port Hedland:	27 Flüge pro Woche
- Karratha:	20 Flüge pro Woche
- Paraburdoo, Tom Price, Wittenoom, Mt Goldsworthy:	7 Flüge pro Woche
- Newman:	6 Flüge pro Woche

---

1) TPS, Canberra 1974, S.5/69
2) Vergl. Kerr,A.: Australia's North West, Perth 1975, S.244; Vergl. auch Holsman and Crawford: Air Transport Growth in Under Developed Regions, In: Austr.Geogr., Vol.13, No.2, 1975, S.87ff
3) An Examination of Factors affecting the Cost of Living in the Pilbara, WA Consumer Protection Bureau (ed.), Perth 1974, S.2

5.33 Der Seeverkehr

Die Eisenerz- und Salzexporte machen die Pilbara-Häfen zwar zu den größten australischen Häfen im Güterversand - mit über 50 % der gesamtaustralischen Exporttonnage, dem gegenüber steht ein unbedeutender Warenempfang. - Eine gewisse Bedeutung für die Warenversorgung des Pilbara-Gebietes hat nur die Küstenschifffahrt mit etwa 25 % Anteil an den Verkehrsträgern.

Eine staatliche west-australische Reederei hat vier Schiffe im Einsatz; eine Rundreise von Perth nach Darwin und zurück dauert 28 Tage. Die Pilbara-Häfen Dampier, Point Samson und Port Hedland werden so einmal wöchentlich aus jeder Richtung angefahren. Es handelt sich hierbei um reine Frachtschiffe; der letzte Passagier wurde im März 1973 befördert.[1]

Dieser Schiffsservice wird für die Pilbara-Region weiter an Bedeutung verlieren, je mehr das Straßennetz ausgebaut wird, und vor allem dann, wenn erst einmal eine durchgehende Eisenbahnverbindung existiert. - Für die Versorgung der Kimberley-Häfen dagegen wird diese Schiffsverbindung auch weiterhin ihre Bedeutung behalten; etwa 75 % der Fracht der west-australischen Küstenschiffe ist schon heute für diese Häfen bestimmt.

6 Ausbau der Pilbara-Region

Von entscheidender Bedeutung für eine dauerhafte Entwicklung der Pilbara-Region ist eine stärkere Differenzierung der Wirtschaftsstruktur, damit dieses Gebiet zu einer eigenen wirtschaftsräumlichen Einheit heranwachsen kann. Das Differenzierungsprogramm umfaßt dabei zwei

---

1) Vergl. Kerr,A.: Australia's North West, Perth 1975, S.249

Komplexe, zum einen die Erhöhung der bisherigen Mineralienförderung bzw. die Erschließung neuer Mineralvorkommen, zum anderen die Errichtung von Verarbeitungsindustrien auf der Grundlage der Pilbara-Rohstoffe und die Nutzung der sonstigen Ressourcen.

Grundlage einer vorläufigen Entwicklung der Pilbara-Region ist die Ausbeutung der natürlichen Ressourcen. "There is little doubt, that for many decades to come the mining industry will provide a development backbone for Australia's North West."[1] Derzeit ist man über dieses Entwicklungsstadium noch nicht hinausgekommen. Nur Eisenerze werden zu einem geringen Teil zu Pellets weiterverarbeitet.

Tabelle 20 vermittelt einen Eindruck von der Gewichtung der im Jahre 1973 im Pilbara-Gebiet geförderten Bodenschätze. Die regionale Bedeutung des wertmäßig über 90 %igen Anteils von Eisenerz verstärkt sich noch dadurch, daß das mit 7 % ausgewiesene Erdöl ohne Kontakt mit der Pilbara-Region direkt von Barrow Island zur Ölraffinerie Kwinana verschifft wird.

Tabelle 20   Die Förderung der wichtigsten Bodenschätze der Pilbara-Region im Jahre 1973

	Menge in 1000 t (Öl in Mio Barrels)	Wert in Mio A$ nach fob-Preisen	Wert in %
Eisenerz	71.389,0	430,6	91,7
Erdöl	14,4	32,5	6,9
Meersalz	3.281,0	5,1	1,1
Zinn	0,3	0,7	0,2
Mangan	25,9	0,4	0,1
Sonstige	.	0,4	0,1
Gesamt	.	569,7	100,0

Quelle: WA Mines Dept., Annual Reports, zit.in Kerr,A.: Australia's North West, Perth 1975, S.149

---

1) Kerr,A.: Australia'S North West, Perth 1975, S.145

6.1 Der noch immer weiter expandierende
    Eisenerzbergbau

Keine Sorgen bereitet aufgrund der überaus großen Eisenerzvorräte die Zukunft des Eisenerzbergbaus. Risikofaktoren für die Pilbara-Gruben liegen daher weniger im produktionswirtschaftlichen als vielmehr im absatzwirtschaftlichen Bereich.

Nach dem heutigen Vorratsstand würden die Eisenerze bei einer Jahresförderung von 150 Mio t für mindestens 150 Jahre reichen. In den offiziellen Planungen geht man sogar von einer Förderung von 300 Mio t Eisenerz im Jahre 2000 aus; dann würde der Eisenerzbergbau 12.000 Arbeitskräfte binden, statt der im Jahre 1975 etwa 4.000 Beschäftigten.[1]

Eine optimistische Grundtendenz spiegelt sich auch in den geplanten Neuaufschlüssen wider. Es handelt sich dabei um insgesamt fünf neue Abbaustandorte, für die auch bereits Konzessionsverträge abgeschlossen wurden. Diese Neuaufschlüsse sehen eine Förderung von insgesamt etwa 50 Mio t vor und erfordern Investitionen von rund A$ 2 Mrd. Dabei sind die geplanten Ausweitungen der Förderkapazitäten der momentan produzierenden Gruben noch nicht berücksichtigt; nur im Falle Goldsworthy handelt es sich um Ersatzinvestitionen für die etwa 1980 erschöpften Gruben im heutigen Abbaugebiet.

---

1) TPS, Canberra 1974, S.4/132

Tabelle 21 Geplante Abbaustandorte des Eisenerzbergbaus in der Pilbara-Region auf der Grundlage bereits abgeschlossener Konzessionsverträge

Vorgesehener ABBAUSTANDORT	DEEPDALE/ Robe River	GOLDSWORTHY AREA C	KOODAIDERIE	MARANDOO	MC CAMEY'S MONSTER
LAGE (s. Abb. 7)	130 km südöstlich von Onslow	Ophtalmia Range 120 km NW Newman	Am Mount Bruce 70 km SO Wittenoom	Hamersley Range 50 km S Wittenoom	Ophtalmia Range 100 km O Newman
ERZVORRÄTE	1,5 Mrd t Limonite Ø 57 % Fe-Gehalt	1,1 Mrd t Hämatite, Goethite, Ø 60 % Fe	2,0 Mrd t mit 55% - 62% Fe	500 Mio t Hämatite mit Ø 63,5% Fe	260 Mio t Hämatite mit Ø 64,5% Fe
Voraussichtliche INBETRIEBNAHME	1978	1977		1978	nach 1980
Geplante FÖRDERKAPAZITÄT	5-10 Mio jato	12-18 Mio jato		12 Mio jato	15 Mio jato
EISENERZPRODUKT	Oberw. Sinterfeed	Fein-Stückerz,Pell.		Stück- u. Feinerz	Stück- u. Feinerz
Geplante LÄNGE der BAHNLINIE	180 km insgesamt 20 km Neubau/Emid	ca. 340 km		ca. 480 km	
Vorgesehener HAFEN	Cape Lambert 150.000 DWT	Port Hedland 160.000 DWT	Dampier 150.000 DWT	Depuch Island 250.000 DWT	
KONZESSIONÄR	Dampier Mining Co	Goldsworthy Mining	Mt Bruce Mining Co	Marandoo Mining Co	McCamey Iron Ass.
EIGENTUMS- VERHÄLTNISSE	100%ige Tochtergesellschaft der BHP (Australien)	siehe Tabelle 11	100%ige Tochtergesellschaft der Hamersley Iron Ltd siehe Tabelle 11	50% Texas Gulf Int (USA) 50% Hanwright Iron (Australien)	41 2/3 % Hanwright (Australien) 33 1/3 % Goldsworthy (Tab.11) 25 % MtIsa Holding
IRON ORE AGREEMENT ACT	1969	1971	1972	1967/72	1972
Geschätzter INVESTITIONSAUFW.	A$ 200 Mio	A$ 400 Mio		A$ 300 Mio	A$ 400 Mio

Quellen: wie Tabelle 11; außerdem WA Major Investment Projects, Issue No.21, WA Dep. of Ind. Development (ed), Perth April 1975, S.25; Erzmarkt-Informationen, Erzkontor Ruhr, Essen 15-1-75, Australien erschließt großes Erzlager (anonym), In: Blick durch die Wirtschaft, Frankfurt 24-10-75; Austral.Fin.Rev., Sydney 13-10-75, S.5

6.2 Die Gewinnung von Meersalz, Erdöl und
    Nichteisenerzen

Erdöl wird seit 1967 auf dem 64 km vor der Pilbara-Küste
gelegenen Barrow Island gefördert und in Kwinana raffiniert. Es ist das einzige produzierende Ölfeld West-Australiens. Seit 1967 bis einschließlich 1974 wurden hier
insgesamt 105 Mio Barrels Öl gefördert; die Tagesproduktion liegt etwa bei 40.000 Barrels.[1] Bei dieser Tagesförderung wurden die Ölreserven Anfang 1974 auf höchstens acht Jahre geschätzt. Obwohl weitere Funde nicht
auszuschließen sind, wird das Erdöl jedoch wegen seiner
relativ geringen Vorräte und Tagesproduktion nicht als
Rohstoffgrundlage für eine mögliche industrielle Entwicklung der Pilbara-Region herangezogen.[2]

Dagegen wird der Meersalzgewinnung eine große Zukunft
eingeräumt. Die Bedingungen für die Gewinnung an der
Pilbara-Küste sind ideal: geringe Niederschläge, hohe
Verdunstung, heiße Winde und flache Küstenstreifen mit
undurchlässigem Boden. Es gibt in der Pilbara-Region insgesamt zwei Meersalzgewinnungsanlagen, in Port Hedland
und Dampier, die 1969 bzw. 1971 die Produktion für den
Export aufnahmen. Die Salzgesellschaften profitieren hier
von den ausgebauten Eisenerzhäfen, so daß ein rentabler
Abtransport in großen Massengutfrachtern erfolgen kann.
Der Salzverbrauch auf der Erde steigt rapide, weniger
für die Verwendung im Haushalt als vielmehr in der Industrie. Die hauptsächlich benötigten Salzderivate -
Chlor, Soda und Ätznatron - finden zunehmend Verwendung
bei der Herstellung der verschiedensten Produkte,
wie z.B. bei Kraftstoffen, Aluminium, Papier, Kunststoffen, Kunstfasern, Glas, Insektiziden, Unkrautvernichtern,

---

[1] Vergl. Kerr,A.: Australia's North West, Perth 1975, S.129;
    auch Reiner,E.: Erdöl und Erdgas in Australien, In: Ztschr. für
    Wigeogr., Hagen 1971, S.239ff
[2] Vergl. TPS, Canberra 1974, S.2/18

Seifen und Reinigungsmitteln. Der industrielle Salzverbrauch steigt zwar auch in Australien, doch Hauptabnehmer für die Pilbara-Salze ist Japan mit seiner überproportional wachsenden chemischen Industrie. Im Jahre 1974 bestritt Australien etwa die Hälfte der japanischen Salzimporte von insgesamt 8 Mio t.[1]

Außer Eisenerz, Erdöl und Meersalz werden in der Pilbara-Region noch Mangan-, Zinn-, Kupfer- und Golderze in kleinen Betrieben abgebaut. Zur Zeit sind sie zwar kaum konkurrenzfähig im Vergleich zu den Betrieben, die die reicheren und teils günstiger gelegenen anderen australischen Lagerstätten ausbeuten, wie z.B. Mangan auf Groote Eylandt, Zinn auf Tasmanien und Kupfer in Mt Isa. Bei der Errichtung eines Industriekomplexes im Pilbara-Gebiet könnten die lokalen Erze jedoch als Zuliefermaterial dienen; dann würde sich die Wettbewerbsfähigkeit verbessern.

Im August 1975 wurde gemeldet, daß in der etwa 200 km südöstlich von Marble Bar gelegenen Patterson Range ein neues Goldbergwerk eingerichtet werden soll, in das man bisher schon über A$ 3 Mio an Explorationsarbeiten investiert hat und das Anfang 1977 die Produktion mit einer Tagesleistung von 1.100 t Erz aufnehmen soll. Die neuzubauende Siedlung soll etwa 250 Menschen beherbergen, einschließlich der etwa 100 Beschäftigten.[2] Inwieweit der inzwischen eingesetzte Goldpreisverfall dieses Projekt bereits wieder gefährdet hat, ist allerdings unbekannt.

---

1) Vergl. Kerr,A.: Australia's North West, Perth 1975, S.138f
2) Vergl. New Gold Mine (anonym), In: Enterprise Western Australia, Perth August 1975, S.4

6.3 Die bevorstehende Erschließung von Erdgas und anderen Bodenschätzen

Im Zuge der Ölsuche in den küstennahen Gewässern wurden 1971 umfangreiche Erdgasvorkommen im Nordwest-Schelf entdeckt. Das Zentrum liegt etwa 140 km nordwestlich von Dampier. 1974 wurden die Erdgasvorräte auf 460 Mrd m³ geschätzt. Bei einem Jahresverbrauch von etwa 18 Mrd. m³ würden diese Vorräte 25 Jahre lang reichen, man rechnet jedoch mit weiteren Entdeckungen.[1]

Dieses Erdgas kann sowohl für die Energieversorgung als auch für die chemische Industrie als Grundstoff verwendet werden. Denn Methan als Hauptbestandteil des Erdgases kann entweder als Brennstoff oder als Ausgangsmaterial für die Herstellung von Methanol, Ammoniak und anderen chemischen Produkten dienen. Andere Gaskomponenten könnten ebenfalls in der chemischen Industrie Verwendung finden, z. B. zur Herstellung von Kunststoffen.

Etwa fünf Jahre währte der Streit um die Freigabe der Erdgasvorkommen, da die Bodenschätze normalerweise unter die Hoheit der einzelnen Bundesstaaten fallen. Erst 1976 entschied der High Court in der Frage der Souveränität über die Kontinentalsockel zugunsten Canberras und gegen die Bundesstaaten. Erst seitdem erfolgten die Ausschreibungen für die internationale Exploration.[2]

---

1) Vergl. TPS, Canberra 1974, S.6
2) Wachsender Optimismus in Australien - Neue Impulse für die Schwerindustrie(anonym), In: NZZ 10-2-76, S.3

6.4 Die Folgeindustrien auf der Basis von Erdgas, Meersalz und Eisenerz

Mit der Entdeckung der Erdgasvorkommen glaubte man, endlich die Grundvoraussetzung für die Ansiedlung einer Weiterverarbeitungsindustrie in der Pilbara-Region gefunden zu haben, nämlich eine billige Energieversorgung; ursprünglich war man davon ausgegangen, Atomenergie bereitzustellen.

Nach Bekanntwerden der Erdgasvorkommen verkündete die west-australische Regierung 1972 ein enthusiastisches Programm zur Errichtung eines vielfältigen exportorientierten Industriekomplexes in der Pilbara-Region - bekanntgeworden unter 'The Pilbara Concept'.[1] In Überschätzung der Energiequellen dachte man besonders an energieintensive Industrien, wie ein Stahlwerk, eine Aluminiumhütte und sogar an eine Urananreicherungsanlage.[2]

Das Konzept führte zu einer umfangreichen Untersuchung der industriellen Möglichkeiten in der Pilbara-Region. Eine von der australischen Bundesregierung und der west-australischen Landesregierung gemeinsam getragene Expertengruppe schloß diese Arbeit Ende 1974 mit der Vorlage der *Pilbara Study* ab.[3] Die Untersuchung hatte einen rentabilitätsorientierten Ansatz mit der Aufgabe, die 'ökonomische Lebensfähigkeit' eines Industriekomplexes zusammen mit der erforderlichen Infrastruktur

---

[1] Government of WA, Dept of Development and Decentralisation (ed.): The Pilbara - A Development Concept for the 1970's, Perth 1972, 28 Seiten

[2] Ausführlich dargestellt bei: Dahlke, J.: Der westaustralische Wirtschaftsraum, Wiesbaden 1975, S.76ff

[3] Australian Government Department of Northern Development and the Government of WA Department of Industrial Development (ed.): The Pilbara Study - Report on the Industrial Development of the Pilbara, Canberra 1974

auf der Grundlage der wichtigsten Ressourcen Erdgas, Meersalz und Eisenerz festzustellen.[1] Da aber die Erdgasvorräte - im Gegensatz zu den Meersalz- und den Eisenerzvorräten - relativ begrenzt sind und deren bloße Verwendung als Brennstoff nicht ökonomisch wäre, vollzog sich gegenüber dem ursprünglichen Pilbara-Concept ein Gedankenwandel: Statt der bisher favorisierten energieintensiven Industrien bevorzugt man nun solche Anlagen, die das Erdgas dazu benutzen, die mineralischen Rohstoffquellen der Region durch geeignete Verfahren zu veredeln.[2]

In dem Report kommt man zu der Ansicht, daß bestimmte Werke der chemischen, petrochemischen und Düngemittel-Industrie die ertragsstärksten Aussichten hätten und die Basis für einen großen integrierten Industriekomplex bilden könnten. Die geplante Rohölraffinerie soll dabei auch importiertes arabisches Erdöl verarbeiten.

Als Standort für diese Industrieanlage wird Dixon Island und Umgebung empfohlen. Die auf etwa 130.000 Menschen geschätzte Wohnbevölkerung soll um die Nichol Bay angesiedelt werden. Unter Berücksichtigung verschiedener Vorschläge würde das Industrialisierungsvorhaben Investitionen in Höhe von A$ 3.300 bis 8.600 erfordern. - Die Federführung für das Projekt soll eine staatliche Behörde übernehmen.

---

1) Vergl. TPS, Canberra 1974, S.2
2) Vergl. TPS, Canberra 1974, S.9

6.5 Die Nutzung der sonstigen Ressourcen für
Landwirtschaft, Fischerei und Tourismus

In der Pilbara-Region wird ausschließlich Weidewirtschaft betrieben, insbesondere mit Wollschafen und Fleischrindern. Die natürliche Tragfähigkeit des Landes für die Viehzucht ist dabei gering - je nach Bodenausstattung kommen auf 9 bis 120 Hektar nur sechs Schafe oder ein Rind.[1)]

Tabelle 22   Der Nutzviehbestand in der Pilbara-Region

Landwirtschafts- jahr 1972/73	Pilbara	West-Australien insgesamt
Viehbestand (Stück)		
- Wollschafe	609.144	30.919.180
- Fleischrinder	58.209	2.003.752
- Schweine	44	476.316
Wollertrag (in t)	2.113	145.717

Quellen: Australian Bureau of Statistics;
TPS, Canberra 1974, S.2/39,
Abstract of Statistics of Local Government Areas, Perth 1974, S.25

Der Nutzviehbestand der Pilbara-Region ist im Vergleich zu West-Australien sehr gering. Doch darf die Bedeutung der Weidewirtschaft für die Erschließung der Pilbara-Region nicht unterschätzt werden. Sie war bisher der einzige beständige Faktor der Region; im wenig besiedelten Raum boten und bieten die Farmen und Wasserstellen außerdem Zuflucht, Hilfe und Nachrichtenkontakt mit dem übrigen Australien.

Mit einer Ausweitung der Landwirtschaft in größerem Maße ist jedoch nicht zu rechnen. Selbst die geplanten Stauseen "werden nach Abzug des Industrie- und Stadtwassers nur den Anbau von Feldfrüchten zur Versorgung

---

1) Vergl. TPS, Canberra 1974, S.2/29

der örtlichen Nachfrage ermöglichen. Eine dichtere Bestockung der vorhandenen Viehhaltungsbetriebe wird durch die Wasser- und Vegetationsarmut des Landes vereitelt".[1]

Die Fischerei dagegen gewinnt an Bedeutung. Bei ausreichender Deckung des westaustralischen Bedarfs aus den südwestlichen Fischgründen galt die Nordwestregion bis vor wenigen Jahren als zu abgelegen. In den nordwestlichen Küstengewässern sind hauptsächlich drei verschiedene Arten der Fischerei zu unterscheiden:[2]

- Die Perlenfischerei: Sie spielte im letzten Jahrhundert an der Pilbara-Küste eine große Rolle; heute nur noch in bescheidenerem Maße an der Kimberley Küste.

- Fischerei nach Krustentieren: Mit Fangstationen an der Shark Bay, in Carnavron, im Exmouth Golf und an der Nichol Bay der Pilbara-Küste expandiert vor allem die Garnelenfischerei; die Fänge werden mit Tiefkühlwagen nach Perth gebracht.

- Die Hochseefischerei: Die Gewässer sind vor allem reich an Thunfisch, doch bisher fangen hier vor allem japanische, taiwanesische und russische Fischereiflotten.

Das west-australische Fischereiministerium gibt deshalb auch in einer Untersuchung über den Ausbau der Fischerei an der Pilbara-Küste[3] der Hochseefischerei durch Australier den Vorzug. Zusammen mit der Garnelenfischerei wäre das die Grundlage für eine Fischverarbeitungsindustrie in der Pilbara-Region, die vor allem auch die begehrten Arbeitsplätze für weibliche Beschäftigte bereitstellen würde.

---

1) Dahlke,J.: Die Rolle des Bergbaus bei der Ausweitung des west-australischen Siedlungsraumes,In: Geogr.Rdschau,H.9,Braunschweig 1974, S.343

2) Vergl. Kerr,A.: Australia's North West, Perth 1975^2,S.150ff

3) WA Dept of Fisheries and Fauna (ed.): The Development of the Fishing Industry in the Pilbara Area of WA, 1975-1980, Perth 1974; zit. in TPS, Canberra 1974, S.2/38

Einen nennenswerten Tourismus gibt es in der Pilbara-Region erst in der Folge der Eisenerzaufschlüsse, also erst seit 1966. Die Region hat dem Touristen manches zu bieten: landschaftliche Schönheit, besonders im Hamersley-Nationalpark, aber auch historische Sehenswürdigkeiten wie die Reste der Hafenstadt Cossack aus dem letzten Jahrhundert. Das Klima mit seinen angenehmen Wintermonaten von April bis Oktober ist ein Anreiz für viele, die der nassen und kalten Witterung Südaustraliens entfliehen wollen; typisch dafür sind australische Pensionärsehepaare. Die touristische Erschließung steckt aber noch in den Anfängen. Sie wird durch die großen Entfernungen erschwert. Auch fehlt es noch an allgemeinen Informationen und einer Ausschilderung zu den oft in der Nähe der Durchgangsstraße liegenden Sehenswürdigkeiten.

Dank der verbesserten Verkehrsverbindungen und Unterkunftsmöglichkeiten stieg die Zahl der Touristen in den letzten Jahren ständig an; besonders nach Fertigstellung der durchgehend asphaltierten Straße von Perth nach Port Hedland, da die Region hauptsächlich von Motortouristen mit Caravan oder Campmobil aufgesucht wird. Diese Besucher sind entweder auf einer Fahrt rund um Australien unterwegs, oder es sind Urlauber aus den südwestaustralischen Ballungsgebieten. In zunehmendem Maße gibt es auch Bus-Rundreisen und Flugtourismus. Durch eine vollklimatisierte Beförderung und Hotelunterkunft wird auch die bisher übliche Reisezeit weiter ausgedehnt.[1]

---

1) Kerr,A.: Australia's North West, Perth 1975, S.215f; Vergl. auch Carter,J.: Australia's rising Northwest, Sydney 1971, S.81f

7 Die überregionale Wirkung innerhalb des west-
   australischen Wirtschaftsraumes

7.1 Das Problem der wirtschaftlichen Dezentra-
    lisation gegenüber dem Agglomerationszentrum
    Perth

Das intensive Entwicklungsprogramm der Eisenerzaufschlüsse begünstigt aber nicht nur das Wachstum der
Pilbara-Region, sondern beeinflußt auch in vielfältiger
Weise den Wirtschaftsraum West-Australien. Der gesamte
west-australische Wirtschaftsraum ist insofern benach-
teiligt, als er durch ein großes wüstenähnliches Gebiet
von den übrigen Wirtschaftsräumen Australiens getrennt
ist und demzufolge ein Austausch zu benachbarten Räumen
erschwert wird. Innerhalb West-Australiens aber ballen
sich die wirtschaftlichen Aktivitäten im Südwesten des
Landes, vor allem im Großraum Perth.

"Eine Lösung der ballungsbedingten Probleme im Raume
Perth läßt sich nur über eine Entwicklung der unge-
nutzten Flächen im Landesinneren und speziell im Norden
erreichen. Damit kumulieren die Probleme der wirtschaftsräumlichen Entwicklung West-Australiens in der Überwin-
dung der lebensabweisenden Natur- und Lagebedingungen
des Nordens... Nirgendwo in Europa kennen wir eine der-
art krasse Polarisierung zwischen einem extrem kleinen
Ballungsgebiet und einem ebenso extrem großen Ungunstge-
biet wie hier in Australien."[1]

Daraus resultiert das zwingende Bestreben, neue Wirtschaftsräume zu erschließen.[2] Für die Pilbara-Region
bildeten die Eisenerzaufschlüsse die Grundlage, und man

---

1) Dahlke,J.: Der Wirtschaftsraum West-Australien, Wiesbaden 1975,
   S.2
2) Vergl. auch Reiner,E.: Die wirtschaftliche Entwicklung West-
   Australiens, In: Zeitschr.f.Wigeo., Hagen 1968, S.33-41

erhoffte sich verschiedene dezentralisierende Wirkungen.[1]

Der Bevölkerungsanstieg in der Pilbara-Region ist beachtlich, nämlich von nur 0,44 % Anteil an der Gesamtbevölkerung West-Australiens im Jahre 1961 auf 2,81 % im Jahre 1971. In der gleichen Zeit erhöhte sich jedoch der Bevölkerungsanteil im Großraum Perth von 57,03 % auf 68,24 %. In absoluten Zahlen heißt das: während sich die Pilbara-Bevölkerung innerhalb von zehn Jahren um 25.742 Personen vermehrte, erhöhte sich die Bevölkerung im Großraum Perth um 283.066 Menschen.

Taylor schreibt dazu, daß die Gründe für dieses Phänomen sehr vielschichtig sind, daß man aber doch den Schluß ziehen kann, "that the development of the iron ore mining industry has had an effect on decentralization effort which is quite opposite to that which is desirable."[2]

Dies wird verständlich, wenn man die Gesamtinvestitionen von A$ 1,6 Mrd für die Eisenerzaufschlüsse einer näheren Betrachtung unterzieht. Diese Summe wurde über einen Zeitraum von zehn Jahren ausgegeben, um Arbeitskräfte, Maschinen, Ausrüstungsgegenstände, usw. ins Pilbara-Gebiet zu bringen. Nur ein verschwindend kleiner Teil davon floß jedoch in die Pilbara-Region selbst, hauptsächlich für Löhne und Gehälter. Der weitaus größte Teil wurde außerhalb der Region ausgegeben: in Übersee, in Ost-Australien und vor allem im Großraum Perth.

So erfuhren ab Mitte der sechziger Jahre die Investitions- und Konsumgüterindustrie, ebenso die Betriebe des tertiären Sektors, besonders Versicherungen, Makler, Transport-

---

1) Vergl. Taylor, A.D.: The Mining Industry and Decentralization, In: ANZAAS search, Vol.5, No.1-2, Sydney 1974, S.50ff
2) Vergl. Taylor, A.D.: S.51

Tabelle 23 Veränderungen in der Bevölkerung West-Australiens
zwischen den beiden Volkszählungen 1966 und 1971

Zähl-bezirk	Fläche km²	%	1966 Einwohner	1966 %	Bevölkerung Veränderungen Geburtüberschuß	Ab/Zuwanderung	Gesamt	Gesamt in %	Ø jährl in %	1971 Einwohner	1971 %	Einw. pro km²
Perth	5368	0,21	559298	65,95	37507	106394	143901	25,73	4,69	703199	68,24	131,00
South-West	28570	1,13	72983	8,61	5037	-673	4364	5,98	1,17	77347	7,51	2,71
South.Agricultural	57099	2,26	44808	5,28	4011	-3538	473	1,06	0,21	45281	4,39	0,79
Centr.Agricultural	78400	3,10	58820	6,94	5445	-10604	-5159	-8,77	-1,82	53661	5,21	0,68
North.Agricultural	82985	3,28	38817	4,58	4478	-491	3987	10,27	1,97	42804	4,15	0,52
Eastern Goldfields	644943	25,52	35062	4,13	3635	4072	7707	21,98	4,05	42769	4,15	0,07
Central	564644	22,34	4620	0,54	506	2294	2800	60,61	9,94	7420	0,72	0,01
North-West	201014	7,95	9046	1,07	1061	1677	2738	30,27	5,43	11784	1,14	0,06
Kimberley	402520	16,64	12700	1,50	1366	536	1902	14,98	2,83	14602	1,42	0,04
PILBARA	444086	17,57	8907	1,05	1408	18670	20078	225,42	26,62	28985	2,81	0,07
(Migratory)	--	--	3039	0,36	--	-422	-422	-13,89	--	2617	0,25	--
WA insgesamt	2.525500	100,00	848100	100,00	64454	117915	182369	21,50	3,97	1.030469	100,00	0,41
West-Australien	2.525500	32,89	848100	7,31			182369	21,50	3,97	1.030469	8,08	0,41
Gesamt-Australien	7.678700	100,00	11.599498	100,00			1.156140	9,97	1,99	12.755638	100,00	1,66

Quelle: Australian Bureau of Statistics (ed.): Western Australian Year Book,
Perth 1975, S. 155, 156, 158

gewerbe und Hotels, einen außergewöhnlichen Aufschwung. Dies zeigt sich auch im Citybild von Perth, das sich durch zahlreiche neuerbaute Bürohochhäuser sehr verändert hat. Die Hauptverwaltungsgebäude der Montankonzerne befinden sich ebenfalls hier und nicht im Pilbara-Gebiet. Desgleichen werden die Konsumgüter für die laufende Versorgung der zur Zeit etwa 40.000 im Pilbara-Gebiet lebenden Menschen vor allem im Raume Perth produziert.

Geben die Bergbaugesellschaften schon kaum Geld im Pilbara-Gebiet aus, so sieht es bei ihren Arbeitnehmern nicht viel anders aus. Die guten Verdienstmöglichkeiten in der Pilbara-Region ziehen nicht nur alleinstehende Männer an, sondern auch Familienväter, die eine Abwesenheit von einem halben oder ganzen Jahr von ihrer Familie in Kauf nehmen, um für bestimmte Zwecke schneller Geld sparen zu können. Der größte Teil des verdienten Geldes wird folglich nicht am Arbeitsort ausgegeben, sondern schafft Nachfrage außerhalb der Region. Eine solche Belegschaft läuft allen Dezentralisierungsbemühungen entgegen.

Allein dadurch, daß die Familie in der Zwischenzeit, z.B. in Perth lebt, trägt sie zum Wachstum der Zentralisation bei, da zur Befriedigung ihrer persönlichen Bedürfnisse - Schulbildung für die Kinder, soziale und materielle Versorgung - weitere Arbeitskräfte in Perth gebraucht werden. Auf der anderen Seite trägt das Familienoberhaupt wenig zum Wachstum seines Arbeitsortes und der Region bei.

Diese Zusammenhänge zeigen deutlich, daß der moderne, relativ arbeitsextensive Eisenerzbergbau allein nicht die dauerhafte Bindung der Bevölkerung an das Pilbara-Gebiet zu fördern vermag, sondern daß nur eine breitere Wirtschaftsbasis die Voraussetzungen für eine seßhafte und größere Bevölkerung schaffen kann.

7.2 Die Belebung der allgemeinen und wirtschaftlichen Entwicklung

Das Landesbudget West-Australiens profitiert in vielfältiger Weise von den Eisenerzaufschlüssen.

Es sind vor allem die Förderzinsabgaben, die sogenannten 'royalties', die von den Bergbaugesellschaften direkt abgeführt werden. Sie werden in der Regel auf der Basis von 7,5 % des fob-Preises pro Tonne Eisenerz oder Pellets erhoben.[1] Die Förderzinsabgaben insgesamt haben sich zu einem beachtlichen Aktivposten entwickelt: von A$ 0,48 Mio im Jahre 1966 auf A$ 33,6 Mio im Jahre 1974. Über 90 % stammten dabei von Eisenerzen.

Tabelle 24 Die west-australischen Förderzinseinnahmen in den Jahren 1966 bis 1974

Jahr*	A$ Mio	Anteil der einzelnen Bodenschätze Jahr 1974		
		Bodenschatz	A$ Mio	Anteil
1966	0,48			
1967	2,64	Eisenerz	30,64	91,2 %
1968	6,24	Erdöl	1,42	4,2 %
1969	11,00	Nickel	0,61	1,8 %
1970	15,70	Bauxit	0,29	0,9 %
1971	22,30	Erdgas	0,25	0,7 %
1972	25,20	Meersalz	0,21	0,6 %
1973	27,00	Sonstige	0,18	0,6 %
1974	33,60	Insgesamt	33,60	100,0 %

*) Jahr endet jeweils zum 30. Juni

Quellen: Australian Bureau of Statistics,
   WA Year Book 1975, S.301
   WA Year Book 1972, S.281

---

[1] Vergl. Henderson,A.G.: Royalties and the confiscation of economic rent in Australian Mining, In: ANU Research Policy Series No.5, Canberra 1972, S.21

Die seit 1966 wachsende Bedeutung der Eisenerzförderung im Rahmen der west-australischen Bergwirtschaft gibt Abb.20 wieder; aus Tabelle 25 ist die Aufgliederung der Bergbauproduktion im Jahre 1974 ersichtlich.

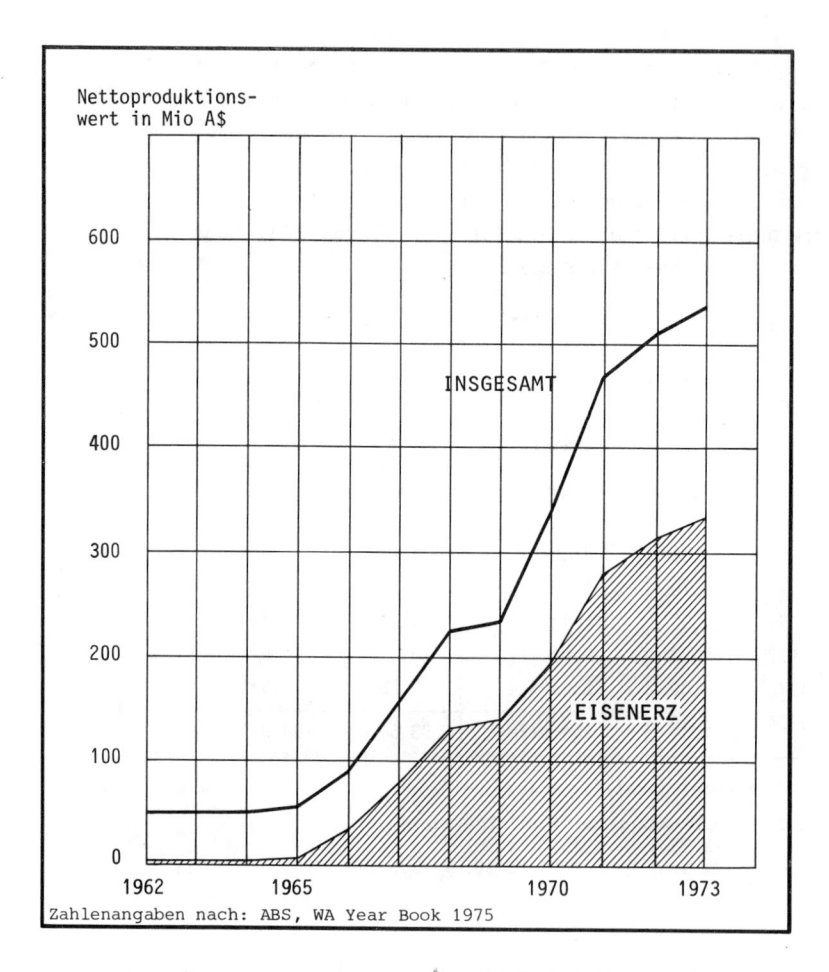

ABB. 20 ENTWICKLUNG DER BERGBAUPRODUKTION WEST-AUSTRALIENS SEIT 1962

Tabelle 25   Aufgliederung der Bergbauproduktion
              West-Australiens im Jahre 1974*

Bergbauprodukte einschließlich Konzentrate	Menge	Brutto-Produktionswert [a]	
		Mio A $	in %
Eisenerz	81,3 Mio t	492,436	60,8 %
Bauxit	1,8 Mio t	112,685	13,9 %
Nickel	0,438 Mio t	104,159	12,9 %
Erdöl	2,3 Mio l	32,725	4,0 %
Gold	7194 kg	19,259	2,4 %
Mineralsande	0,8 Mio t	13,792	1,7 %
Salz	3,8 Mio t	10,465	1,3 %
Steinkohle	1,2 Mio t	7,237	0,9 %
Erdgas	796 Mio m³	5,057	0,6 %
Zinn	1113 t	3,020	0,4 %
Sonstige	--	28,426	1,1 %
Insgesamt	--	810,002	100,0 %

*) Jahr endet zum 30. Juni
a) Normalerweise werden die Netto-Produktionswerte ('ex mine values') angegeben. In diesen Statistiken werden jedoch seit 1968 die Werte für Bauxit und Nickel nicht mehr veröffentlicht, sondern sind in 'Sonstige Bergbauprodukte' enthalten. Vergl. WA Year Book 1972, Perth 1972, S.389

Quelle: Minerals & Mineral Development 1975, Dept of Industrial Development, Perth 1975, S.31

Das Land West-Australien profitiert aber nicht nur von den direkten Abgaben der Bergbaugesellschaften, sondern auch von den Investitionen für die infrastrukturellen Maßnahmen, die von den Bergbaugesellschaften bezahlt wurden und normalerweise den Staatshaushalt belastet hätten. Dazu zählen in erster Linie die neuerrichteten Siedlungen mit ihren sozialen Einrichtungen wie Schulen und Krankenhäusern, ebenso die Tiefwasserhäfen und Eisenbahnlinien, die auch anderen Benutzern als den Bergbaugesellschaften offenstehen sollen.

Die dadurch erzielten Ersparnisse innerhalb der letzten zehn Jahre beziffert *Appleyard* auf A$ 660 Mio. Er weist aber darauf hin, daß auch der west-australische Staat in dieser Zeit etwa A$ 200 Mio im Pilbara-Gebiet investierte, besonders in Hafenausbauten, in die Wasserversorgung der älteren Pilbara-Orte und in den Straßenausbau nach Port Hedland.[1]

Im nachhinein sind jedoch kritische Stimmen laut geworden, die die Übernahme der Infrastrukturkosten durch die Bergbaugesellschaften verurteilen. Es wird argumentiert, daß der Staat Anleihen im Ausland hätte aufnehmen sollen, vor allem auch im Hinblick darauf, daß die Zinssätze für Staatsanleihen günstiger seien als für Industrieanleihen. Das geringere Aktienkapital der Montankonzerne hätte dann auch geringere Dividendenausschüttungen zur Folge gehabt, wodurch wiederum die Royalties hätten erhöht werden können. Außerdem wäre das Land nicht mit einem im Privateigentum befindlichen System von Siedlungen, Eisenbahnen, Häfen und Kraftwerken belastet, die früher oder später sowieso integriert werden müßten.[2]

---

1) Vergl. Appleyard,R.T.: A Decade of Growth in the West, In: Bank of New South Wales Review, Sydney July 1974, S.14

2) Vergl. Appleyard,R.T.: wie oben, S.14

Tabelle 26 Bevölkerungswachstum, Zusammensetzung der Handelsbilanz und Konsumpreisindex in West-Australien in den Jahren 1965-1974

Jahr endend zum 30. Juni	Bevölkerung		Handelsbilanz in Mio A$						Exportanteile in Mio A$ bzw. %						Konsum-preis-index
	in 1000	Zu-wachs in %	Ausland		Innerstaatl.		Überschuß		Eisenerz		Wolle		Weizen		
			Import	Export	Import	Export	Import	Export	Wert	%	Wert	%	Wert	%	
1965	817	2,3	154	243	344	120	134		3	0,8	98	27,0	57	15,7	93
1966	837	2,5	176	314	396	120	145		7	1,6	115	26,5	97	22,4	96
1967	864	3,2	159	421	475	116	97		51	9,5	127	23,6	127	23,6	100
1968	897	3,8	207	475	527	125	134		105	17,5	127	21,2	122	20,4	103
1969	936	4,3	204	547	562	150	70		152	21,8	158	22,7	78	11,2	106
1970	975	4,2	242	675	640	150	58		234	28,4	132	16,0	87	10,5	109
1971	1014	4,0	278	862	727	151		8	342	33,7	99	9,8	131	12,9	114
1972	1047	3,3	283	949	788	139		14	348	32,0	120	11,1	128	11,8	121
1973	1064	1,6	227	1154	786	159		300	420	31,7	221	16,8	112	8,5	127
1974	1084	1,9	369	1415	939	197		304	488	30,3	263	16,3	211	13,1	141

Quellen: Australian Bureau of Statistics, Western Australian Year Book 1975, Perth 1975, S. 532, 540, 541, 544, 545, 552

V Neuere exportorientierte Eisenerzgruben
   außerhalb der Pilbara-Region

   1 Koolanooka, Tallering Peak und Weld Range
      in West-Australien

Das Vorkommen von *Koolanooka* in West-Australien wurde zwischen 1966 und 1974 abgebaut. Da die Lagerstätte in der Nähe einer schon bestehenden Bahnlinie lag, die für den Erztransport zum Hafen Geraldton benutzt werden konnte, war dieses Unternehmen mit einem geringen Investitionsaufwand verbunden. Nach Erfüllung des über acht Jahre laufenden Exportvertrages war die Kapazität von Koolanooka planmäßig erschöpft. Von diesem Abbaustandort gingen kaum Wirkungen auf die Region aus; nur der Hafenort Geraldton gewann an Bedeutung.

1975 wurden die gesamten Förderanlagen an die 40 km nördlich gelegene Lagerstätte *Tallering Peak* verlegt, aus der nun die Eisenerzförderung für den Export fortgesetzt werden soll.[1]

Ab 1978 sollen im Bereich der *Weld Range* südlich der Pilbara-Region mehrere Eisenerzlagerstätten ausgebeutet werden. Auch die west-australische Regierung ist an diesem Projekt sehr interessiert, da dadurch in West-Australien ein neues Bergbaugebiet erschlossen würde, das auch noch Erzvorkommen anderer Metalle beherbergt. Eine besondere Bedeutung wird dabei dem Anschluß von Weld Range an das australische Eisenbahnnetz durch die geplante Bahnlinie von Geraldton und der eventuellen Verlängerung nach Mt Newman beigemessen.[2]

---

1) Vergl. Pratt,R.: Vorabdruck Chapter 'Iron Ore', AMI 1974 Rev., Canberra 1975, S.7
2) Vergl. Australian Financial Review, 13-8-1974;
   und auch Seite 108 dieser Arbeit

Tabelle 27   Daten zum Eisenerzabbau-Projekt 'Weld Range'

Vorgesehener Abbaustandort	Weld Range und die Vorkommen Mt Hale, Mt Gould, Robinson Range
L a g e (s.Abb.5)	350 km nordöst. von Geraldton
Erzvorräte	340 Mio t Hämatite mit 64 % Eisengehalt
Voraussichtliche Inbetriebnahme	1978
Geplante Förderkapazität	Anfangs 5 Mio t jährlich
Geplante Länge der Bahnlinie	ca. 370 km
Vorgesehener Hafen	Nördlich von Geraldton
Konzessionär	Northern Mining Corp. N.L.
Eigentumsverhältnisse	Vorwiegend im australischen Besitz
Bergbauliche Rechtstitel	Iron Ore (Weld Range) Agreement Act 1973
Geschätzter Investitionsaufwand	A$ 140 bis 175 Mio

Quellen: Siehe Tabelle 11

2 Frances Creek im Nord-Territorium

Die kleinste Eisenerzmine Australiens war bis 1975 *Frances Creek*. Trotz langfristiger Exportsicherung durch einen Vertrag mit Japan führten verschiedene ungünstige Umstände zum finanziellen Bankrott dieses kapitalschwachen Unternehmens.

Dabei war die Frances-Creek-Grube, die Mitte 1967 in Betrieb genommen wurde, sogar von der australischen Regierung als eine Art Entwicklungshilfe-Projekt unterstützt worden, indem vor allem die staatseigene Eisenbahntrasse und die Verschiffungsanlagen in Darwin ausgebaut wurden. Anfang 1974 überfluteten jedoch starke Regenfälle die Bahnlinie und machten sie monatelang unbrauchbar. Es folgte Mitte 1974 eine Erhöhung der Bahntarife, die eine finanzielle Mehrbelastung bedeuteten. Schließlich beschädigte Ende 1974 ein Wirbelsturm die

Verladeanlagen in Darwin. Das Unternehmen stürzte in eine
Finanzkrise und wurde schließlich zur Aufgabe gezwungen.
Im Juni 1975 wurden die gesamten Bergwerksanlagen zum
Verkauf angeboten.[1]

Die Gründe für den Niedergang dieses Bergbauunternehmens
wären eigentlich für die Frühzeit der australischen Bergbaugeschichte
typisch gewesen. So sind beispielsweise
Überflutungen der Bahnlinien oder Beschädigungen der Verladeanlagen
durch Wirbelstürme für die Erzbergbaugesellschaften
in der Pilbara-Region keine Seltenheit. Doch wegen
der hohen Finanzkraft dieser Unternehmen, und aufgrund
der firmeneigenen Transport- und Verladeanlagen, die
unabhängig von schwerfälliger reagierenden Staatsbetrieben
arbeiten, können die Schäden kurzfristig behoben werden.

3 Savage River auf Tasmanien

Der einzige Abbaustandort des Eisenerzbergbaus auf Tasmanien
ist das Vorkommen *Savage River* im sehr gering bevölkerten
nordwestlichen Teil der Insel. Das Vorkommen
ist schon seit 1890 bekannt, da es nur etwa 60 km nördlich
eines der ältesten Bergbaureviere Australiens um
den Mt Bischoff und Mt Lyell liegt. Bis in die jüngste
Zeit glaubte man jedoch nicht an die Möglichkeit der
Nutzbarmachung dieser Lagerstätte, da sie durch unwegsames,
hügeliges Gelände mit dichtem Regenwald - jährliche
Niederschläge bis zu 2.500 mm - von der Küste getrennt
ist.Deswegen wurden die Möglichkeiten für den Transport
des Eisenerzes per Bahn, Straße oder Förderband verworfen
und stattdessen eine Rohrleitung zum 85 km entfernt
liegenden Verschiffungshafen Port Latta gewählt.[2]

---

[1] Vergl. Pratt,R.: Chapter 'Iron Ore', Vorabdruck, AMI 1974 Rev.,
BMR Canberra 1975, S.7

[2] Vergl. Reece,E.: Current Developments in the Tasmanian Mining
Industry, In: Australian Mining 15-7-66, S.7ff

Somit ist Savage River die einzige Grube der Welt in dieser Größe, die im Landesinneren liegt und keine Eisenbahnverbindung hat.[1] Die Arbeitsweise dieser Mine soll an den repräsentativen Zahlen für 1972 dargestellt werden:
Es wurden 8,7 Mio t Abraum entfernt und 5,1 Mio t des Roherzes mit etwa 38 % Eisengehalt gefördert. Am Grubenstandort wurden daraus 2,3 Mio t Eisenerzkonzentrat mit durchschnittlich 67 % Eisengehalt gewonnen. Dem Konzentrat wurde dann Wasser im Verhältnis 60:40 zugesetzt und durch die Pipeline - bei einer Transportzeit von etwa 13 Stunden - zu der Pelletanlage in Port Latta gepumpt[2], die 2,4 Mio t Eisenerzpellets herstellte.[3]

Außer den ungünstigen Geländeverhältnissen waren zwei weitere Kriterien für die Wahl der Pipeline entscheidend:
- Das im Eisengehalt arme Magnetiterz muß für die spätere Aufbereitung zu Pellets ohnehin fein vermahlen werden.
- Die niederschlagsreiche Gegend um Savage River verfügt über Wasser im Überfluß.

Diese beiden Voraussetzungen sind in den meisten anderen Erzgebieten nicht gegeben, deswegen läßt sich der Rohrleitungstransport auch nicht ohne weiteres auf sie übertragen. In der Pilbara-Region beispielsweise werden die reichen Erze hauptsächlich als 'Stück'-erze abgesetzt, die 'Fein'-erze dagegen bringen geringere Verkaufserlöse;

---

[1] Vergl. Metal Bulletin Nr. 5285, 1968, Die Eisenerzvorkommen der Welt, 36. Folge

[2] Die Verladung der Pellets in die Schiffe erfolgt durch herkömmliche Förderbandanlagen. - In Waipipi auf Neuseeland dagegen erfolgte die erste 'Offshore-Verladung' von Eisenerzkonzentraten per Rohrleitung in Eisenerz-'Tanker'. Dieses Verladesystem nach dem 'Marconaflo-Verfahren' erfordert nur etwa ein Drittel der Investitionen für Anlagen konventioneller Art.
Vergl. Die Pipeline kann auch Feststoffe befördern (anonym), In: Handelsblatt, Düsseldorf 1-9-76, S.142

[3] Vergl. Tasmania Mines Report 1972, Mines Department, Hobart 1973, S.28

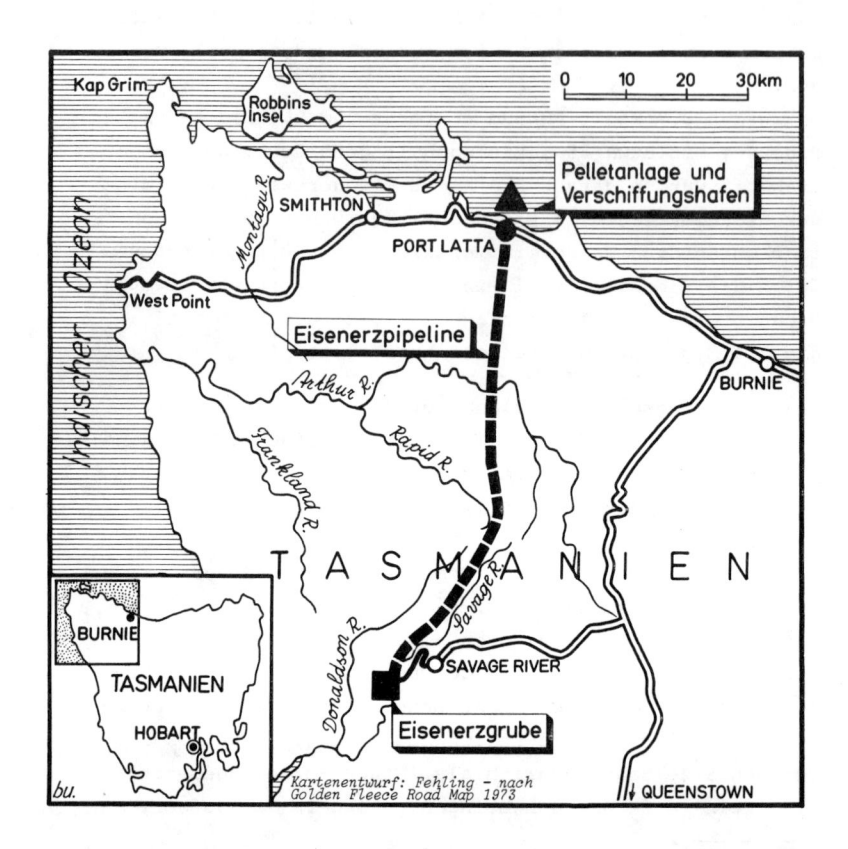

ABB. 21   LAGE DER EISENERZGRUBE SAVAGE RIVER (TASMANIEN)

außerdem wäre die Wasserversorgung der Pipeline - bei einer über zehnfachen Eisenerzförderung - in diesem trockenen Gebiet ein technisch und finanziell kaum lösbares Problem.

Der Export aus der Savage-River-Grube begann 1968 auf der Grundlage eines 20-jährigen Verkaufsvertrages mit der japanischen Stahlindustrie über insgesamt 45 Mio t Eisenerzpellets. Damit ist die Zukunft dieser Grube vorläufig gesichert, zumal die Eisenerzvorräte noch bedeutend sind.[1]

Vor allem das australische Bundesland Tasmanien profitiert erheblich vom Betrieb der Savage-River-Grube, auch wenn sie nicht so groß ist wie viele der Bergbauunternehmungen in West-Australien. Wirtschaftliche Vorteile haben sich in der Aufbauphase aus der Beschäftigung von 1.600 Personen ergeben. Weiteren Nutzen zieht das Land aus der Dauerbeschäftigung von etwa 500 Personen und den Förderzinseinnahmen. "Even more importantly, it has stimulated interest in and made productive a part of the island State which had hitherto been written off as wasteland unsuitable for forestry or farming and too rugged for small-scale mineral extraction."[2]

---

[1] Vergl. Glatzel,G.: Entwicklungen im Erzbergbau Australiens, In: Stahl und Eisen, 89.Jg.(1969), H.18, S.986

[2] White,O.: Savage River Story, In: Australia Today, Melbourne 5-10-1970, S.33f

Tabelle 28 Zusammenstellung der vorwiegend exportorientierten Abbaustandorte des Eisenerzbergbaus in Australien*)

ABBAUSTANDORT	WEST-AUSTRALIEN		NORD-TERRITORIUM	TASMANIEN
	Yampi Sound: Cockatoo und Koolan Insel	Koolanooka (und Tallering Peak)	Frances Creek	Savage River
LAGE (s.Abb.5)	Im Yampi Sound des Golf von Bonaparte im Kiberley Gebiet, Abb. 4 und 8	Im Yilgarnia-Gebiet bei Moorawa	Im Arnhem Land, 200 km südöstlich von Darwin	32 km südwestlich von Warrath, siehe Abb. 4,8,10
ERZVORRATE	60 Mio t Hämatite über dem Hochwasserspiegel mit durchschn. 65% Fe-Gehalt	Koolanooka erschöpft, Tallering Peak: 7,5 Mio t Hämatite mit Ø 65 % Fe	20 Mio t Hämatite mit Ø 62 % Fe-Gehalt	800 Mio t Magnetite mit Ø 38 % Fe-Gehalt
INBETRIEBNAHME	Juli 1951 bzw. Januar 1965	Koolanooka bis Mitte 1974 Tallering Peak ab 1975	Mitte 1967 Schließung 1975	Januar 1968
FÖRDERUNG/ VERSAND 1974	0,9 bzw. 2,4 Mio t 3,0 Export, 0,3 NSW	0,7 Mio t	0,5 Mio t	2,2 Mio t Eisenerzpellets mit 67 % Fe
BESCHÄFTIGTE	345 (März 1969)	105 (März 1969)	120 (1971)	Insgesamt 660 incl. Pelletanlage (1972)
BERGBAUSIEDLUNG	Cockatoo/350 Koolan/400		Frances Creek/200	Savage River
ERZBAHN-LÄNGE	-.-	225 km	232 km	85 km Erzpipeline
HAFEN	Insel-Naturhafen	Geraldton	Darwin	Port Latta
BERGBAUGESELL- SCHAFT/EIGEN- TUMSVERHÄLTN.	Dampier Mining Co Ltd 100%ige Tochtergesellschaft der BHP	Western Mining Corp Ltd 50% West.Min.(Austr.) 25% Hanna Min.(USA) 25% Homestake Min.(USA)	Frances Creek Iron Mining Corp Pty Ltd Hauptaktionär ist Duval Hold.(Australien)	Savage River Mines 50% Northwest Iron (72% USA, 28% Austr.) 50% Dahlia Min.(Japan)

*) Die Pilbara-Standorte sind in Tabelle 11 erfaßt   Quellen: Siehe Tabelle 11

VI Die Bedeutung des Eisenerzes im Rahmen der
    gesamt-australischen Bergwirtschaft und Wirt-
    schaftsstruktur

Zu Beginn der sechziger Jahre sah Australiens wirtschaftliche Zukunft kritisch aus. Die Handelsbilanz
war negativ, der Importbedarf war groß, und die exportorientierte Landwirtschaft sah ihre traditionellen
Märkte - Großbritannien bemühte sich um Aufnahme in
die Europäische Gemeinschaft - gefährdet. Zu diesem
Zeitpunkt mußte die Entdeckung der großen Erzvorkommen zu Optimismus verleiten.

1 Die Führungsrolle des Eisenerzes im expandierenden Mineralsektor

Besonders durch die Entdeckung der Eisenerzlager zu
Beginn der sechziger Jahre wurde auf dem australischen
Kontinent ein intensives Suchprogramm nach weiteren
Bodenschätzen ausgelöst. Dabei wurden nicht nur eine
Vielfalt von Bodenschätzen, sondern auch umfangreiche
Vorkommen entdeckt. Aus Tabelle 29 ist ersichtlich,
daß Australien heute in bezug auf Bergbauprodukte für
längere Zeit selbstversorgend sein wird, wobei gute
Aussichten bestehen, daß diese Situation mittel- und
langfristig auch auf dem Energiesektor erreicht wer-
den kann.

In den vergangenen neun Jahren stieg der Nettowert der
Bergbauproduktion um über 400 %, von A$ 493 Mio im
Jahre 1964[1] auf A$ 2204 Mio im Jahre 1973. Dabei hat
Eisenerz mit 20,2 % den größten Anteil, gefolgt von
Kohle mit 18,7 %. Die Anteile der übrigen Minerale
sind aus Abbildung 21 ersichtlich.

---

1) Australia in Facts and Figures, No 90, Canberra 1966, S.31

Tabelle 29   Die wichtigsten Mineralien in der australischen Bergwirtschaft - Angaben für 1973

MINERAL	Mengeneinheit	Vermutete Reserven	Förderung	Importe	Exporte	heimischer Verbrauch	Selbstversorgungsgrad in %
EISENERZ	1000 t	35.000.000	84.828	15	74.221	11.200	100
STEINKOHLE	1000 t	12.601.000	60.653	11	28.434	27.316	100
BRAUNKOHLE	1000 t	97.000.000	24.676	--	--	24.676	100
Bauxit	1000 t	4.775.200	17.588	#	#	#	100
KUPFER	1000 t - Metall	5.000	145	--	47	99	100
BLEI	1000 t - Metall	2.200	190	--	140	50	100
ZINK	1000 t - Metall	37.000	300	--	195	114	100
ZINN	1000 t - Metall	321	6,9		3,0	4,3	100
TUNGSTEN	1000 t - Konzentrat	6.000	2,0	--	2,0	0,1	100
RUTIL	1000 t - Konzentrat	7.800	335	--	333	2,3	100
ILMENIT	1000 t - Konzentrat	48.000	720	--	650	95	100
ZIRKON	1000 t - Konzentrat	11.300	375		431	8,2	100
MANGAN	1000 t	200.000	1.522	3	#	141	100
NICKEL	1000 t	3.750	#	3	#	5	100
ERDÖL	Mio m³	235 - 682	23	10	0,3	32	70
ERDGAS	Mrd m³	1.087	3	--	--	3	100

#) Keine Zahlenangaben für Veröffentlichungen

Quellen: Australian Mineral Industry 1973 Review, Bureau of Mineral Resources, Canberra 1975, S.15;
Noakes,L.C.: Mineral Resources of Australia, In: ANZAAS Search Vol.5, No.1-2, Sydney 1974, S.12

	A$ Mio	
Sonstige *	433,4 =	19,6%
Erdöl/Gas **	327,7 =	14,9%
Mineralsande	56,3 =	2,6%
Baumaterial	172,9 =	7,8%
Kupfer	198,7 =	9,0%
Blei/Zink	157,9 =	7,2%
Eisenerz	445,8 =	20,2%
Steinkohle	411,3 =	18,7%
A$ Mio	2204,0 =	100,0%

Zusammengestellt nach:
Australian Mineral Industry
1973 General Review, BMR,
Canberra 1975, S.13

*) Die 'sonstigen' Minerale enthalten vor allem Bauxit, Nickel und Mangan - ohne Wertangaben für Veröffentlichungen

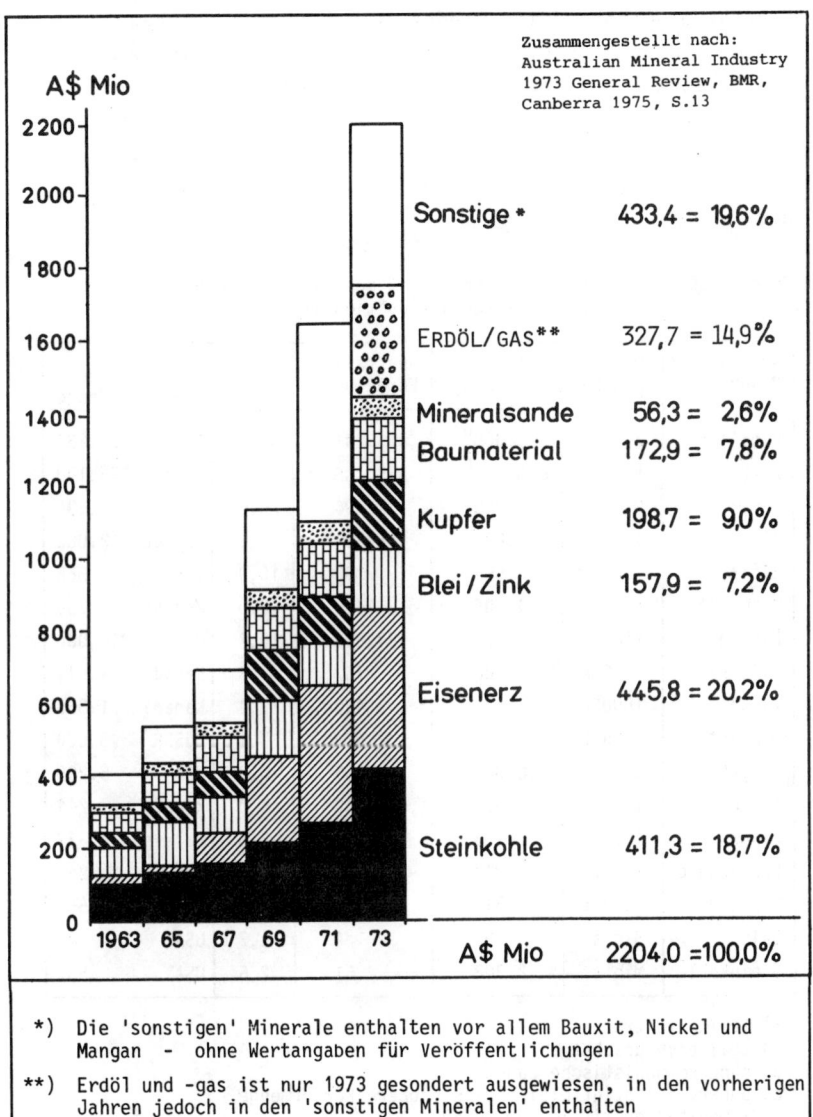

**) Erdöl und -gas ist nur 1973 gesondert ausgewiesen, in den vorherigen Jahren jedoch in den 'sonstigen Mineralen' enthalten

ABB. 22 DIE ANTEILE DER WICHTIGSTEN MINERALE AN DER BERGBAU-PRODUKTION AUSTRALIENS IN DEN JAHREN 1963 BIS 1973

Australien gehört damit wieder zu den großen Bergbaunationen dieser Erde.[1] Es stand 1973 in der Welt an erster Stelle bei der Förderung von Bauxit, Blei, Zirkon und Rutil; an zweiter Stelle bei der Förderung von Eisenerz und Zink; bei der Förderung von Gold, Silber und Nickel war es zwischen dem 3. und 6. Rang zu finden.

Tabelle 30   Australiens Minerale mit mehr als 2 % Anteil an der Welt-Bergbauproduktion im Jahre 1973

Ausgewählte Minerale	Mengen-angabe	Welt-Förderung^a	Australiens Förderung	Austr. Anteil in %	Führende Produzenten Land	Menge
Rutil*	t	351.000^b	335.231	95,5	Austr.	335.231
Zirkon*	t	500.000^b	375.108	75,0	Austr.	375.108
Bauxit	Mio t	71,485	17,596	24,6	Austr.	17,596
Ilmenit*	1000 t	4.821^c	731^d	15,2	Kanada	2.082
Blei*	1000 t	3.564	390	10,9	USA	568
Bismuth*	t	4.204	454	10,8	Mexiko	730
Eisenerz	Mio t	793,800	84,828	10,7	UdSSR	216,000
Silber*	1000 kg	9.108	707	7,8	Kanada	1.519
Zink*	1000 t	5.876	435	7,4	Kanada	1.350
Mangan*	1000 t	21.319	1.522	7,1	UdSSR	8.000
Tungsten*	t	38.000	2.565	6,8	USA	6.299
Nickel*	1000 t	666	40	6,0	Kanada	241
Zinn*	1000 t	186	11	5,8	Malaysia	72
Braunkohle	Mio t	817^e	25	3,0	DDR	246
Kupfer*	1000 t	7.512	220	2,9	USA	1.559
Salz	Mio t	152	4	2,7	USA	40
Steinkohle	Mio t	2.308	61	2,6	USA	597

*) Erz/Konzentrat
a) teilweise geschätzt
b) ohne kommunistische Länder
c) unberücksichtigt bleibt eine größere Fördermenge Ilmenit-Magnetit in der UdSSR
d) einschließlich Leukoxene
e) ohne Volksrepublik China

Quelle: ABS, Mineral Production 1973-74, Canberra 1975, S.21

---

1) Vergl. Friedensburg,F.,Dorstewitz,G.: Die Bergwirtschaft der Erde, Stuttgart 1976, 7.Auflage, S.32ff

2 Volkswirtschaftliche Auswirkungen

Angesichts dieses umfangreichen Mineralienkatalogs mag es zunächst erstaunlich erscheinen, daß der Beitrag des Bergbausektors zum australischen Bruttosozialprodukt wertmäßig nach wie vor gering anmutet. So ist dieser Anteil, der noch 1960 weniger als 2 % ausmachte, bis 1965 nur auf etwa 3 % angestiegen, und hat sich seit 1970 ziemlich gleichmäßig bei 4,9 % eingependelt.[1]

Andererseits beschäftigt der Bergbau - einschließlich der Gewinnung von Steinen und Erden - schon seit über zehn Jahren relativ konstant nur 1,3 % der erwerbstätigen Bevölkerung;[2] davon sind etwa 10 % im Eisenerzbergbau beschäftigt, 1972/73 genau 6.112 Personen.[3] Mit dieser niedrigen Beschäftigtenzahl kommt der Bergbau aus, da er überwiegend im Tagebau unter Einsatz modernster, arbeitskraftsparender Maschinen betrieben wird.

Der wertmäßig kleine Anteil des Bergbaus am Bruttosozialprodukt ist vor allem darauf zurückzuführen, daß Australien sich in erster Linie auf die Rohstoffgewinnung konzentriert und nicht auf die Weiterverarbeitung.

Diese Tatsache führt in der australischen Öffentlichkeit immer wieder zu heftigen Diskussionen, und man bemüht sich schon seit Jahren, durch vertikal strukturierte Investitionen eine weitere Veredelung der

---

1) Vergl. ABS, Year Book of Australia 1974, Canberra 1975; Bambrick,S.: The Economic Background of Australian Mining, In: ANZAAS Search, No.1-2, Sydney 1974, S.18

2) Länderkurzbericht Australien 1975, Statistisches Bundesamt, Wiesbaden 1975, S.15; Bambrick,S.: The Economic Background of Australian Mining, In: ANZAAS Search, Vol.5, No.1-2, Sydney 1974, S.17

3) Australian Mineral Industry 1973 Review, BMR, Canberra 1975, S.363

Rohstoffe und damit eine erhöhte Wertschöpfung im eigenen Lande vorzunehmen. Einer Rohstoffveredelung in Australien sind jedoch Grenzen gesetzt, die durch die Absatzmärkte sowie durch hohe Anlageinvestitionen und Betriebskosten bestimmt werden.[1]

Mit Besorgnis betrachtet man in der Öffentlichkeit auch den zunehmenden Einfluß ausländischer Gesellschaften im australischen Bergbau. Es entstand der Eindruck, daß ein 'Ausverkauf der Bodenschätze' stattfindet, der den Australiern nicht nur finanziell zu wenig einbringt, sondern ihnen auch zu wenig Mitsprache einräumt.

Eine betont wirtschaftsnationalistische Politik führte schließlich in den Jahren 1972 bis 1975 dazu, daß der ausländische Kapitalzufluß von vorher 10 % der gesamten inländischen Brutto-Kapitalbildung auf rund 3 % zurückging, daß die Explorationsausgaben im Erz- und Ölbereich drastisch sanken und daß kein einziges größeres bergwirtschaftliches Entwicklungsprojekt mehr in Angriff genommen wurde.

Nach diesem mißlungenen Experiment wirbt man nun - unter bestimmten Einschränkungen - erneut um Auslandskapital, da Australien die geplanten Bergbauprojekte nicht aus eigener Kraft finanzieren kann und "die Einheimischen lieber in Grundstücke und andere Bereiche investieren, die einen raschen Gewinn versprechen".[2]

---

1) Vergl. Coghill,I.: Australia's Mineral Wealth, Melbourne 1972, S.202; Fitzgerald,T.M.: The Contribution of the Mineral Industry to Australian Welfare, Canberra 1974; Bambrick,S.: Mineral Processing in Australia - What price Resources Diplomacy, Canberra 1974; Bambrick,S.: The Changing Relationship - The Australian Government and the Mining Industry, CEDA-M No.42, Melbourne 1975

2) Neue Richtlinien für Auslandsinvestitionen in Australien (anonym), In: NZZ vom 9-4-76, S.11; vergl. außerdem: Hill,R.: Wirtschaftlicher Nationalismus in Australien, In: Monatsblätter für Freiheitliche Wirtschaftspolitik, H.8, Frankfurt 1974, S.482ff

Viel zu häufig wird auch übersehen, daß das Auslandskapital neue Ideen, technisches Know-how, neue Verfahren und Management-Erfahrungen mit sich brachte, - Dinge, an denen es in Australien mangelte. Auch brachten die Investitionsgelder aus dem Ausland eine ständige Aktivierung der Zahlungsbilanz, da der Überschuß der Kapitalbewegungen das bis 1972 übliche, durch die negative Dienstleistungsbilanz bedingte Ertragsbilanzdefizit mehr als kompensierte. Um den gegenwärtig hohen Lebensstandard der Bevölkerung zu erhalten bzw. weiter zu verbessern, ist Australien auf die Ausfuhr von Rohstoffen angewiesen.

Tabelle 31   Der Stahl-Haushalt Australiens 1961 bis 1975:
             Erzeugung, Im- und Exporte, Pro-Kopf-Verbrauch

JAHR endet 30.6.	Stahl-Haushalt in Mio t				Bevölkerung in Mio	Verbrauch pro Kopf in kg
	Erzeug.	Importe*	Exporte*	Verbrauch°		
1961	3,796	0,892	0,344	4,344	10,392	418
1962	4,126	0,175	0,882	3,419	10,604	322
1963	4,325	0,268	0,415	4,178	10,810	386
1964	4,822	0,381	0,596	4,608	11,023	418
1965	5,190	0,819	0,458	5,551	11,251	493
1966	5,638	0,567	0,727	5,476	11,479	477
1967	6,144	0,331	1,521	4,954	11,651	425
1968	6,396	0,443	1,219	5,620	11,929	471
1969	6,702	0,589	1,459	5,832	12,173	479
1970	6,874	0,458	1,495	5,837	12,433	469
1971	6,795	0,885	0,721	6,959	12,686	548
1972	6,576	0,801	1,070	6,310	12,902	489
1973	7,233	0,663	1,807	6,089	13,091	465
1974	7,705	1,237	1,586	7,356	13,269	554
1975	8,017	0,969	2,275	6,710	13,417	500

*) Durch Auf- und Abrundungen ergeben sich in den Quersummen Abweichungen
°) Stahlerzeugnisse im Rohstahlgewicht

Quelle: BHP Pocketbook, Melbourne 1975, S.47

ZWEITER TEIL
DER EISENERZVERBRAUCH IN AUSTRALIEN

Southern schreibt über die Rolle des Eisenerzes in der australischen Wirtschaft:"In Australian history no other commodity except gold during the second half of the nineteenth century has had such a sudden and profound impact on economic growth."[1]

Tatsächlich begünstigt das intensive Entwicklungsprogramm der Eisenerzaufschlüsse nicht nur das Wachstum einzelner Wirtschaftsräume, sondern beeinflußt die Volkswirtschaft ganz Australiens in vielfältiger Weise. Das gilt ganz besonders für die heimische Schwerindustrie, deren Eisenerz-Rohstoffgrundlage für unabsehbare Zeit abgesichert ist.

Die australische Eisen- und Stahlindustrie blickt auf eine über 70jährige Geschichte zurück. Sie bildet in zunehmendem Maße - besonders seit dem Zweiten Weltkrieg - eine der Hauptgrundlagen für die Industrialisierung. Wenngleich in der Stahlerzeugung einige Spezialstähle noch nicht hergestellt werden können, so werden doch seit den 60er Jahren, insgesamt gesehen, die Einfuhren von Eisen und Stahl durchaus von den Ausfuhren übertroffen.

I   Die Besonderheiten der australischen
    Eisen- und Stahlindustrie

In Australien konnte die Rohstahlerzeugung nach dem Zweiten Weltkrieg überdurchschnittlich gesteigert werden: Von 1955 bis 1974 stieg die Welt-Rohstahlerzeugung um rund 160 %, in Australien dagegen um 250 %.

---

1) Southern,M.(ed.): Australia in the Seventies, London 1973,S.79

Tabelle 32 Australiens Anteil an der Welt-Rohstahlerzeugung
in Mio t von 1955 bis 1974

Jahr	EUROPA					Asien	AMERIKA		Afrika	Australien u. Ozeanien	Welt
	EG	übrige westl.L.	übrige östl.L.	UdSSR	gesamt		davon USA	gesamt			
1955	73,0	4,5	16,1	45,3	138,9	14,7	106,2	112,6	1,8	2,3	270,3
1957	82,1	5,9	18,7	51,0	157,7	20,4	102,3	109,8	1,9	2,9	292,7
1959	84,0	8,2	20,9	60,0	173,1	33,2	84,8	96,5	2,1	3,4	309,3
1960	98,1	9,5	22,9	65,3	195,8	42,9	90,1	102,1	2,3	3,8	346,9
1961	96,0	10,5	24,5	70,8	201,8	44,5	88,9	101,7	2,7	4,0	352,3
1962	94,2	10,1	26,5	76,3	207,1	42,9	89,2	103,5	2,9	4,2	360,6
1963	96,5	11,2	27,2	80,2	215,1	49,2	99,1	115,9	3,1	4,7	388,0
1964	109,9	12,7	29,3	85,0	236,9	58,6	115,3	134,3	3,5	5,1	438,4
1965	113,8	13,5	30,7	91,0	249,0	61,3	122,1	139,4	3,6	5,6	458,9
1966	110,2	14,0	32,8	96,9	253,9	68,3	124,7	142,8	3,6	5,9	474,5
1967	114,6	15,5	34,9	102,2	267,8	84,7	118,0	136,5	4,1	6,4	498,9
1968	125,4	17,1	37,4	106,5	286,4	91,0	121,9	143,2	4,6	6,6	531,8
1969	134,7	19,6	39,5	110,3	307,1	107,1	131,2	152,5	5,1	7,1	576,1
1970	138,0	21,9	42,3	115,9	318,2	120,4	122,1	146,3	5,3	6,9	597,1
1971	128,0	21,6	44,8	120,6	315,1	119,3	111,8	136,7	5,5	7,0	583,6
1972	139,0	24,2	47,6	126,0	336,8	130,2	123,5	150,9	6,1	7,0	631,0
1973	150,1	26,1	49,5	131,5	357,2	155,2	137,6	167,5	6,7	7,9	694,5
1974	155,6	27,7	51,6	136,0	370,9	153,9	135,0	166,5	6,9	8,0	706,2
1974 in %	22,0	3,9	7,3	19,3	52,5	21,8	19,1	23,6	1,0	1,1	100,0

Quelle: Statistischer Bericht 1974, Erzkontor Ruhr (ed), Essen 1975, S.54

Absolut gesehen betrug jedoch Australiens Anteil an der Welt-Rohstahlerzeugung im Jahre 1974 nur 1,1 %, und es gab 14 Nationen mit einer höheren Rohstahlerzeugung; in der Stahlerzeugung pro Kopf der Bevölkerung belegte Australien den 10. Platz.

Tabelle 33   Die wichtigsten Erzeugerländer
             für Rohstahl im Jahre 1974

Land	Rohstahlerzeugung			Rohstahlverbrauch	
	Rang	Mio t	Welt-anteil in %	kg/Einw.	Rang
USA	1	135,325	19,12	638	7
UdSSR	2	135,300	19,12	532	11
Japan	3	117,170	16,56	1067	3
BR Deutschland	4	53,232	7,52	855	5
Frankreich	5	27,005	3,82	514	12
VR China	6	26,000	3,67	31	42
Italien	7	23,892	3,38	431	14
Großbritannien	8	22,410	3,17	400	17
Belgien	9	16,223	2,29	1637	2
Polen	10	14,390	2,03	428	15
CSSR	11	13,670	1,93	931	4
Kanada	12	13,510	1,91	603	9
Spanien	13	11,540	1,63	328	20
Rumänien	14	8,800	1,24	415	16
Australien	15	8,013	1,10	587	10
Brasilien	16	7,550	1,07	72	32
Indien	17	6,966	1,05	12	51
Luxemburg	18	6,448	0,91	17427	1
DDR	19	6,105	0,86	361	18
Schweden	20	5,988	0,85	735	6
Niederlande	21	5,835	0,82	431	13
Südafrika	22	5,745	0,81	231	24
Mexiko	23	5,132	0,73	92	31
Österreich	24	4,698	0,66	621	8
Sonstige	-	26,383	3,75	-	-
Welt		707,600	100,00	181	-

Quelle: Rohstahlerzeugung der Welt, Eisen- und Stahlstatistik, Statistisches Bundesamt, Düsseldorf 1975, S.3

In verschiedener Hinsicht unterscheidet sich jedoch
die australische Eisen- und Stahlindustrie von vergleichbaren Stahlindustrien auf der Welt:[1]

1. *Fast die gesamte Roheisen-[2] und Rohstahlerzeugung
   liegt in den Händen einer einzigen Gesellschaft,
   dem BHP-Konzern[3] mit seinen Tochtergesellschaften.*

In keinem der anderen Länder, die in Tabelle 33
aufgeführt sind, gibt es eine derartige privatwirtschaftliche Monopolstellung der Stahlerzeugung.

Der BHP-Konzern ist zugleich der größte australische Arbeitgeber; Ende Mai 1975 wurden insgesamt
61.702 Arbeitnehmer beschäftigt.[4] Auch im Vergleich zu Gruppenumsatz, Kapitalanlagen, Aktiva,
Cash-flow und Reingewinnen übersteigt dieser Konzern bei weitem die Zahlen aller anderen australischen Gesellschaften.[5]

88,3 % aller Aktien befinden sich im australischen
Besitz.

---

1) Vergl. Allan,J.M.: The geographical feasibility of the establishment of a second Australian steel industry..., Ph.D.Theses Univ. of Sydney 1971

2) Nur etwa 1 % des Roheisens wird von der Charcoal Iron and Steel Industry in Wundowie erschmolzen.

3) 'The Broken Hill Proprietary Limited'. Der Name enthält heute zwei Widersprüche: Seit 1939 hat die Gesellschaft keine Verbindung mehr mit Broken Hill, und das Wort 'Propietary', das eine GmbH-Gesellschaftsform andeutet, wurde dem Unternehmen durch Gesetz zugestanden, obwohl es jetzt eine Aktiengesellschaft ist. Der volle Name wird aber weder in Australien noch an den Weltbörsen benutzt. Die Gesellschaft ist als 'BHP' bekannt.

4) Vergl. BHP Pocketbook, Melbourne 1975, S.49

5) Vergl. Hardy,J.G.: Australiens Stahlriese greift nach dem Erdöl, In: Blick durch die Wirtschaft, Frankfurt 24-5-1976

Im Vergleich der größten Stahlproduzenten der Welt rangiert der BHP-Konzern allerdings trotz der Konzentration und eines beachtlichen Ausstoßes nach dem Stand von 1973 erst an 20. Stelle.

Tabelle 34   Die größten Stahlwerksunternehmen der Welt im Jahre 1973

Rang	Stahlwerksunternehmen	Rohstahlerzeugung in Mio t
1	Nippon Steel	41,1
2	US Steel	31,7
3	British Steel Corp.	24,0
4	Bethlehem Steel	23,7
5	Nippon Kokan	16,1
6	Sumitomo	14,5
7	Kawasaki	14,4
8	Aug. Thyssen Hütte	14,2
9	Arbed Group	11,8
10	Estel	11,6
11	Finsider	11,6
12	Republic Steel	11,3
13	National Steel	11,3
14	Armco Steel	9,5
15	Usinor	9,1
16	Sacilor Group	8,2
17	Inland Steel	8,1
18	Lones & Laughlin	8,0
19	Kove	8,0
20	BHP	7,7
21	Cockerill	6,2
22	Stelco	5,7
23	Krupp	5,7
24	Peine Salzgitter	5,2
25	Endisea	4,9

Quelle: Gocht,W.(ed.): Handbuch der Metallmärkte, Berlin 1974, S.55

2. Australien ist Selbstversorger bei den wichtigsten Rohstoffen für die Eisen- und Stahlherstellung.

Eisenerz, Kohle und Mangan werden sogar exportiert, ausreichende Kalkvorkommen befinden sich in den meisten Bundesstaaten. An Stahlveredlern werden auch Wolfram und Nickel exportiert; dagegen werden Chromit, Magnesium und Flußspat importiert, nicht wegen fehlender heimischer Vorkommen, sondern wegen der günstigeren Preise der überseeischen Produzenten.[1)]
Wie Australien sich mit den wichtigsten Rohstoffen für die Eisen- und Stahlerzeugung selbst versorgt, verarbeitet im übrigen auch der BHP-Konzern fast ausschließlich eigengeförderte Rohstoffe.[2)]

3. Die australische Eisen- und Stahlindustrie zeichnet sich auch durch einen hohen Grad vertikaler Verflechtung aus.

Die BHP kontrolliert nicht nur die meisten Roh- und Brennstoffvorkommen, sondern sie ist auch Eigentümer der Transportanlagen - wie der Eisenbahnen und Schiffe - für die Rohstoffzufuhr zu den Verhüttungswerken; die Schiffe werden sogar in einer eigenen Werft gebaut. Darüber hinaus reicht der Einfluß der Gesellschaft durch Tochtergesellschaften und Beteiligungen bis in die weiterverarbeitenden Industrien, ja bis hin zu den Konkurrenten des Stahls, wie Zement, Aluminium und den Kunststoffen. Auch an der Erdölförderung in der Bass-Straße ist die BHP beteiligt.[3)]

---

1) Verg. Raggatt,H.B.: Mountains of Ore, Melbourne 1968, S.20ff
2) Vergl. Allan,J.M.: The geographical feasibility of the establishment of a second Australian steel industry..., Ph.D.Theses, University of Sydney 1971, S.2
3) Vergl. Hardy,J.G.: Australiens Stahlriese greift nach dem Erdöl, In: Blick durch die Wirtschaft, Frankfurt 24-5-1976

4. Für ein nicht-kommunistisches Land war der Staatseinfluß bei der Standortwahl einiger Hütten relativ groß.

Bei den insgesamt vier Standorten der australischen Eisen- und Stahlindustrie nahmen die Landesregierungen bei zwei Gründungen erheblichen Einfluß, und zwar bei den Eisen- und Stahlwerken in Whyalla und Kwinana.

5. In Australien werden 99 % des Roheisens und 98 % des Rohstahls in Werken an der Küste erzeugt.

Unter den Ländern mit einer überdurchschnittlich hohen Eisen- und Stahlerzeugung ist Australien damit nur mit den Niederlanden vergleichbar. Zudem liegen alle Werke außerhalb der Agglomerationszentren.

II Gegenwärtige Probleme der australischen Eisen- und Stahlindustrie

Aufgrund der Versorgung mit eigenen und günstig gelegenen Rohstoffen, in Verbindung mit der Verhüttung an Küstenstandorten, galt die australische Eisen- und Stahlindustrie jahrzehntelang als 'low-cost'-Produzent. - Allerdings ergaben sich auch Kostennachteile insofern, als einer kostensparenden Produktionsausweitung der kleine und zersplitterte australische Absatzmarkt gegenüberstand. Bis etwa 1960 war man zudem an einer über den australischen Bedarf hinausgehenden Produktion nicht sehr interessiert, da man die heimischen Rohstoffe - vor allem die Eisenerze - schonen wollte.

Das Stahlmonopol der BHP bekam der australische Verbraucher bezüglich der Preise bisher nicht zu spüren, da sie immer deutlich unter dem Weltmarktniveau lagen.

Diese Situation hat sich allerdings in den letzten Jahren geändert. Im Jahre 1975 schnitten Australiens Stahlpreise zwar relativ günstig gegenüber denen der USA und von Westeuropa ab, doch lagen sie deutlich über den japanischen Stahlpreisen.

Tabelle 35   Die Preise für Stahlerzeugnisse in den wichtigsten Erzeugungszentren der Welt -
Heimischer Grundpreis in A$ pro Tonne im Mai 1975

	USA	ENGLAND	JAPAN	BRD	FRANK-REICH	BHP
Grobbleche	204	220	137	252	225	179
Baustahl	196	211	167	210	198	176
Stabstahl	177	226	165	212	187	158
Walzdraht	215	194	144	184	226	160
Bandstahl	181	213	142	212	227	155
Weißbleche	328	253	254	417	344	254

Quelle: BHP Pocketbook, Melbourne 1975, S.49

Susan Bambrick[1]) sieht zwar in der relativen Preiswürdigkeit ein Indiz für die Effizienz der australischen Eisen- und Stahlindustrie, aber auch für die verfälschenden Wirkungen der Preiskontroll-Behörde. Von dieser Behörde müssen seit 1972 die Stahlpreis-Erhöhungen genehmigt werden. Dadurch wurden zwar stillschweigende Preiserhöhungen vermieden, doch kostendeckende Preiserhöhungen konnten nicht immer durchgesetzt werden. Eine Folge davon ist, daß notwendige Investitionen für Modernisierungen und Kapazitätserweiterungen verzögert oder gar gestrichen werden, unter der letztlich die zukünftige Wirtschaftlichkeit der australischen Eisen- und Stahlindustrie leidet. Zwar profitiert der australische Verbraucher vorläufig noch von den künstlich niedrig gehaltenen Preisen,

---

1) Bambrick,S.: Critical look at our giant steel maker, In: The Steel Industry, Special survey published by the Austr. Fin. Rev., Sydney 6-3-75, S.2,14

doch eine zunehmende Abhängigkeit von Importen ist
jetzt schon abzusehen.

Diese von *Bambrick* prophezeite Entwicklung trat inzwischen ein und veranlaßte die australische Regierung, seit Mitte 1976 Stahl-Importkontrollen zum Schutz der heimischen Erzeugung einzuführen.[1]

Der zunehmende Kostendruck, in den die australische Eisen- und Stahlindustrie seit Beginn der 70er Jahre geraten ist, hat nach *Bambrick* u.a. folgende Ursachen:[2]

- Die Lohnkosten erhöhten sich überproportional. Aufgrund von Gewerkschaftsforderungen sind die Arbeitsplätze 'overmanned'; auch gehört Australiens Arbeiterschaft nach der Lohnexplosion unter der Labour-Regierung zur bestbezahlten in der Welt, deren Löhne mittlerweile wesentlich über denen ihrer Kollegen in den USA liegen.[3]

- Die hohen Frachtraten der australischen Küstenschiffahrt verteuern die Rohstoffzufuhren erheblich. So kann die Fracht für eine bestimmte Ladung Eisenerz oder Kohle innerhalb Australiens teurer sein als für die gleiche Ladung nach Japan oder Europa.[4]

- Höhere Frachtkosten entstehen auch durch zu geringe Tiefen der Häfen der Küstenstandorte, die nur von Erzfrachtern bis zu einer Größe von 60.000 DWT angelaufen werden können. Schon 1972 kam diese Tendenz in einem Frachtraten-Vergleich von *Innes & Wood* zum Ausdruck.

---

1) Vergl. Canberra bremst Stahlimporte (anonym), In: Handelsblatt, Düsseldorf 23-7-76, S.9
2) Vergl. Bambrick,S.: Critical look ... Sydney 1975, S.14
3) Vergl. Australiens Wirtschaft in der Streikzange (anonym), In: Handelsblatt, Düsseldorf 9-7-76, S.8
4) Die Stückgut-Frachtrate zwischen Sydney und dem an der nördlichen Ostküste gelegenen Townsville war 1975 schon höher als die zwischen Sydney und London. Vergl. Umstrukturierungsprobleme der australischen Industrie (anonym),In: NZZ vom 27-5-76, S.13

Tabelle 36   Frachtraten-Vergleich zwischen australischen
              und überseeischen Häfen

Von / Nach	Frachtgut	Schiffsgröße in DWT	Frachtrate A$/t
Dampier/Japan	Eisenerz	100-125000	2,25[a]
Dampier/Europa	Eisenerz	100-125000	4,50[b]
Dampier/Neusüdwales	Eisenerz	55000	3,00[a]
Australien/Japan	Stahl	40000	10,00[c]

a) Rückreise in Ballast
b) Teil der Rückreise in Ballast
c) einschließlich Be- und Entladung

Quelle: J.A.Innes & P.N.Wood: The Economics of Processing
        Pilbara Iron Ore, In: Australian Mining, Sydney April 1972

In Australien wurde von Zeit zu Zeit die Frage diskutiert, ob die Eisen- und Stahlerzeugung aus Konkurrenzgründen noch von einer zweiten Gesellschaft aufgenommen werden sollte. Diese Frage war immer dann akut, wenn der BHP-Konzern lange Lieferzeiten hatte und der australische Verbraucher dadurch die Monopolstellung zu spüren bekam. *Allen* meint dazu:[1]

- Stahl aus Übersee hat durch den langen Transportweg auch entsprechend lange Lieferzeiten.
- Die australische Stahlindustrie ist relativ klein; dadurch müssen bestimmte Aufträge gesammelt werden, um effizient zu produzieren.

Da dem australischen Verbraucher ansonsten keine Nachteile aus der Monopolstellung erwachsen sind, hielt man bisher eine zweite Stahlindustrie für die heimische Versorgung nicht für notwendig.[2]

---

1) Vergl. Allen,J.M.: The geographical feasibility of the establishment of a second Australian steel industry supplying the domestic market from a conventional integrated works, Ph.D.Theses, University of Sydney 1971
2) Vergl. auch Davidson,F.G.: The Industrialization of Australia, Melbourne 1969, S.32ff

III Die Schwierigkeiten einer exportorientierten
     Eisen- und Stahlindustrie in Australien

Im Vergleich mit anderen Eisenerz fördernden Ländern ist die australische Eisen- und Stahlerzeugung sehr gering. Es stellt sich die Frage, warum nicht die australische Eisen- und Stahlindustrie in vermehrtem Umfang auch ausländische Märkte beliefert. Dem sind jedoch Grenzen gesetzt.

Bis 1960 hatten die australischen Hüttenwerke Mühe, den heimischen Bedarf überhaupt zu decken. In den folgenden Jahren verzichtete man auf eine starke Ausweitung des Stahlexports, um die Japaner als Hauptabnehmer des australischen Eisenerzes nicht zu verärgern. Außerdem wollten die Australier mit Stahlexporten - vor allem in den asiatischen Raum - nicht mit Japan in Konkurrenz treten.

Anfang der 70er Jahre ergaben sich Möglichkeiten für einen Ausweg aus diesem Interessenkonflikt. In Anbetracht der Probleme der Umweltverschmutzung hatten die internationalen - vor allem die japanischen - Stahlerzeuger Mühe, im Inland neue Standorte für ihre Anlagen zu finden und erwogen deshalb die Verlagerung eines Teils ihrer Aktivitäten ins Ausland.

Diese Pläne konzentrierten sich auf die Errichtung eines gemischten Großstahlwerkes in West-Australien, auch als 'Jumbo-plant' bekannt geworden. Es war eine Endkapazität von 10 Mio jato vorgesehen und die Produktion sollte in Form von Stahlhalbzeug an die beteiligten Gesellschaften geliefert werden. Insgesamt zehn internationale Stahlfirmen wollten sich beteiligen: die australische BHP, fünf japanische, zwei amerikanische, eine englische und auch die niederländisch-deutsche Hoogovens-Hoesch. Als Standort war ursprünglich das

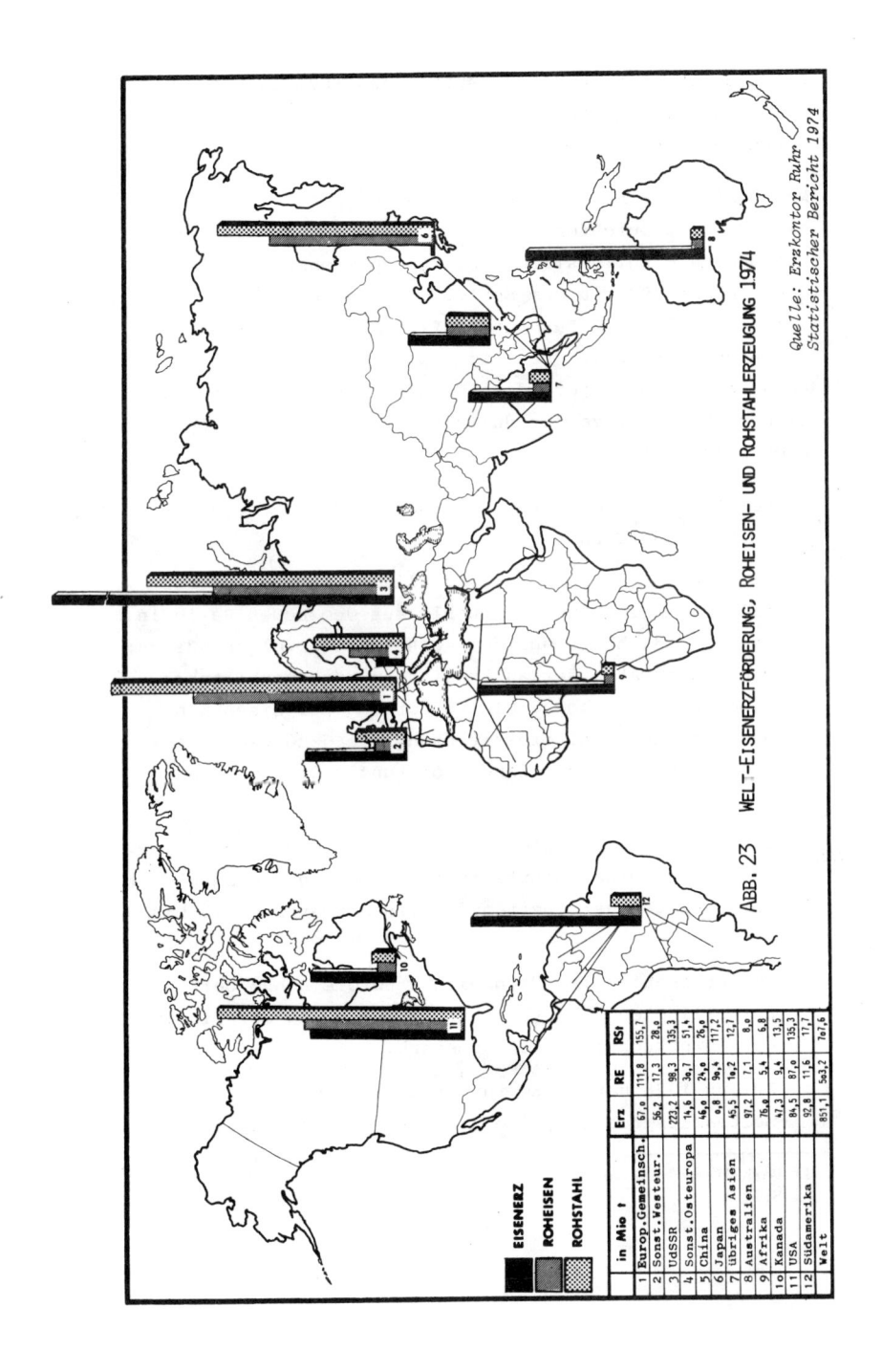

in Mio t	Erz	RE	RSt
1 Europ.Gemeinsch.	67,0	111,8	155,7
2 Sonst.Westeur.	56,2	17,3	28,0
3 UdSSR	223,2	99,3	135,3
4 Sonst.Osteuropa	14,6	34,7	51,4
5 China	46,0	24,0	26,0
6 Japan	0,8	90,4	117,2
7 Übriges Asien	45,5	10,2	12,7
8 Australien	97,2	7,1	8,0
9 Afrika	76,0	5,4	6,8
10 Kanada	47,3	9,4	13,5
11 USA	84,5	87,0	135,3
12 Südamerika	92,8	11,6	17,7
Welt	851,1	543,2	707,6

ABB. 23 WELT-EISENERZFÖRDERUNG, ROHEISEN- UND ROHSTAHLERZEUGUNG 1974

Quelle: Erzkontor Ruhr
Statistischer Bericht 1974

Pilbara-Gebiet vorgesehen, später das südlich von Perth
gelegene Kwinana, zuletzt das etwa 70 km nördlich von
Perth gelegene Moore River.

Nach umfangreichen Beratungen und Ausgaben von rund
A$ 2 Mio für Durchführbarkeitsstudien kamen "die internationalen Mitgliedsfirmen des 'Jumbo-Konsortiums' jedoch Anfang 1976 zu dem Schluß, ... daß eine Kapazität
von knapp 11 Mio t für rund (A$) 3 Mrd aus Kostengründen nicht attraktiv" sei: Zum momentanen Zeitpunkt
könne der Stahl "trotz der 'Rohstoffnähe'... in Australien nicht günstiger produziert werden als in Europa
oder Japan."[1]

Dieses frappierende Untersuchungsergebnis hatte vor
allem folgende Ursachen:

- Die Rohstoffversorgung, vor allem Eisenerz aus der
  Pilbara-Region und Steinkohle aus dem Bowen Basin in
  Queensland, hätte auf dem Wasserwege erfolgen müssen;
  die Frachtraten der australischen Küstenschiffahrt
  sind jedoch zu hoch. Die Versorgung per Eisenbahn
  war auch keine Alternativlösung, da dazu neue Trassen mit einer Gesamtlänge von rund 4.000 km erforderlich gewesen wären.

- Die von den Australiern geforderten notwendigen Einbauten von Umweltschutzeinrichtungen in die Stahlwerksanlagen verteuerten die Gesamtkosten um 15 bis
  30 %.

- Im internationalen Vergleich sind die Löhne der
  australischen Arbeiterschaft zu hoch und der Einfluß
  der Gewerkschaften ist zu stark.

- Anfang 1976 herrschte für Stahl eine ungünstige
  Weltmarktsituation, die das Interessenkonsortium

---

1) Verhaltener Optimismus in WA (anonym), In: NZZ vom 18-6-1976,
   S.12

nicht zu einer derartigen antizyklischen Investition ermutigte.[1]

Die Stahlexperten beschlossen deshalb, die Entscheidung über die Errichtung eines Großstahlwerkes in West-Australien vorläufig zu verschieben und Anfang 1977 erneut zu beraten. - "Wahrscheinlich wird es... zur Gründung mehrerer kleinerer Werke kommen, die nach dem System der Direktreduktion arbeiten, für das deutsches oder australisches Know-how verwendet werden soll."[2]

Die negativen Aussichten für das west-australische Großstahlwerk sind jedoch nicht ohne Konsequenzen. Vor allem sieht sich nun die japanische Stahlindustrie verstärkt nach anderen Standorten im Ausland um. Einige Firmen haben schon mit anderen japanischen Gesellschaften und in Kooperation mit ausländischen Unternehmen Gründungen im Ausland vorgenommen, so in Brasilien[3] und Malaysia. In letzter Zeit haben auch Verhandlungen über neue Projekte begonnen, wie den Bau von Hüttenwerken in Saudi-Arabien, Katar, Abu Dhabi, Brasilien und Kanada.[4]

Es werden somit die Konsequenzen daraus gezogen, daß ein unterbevölkertes Land zwar über Raum für große Industrieanlagen verfügt, das Arbeitskräfteproblem dagegen nicht zu lösen vermag.

---

1) Vergl. Steel and WA, In: Enterprise WA, No.5, Perth 1975, S.1f; Byrne, J.: BHP shelves WA steel plans, In: Austr. Fin. Rev., Sydney 25-2-76, S.7; Westaustralisches Großprojekt weiter verzögert (anonym), In: Nachrichten für den Außenhandel, Köln 24-3-76

2) Verhaltener Optimismus in WA (anonym), In: NZZ vom 18-6-1976, S. 12

3) Es handelt sich um das brasilianisch-italienisch-japanische Stahlwerksprojekt Tubarao in Brasilien, das auf eine Jahreskapazität von 6 Mio t Halbzeug ausgelegt ist; die Japaner haben daran einen Anteil von 24,5 %. Vergl. Abkommen über Stahlwerksprojekt Tubarao (anonym), In: Stahl und Eisen, H.13, Düsseldorf 1976, S.630

4) Atempause für Japans Stahlindustrie (anonym), In: NZZ vom 3-7-75, S.5

Die Voraussetzungen für eine rein australische, auf den Export ausgerichtete Eisen- und Stahlindustrie sind nicht günstig: Der Wettbewerbsvorteil der Japaner, insbesondere auf den asiatischen Märkten, ist zu groß. Hierbei ist hervorzuheben, daß die japanischen Produktionskosten vor allem deswegen so niedrig sind, weil die Rohstoffe aus Australien - neben Erz vor allem Kohle - preisgünstig bezogen werden können.

Die Versuchung für Australien liegt nahe, Japan von diesen Rohstoffen abzuschneiden oder sie zu verteuern. Dabei wird jedoch zweierlei übersehen:

- Australien hat auf dem Rohstoffsektor kein Monopol, sondern es muß mit anderen Ländern konkurrieren;
- Australien verdient pro Arbeitskraft am Abbau von Eisenerz und Kohle mehr als an deren Weiterverarbeitung.

Gerade wegen des einträglichen Rohstoffexports sind in dem arbeitskräftearmen Land die Löhne in die Höhe geschnellt. Darunter muß die Konkurrenzfähigkeit jeder personalintensiven Weiterverarbeitungsindustrie leiden.

Wenn keine staatlichen Lenkungsmaßnahmen dem entgegenwirken, wird es langfristig dazu kommen, daß in einer großräumlichen Arbeitsteilung das bevölkerungsreiche, aber rohstoffarme Japan die arbeitsintensive Weiterverarbeitung übernimmt, während sich das menschenarme, aber rohstoffreiche Australien auf die arbeitsextensive Rohstoffproduktion beschränkt.

DRITTER TEIL

AUSTRALISCHES EISENERZ AUF DEM WELTMARKT

I Verkehrsmäßige Voraussetzungen für den Export australischen Eisenerzes

Bei der Frage nach möglichen überseeischen Abnehmern tritt die verkehrsungünstige Randlage Australiens mit seiner Isolierung von den Industriestaaten der nördlichen Hemisphäre besonders deutlich zutage.

Das Pilbara-Gebiet ist ein typischer 'peripher gelegener mineralischer Rohstoffraum',[1] nicht nur für den australischen Kontinent selbst, sondern auch für alle übrigen Gebiete der Erde. Der Seeweg zu den drei Eisenerzbedarfsgebieten der nördlich gemäßigten Zone - Japan, Westeuropa und USA -[2] beträgt zwischen 6.700 km und 21.000 km.

1 Der seegehende Eisenerzhandel

Dem australischen Eisenerzbergbau kam die Entwicklung entgegen, daß die Bedarfsdeckung dieser Gebiete in zunehmendem Maße durch überseeische Erze erfolgte.

Dadurch gewann auch der seegehende Eisenerzhandel an Bedeutung:

---

1) Vergl. Otremba,E.: Der Wirtschaftsraum - seine geographischen Grundlagen und Probleme, Stuttgart 1969, S.137
2) Vergl. Otremba,E.: Geographie des Welthandels und des Weltverkehrs, Stuttgart 1957, S.227

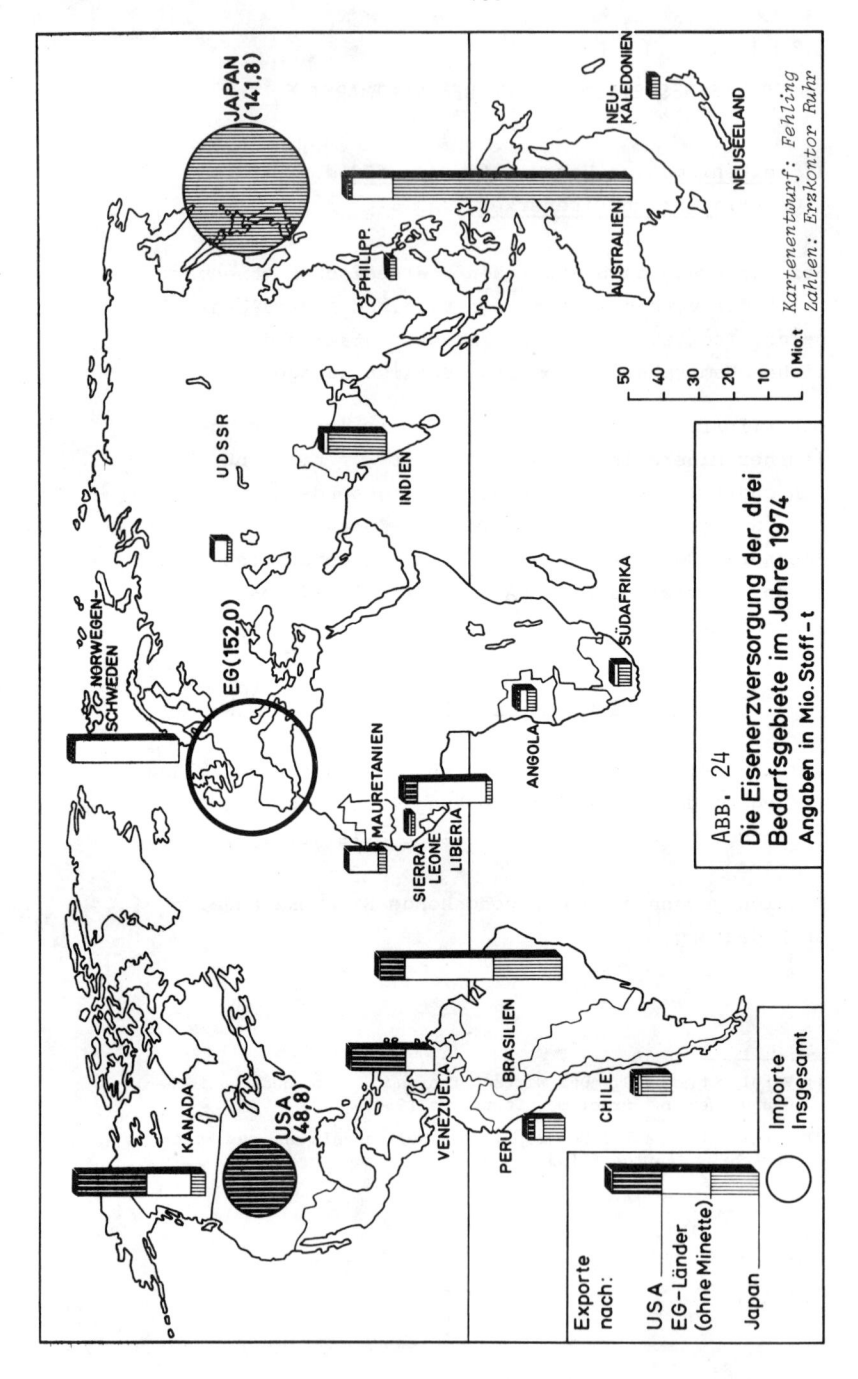

ABB. 24
Die Eisenerzversorgung der drei
Bedarfsgebiete im Jahre 1974
Angaben in Mio. Stoff-t

Kartenentwurf: Fehling
Zahlen: Erzkontor Ruhr

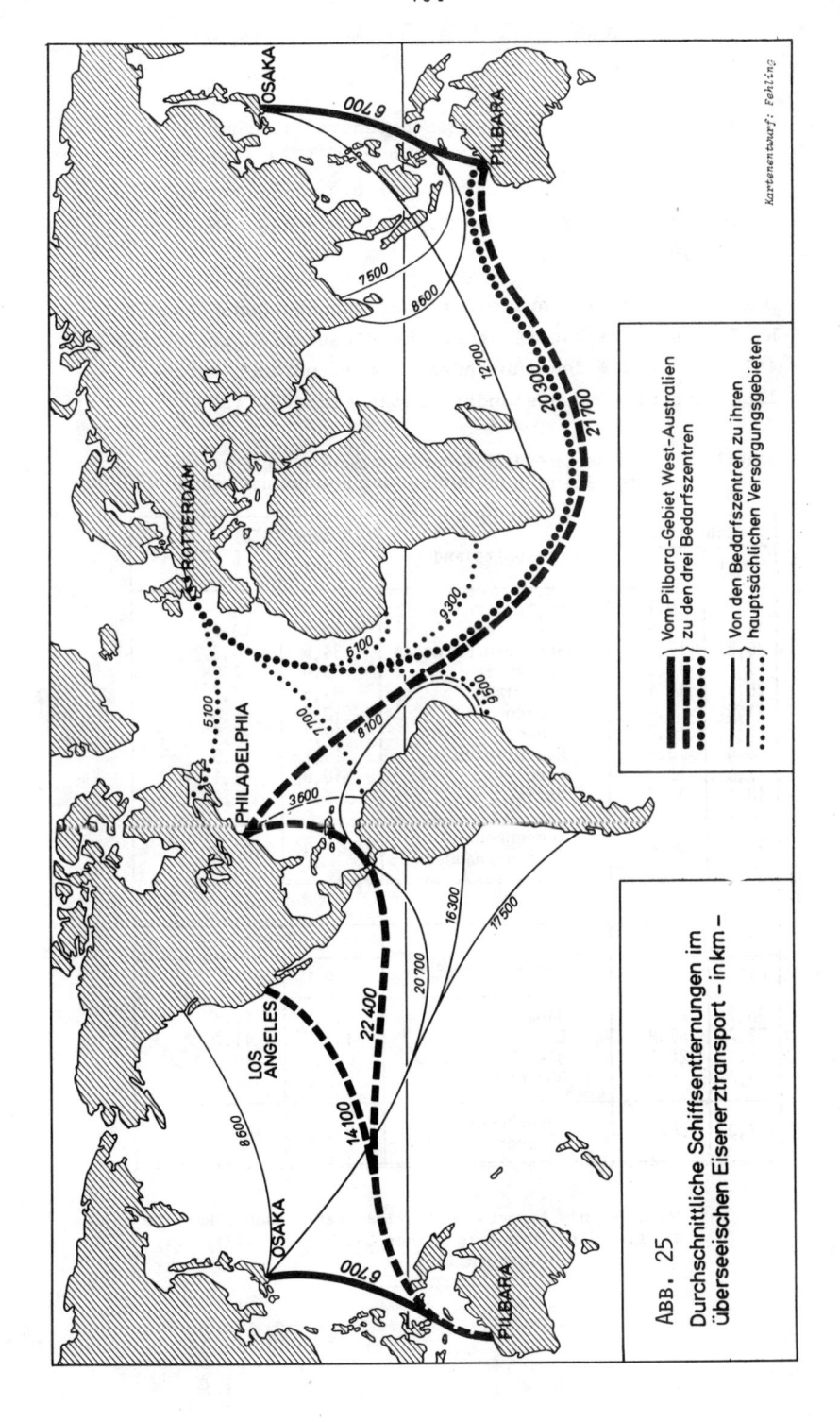

ABB. 25
Durchschnittliche Schiffsentfernungen im
überseeischen Eisenerztransport - in km -

Im Jahre 1965 betrug die Welt-Eisenerzförderung
623,5 Mio. t, davon gingen 152,0 Mio. t oder 24,4 %
in den seegehenden Eisenerzhandel ein; 1974 betrug
dieser Anteil bereits 37,6 %, nämlich 321,0 Mio. t
von 852,8 Mio. t.

Bei der regionalen Aufteilung des seegehenden Eisenerzhandels nach Herkunftsländern hat Australien im Jahre
1974 mit 26,5 % den führenden Anteil, bei der Aufteilung nach Bestimmungsländern Japan mit 44,2 %.

Tabelle 37: Der seegehende Eisenerzhandel in den Jahren 1965
und 1974 nach Herkunfts- und Bestimmungsländern

Jahr 1965		Herkunftsland	Jahr 1974	
Mio t	%		Mio t	%
0,2	0,1	Australien	84,9	26,5
12,7	8,4	Brasilien	58,4	18,2
26,2	17,2	Schweden/Norwegen	34,5	10,7
17,2	11,3	Venezuela	25,0	7,8
15,4	10,1	Liberia	24,8	7,7
11,5	7,6	Indien	18,5	5,8
7,1	4,7	Kanada	17,3	5,4
6,0	3,9	Mauretanien	11,2	3,5
7,6	5,0	Peru	10,0	3,1
48,1	31,7	Übrige	36,4	11,3
152,0	100,0	Seegehender Eisenerzhandel	321,0	100,0

Jahr 1965		Bestimmungsland	Jahr 1974	
Mio t	%		Mio t	%
38,7	25,5	Japan	141,8	44,2
72,7	47,8	EG-Länder	134,0	41,7
31,2	20,5	USA	32,7	10,2
9,4	6,2	Übrige	12,5	3,9
152,0	100,0	Seegehender Eisenerzhandel	321,0	100,0

Quellen: Nach Fearnly & Egers, Oslo; In: Statistischer Bericht
1974, S.31ff, und Allgemeiner Lagebericht 1974, S.5,
Erzkontor Ruhr, Essen 1975

Betrachtet man die verschifften Tonnagen im seegehenden Welthandel insgesamt, so macht der Handel mit Eisenerz knapp 10 % aus und steht damit nach Erdöl an zweiter Stelle vor dem Handel mit Kohlen und Getreide.

Tabelle 38 Der seegehende Welthandel nach Gütern in den Jahren 1965 und 1974

Jahr 1965		G ü t e r	1974	
Mio t	%		Mio.t	%
727	44,3	Erdöl und Ölprodukte	1.700	51,4
152	9,3	Eisenerz	321	9,7
59	3,6	Kohlen	113	3,4
70	4,3	Getreide	107	3,2
632	38,5	Sonstige Güter	1.070	32,3
1.640	100,0	Seegehender Welthandel	3.311	100,0

Quelle: Trade of World Bulk Carriers (anonym), Fearnly & Egers Chartering Co. Ltd., Oslo, Ausgabe März 1975

2 Das Frachtkostenproblem

Die Entwicklung im überseeischen Massenguttransport und der weltweit gewordene Verkehr brachten große Veränderungen im Seetransportwesen, besonders durch den Einsatz von Groß- und Kombinationsschiffen sowie einer besseren Ausnutzung des Gegenverkehrs. Daraus resultierte eine Verbilligung der Transportkosten, so daß heute Entfernungen im Seetransport bei weitem nicht mehr die Rolle spielen wie in früheren Jahren. "Jede Rohstoffquelle in der weiten Welt ist uns heute durch diese Entwicklung wirtschaftlich erreichbar ge-

Tabelle 39   Der prozentuale Anteil der Schiffsgrößen
             an den überseeischen Eisenerz-Verschiffungen
             in den Jahren 1965 bis 1974

Größe der Erz-frachter in DWT	1965	1966	1967	1968	1969	1970	1971	1972	1973	1974
Bis 25000	54%	44%	33%	27%	23%	21%	20%	15%	14%	12%
25000 bis 40000	25%	27%	25%	19%	18%	19%	16%	15%	13%	10%
40000 bis 60000	18%	23%	29%	34%	35%	32%	29%	25%	23%	19%
60000 bis 80000	3%	6%	13%	17%	18%	17%	20%	21%	20%	20%
80000 bis 100000	(a)	(a)	(a)	3%	4%	5%	4%	5%	5%	7%
100000 und mehr	(b)	(b)	(b)	(b)	2%	6%	11%	19%	25%	32%
Insgesamt	100%	100%	100%	100%	100%	100%	100%	100%	100%	100%

(a) Bis einschließlich 1967 Klassifizierung nur "über 60000 DWT"
(b) Erst ab 1969 Klassifizierung "über 100000 DWT"

Quellen: Fearnley & Egers (ed):
         World Bulk Trades, Jahreshefte 1965-1974,
         Kapitel 'Iron Ore', Oslo 1966-1975

worden", konnte *Kaup* schon 1972 feststellen.[1]

Wie sehr man sich den Umstand zunutze gemacht hat, daß größere Schiffseinheiten zu niedrigeren Kosten fahren, zeigt folgender Vergleich:
1965 erfolgten noch 54 % der überseeischen Eisenerzverschiffungen in der Größenklasse bis 25000 DWT, 1974 waren es nur noch 12 %; dagegen wurden im Jahre 1969 erst 2 % mit über 100.000-DWT-Erzfrachtern verschifft, fünf Jahre später - 1974 - betrug dieser Anteil bereits 32 %.

Am Beispiel des Erztransportes vom Pilbara-Hafen Dampier nach Japan bzw. nach Europa wird die Frachtkostendegression mit zunehmender Schiffsgröße deutlich - wie es Abbildung 25 zeigt. Die Einsparungen bei Schiffsgrößen über 200.000 DWT nehmen dabei nicht mehr wesentlich zu, wenn man gleichzeitig die Erschwernisse, die eine solche große Einheit für Be- und Entlader mit sich bringt, berücksichtigt. Nach dem jetzigen Entwicklungsstand scheint für die trockene Massengutfracht bei dieser Schiffsgröße eine Konsolidierungsphase einzutreten.

Die derzeitigen Bemühungen zielen deswegen auch darauf ab, die Frachtkostensenkungen voll wirksam werden zu lassen: Indem man die technischen Voraussetzungen für schnellere Lade- und Löschzeiten der Frachter schafft und die Häfen am Be- und Entladeort entsprechend ausbaut.

---

[1] Kaup,K.: Zur Frage der langfristigen Rohstoffsicherung der deutschen Stahlindustrie, in: Erzmetall 25, Stuttgart 1972, H.7, S.356

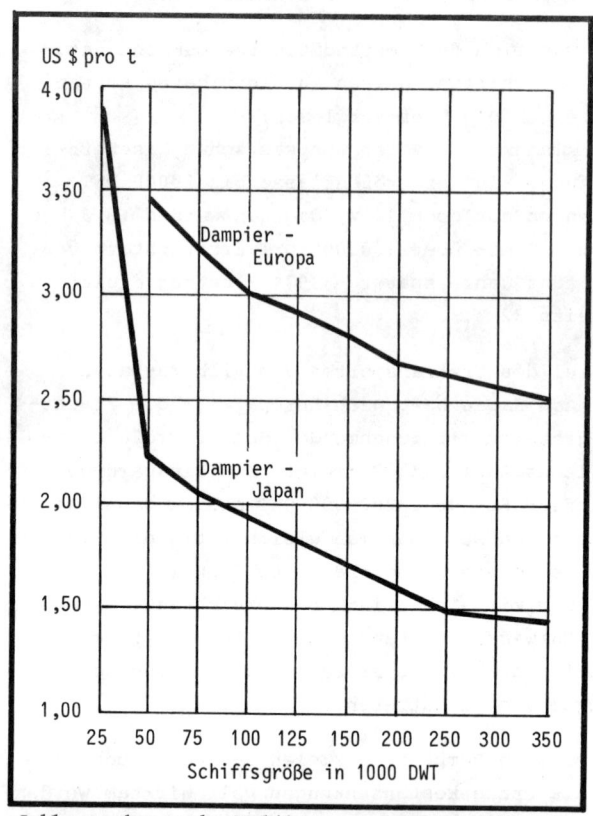

Zahlenangaben nach: Coghil, Ian: Australia's Mineral
Wealth, Melbourne 1972², S. 93

ABB. 26 KOSTENDEGRESSION IN DER ERZFAHRT BEI ZUNEHMENDER SCHIFFSGRÖßE - AM BEISPIEL DER TRANSPORTKOSTEN VOM PILBARA-HAFEN DAMPIER NACH JAPAN UND NACH EUROPA

Für Australien ist es von Bedeutung, durch eine
hohe Ausnutzung des Gegenverkehrs die Frachtkosten
weiter zu senken. Bisher wird beim Eisenerztransport der größte Teil in Ballast abgeholt, das Schiff
wird dann nur in einer Richtung beladen. Nach
Fearnley & Egers wurden beispielsweise im Jahre
1969 von den 214 Mio t Eisenerz, die über See
transportiert wurden, nur 18,7 Mio t oder 8,75 %
in Kombinationsfahrt - also unter Auslastung in
beiden Richtungen - befördert.[1]

Die Gründe für den geringen Anteil der Kombinationsfahrten liegen einmal darin, daß es sich bei kurzen
und mittleren Entfernungen kaum lohnt, einen anderen
Hafen anzulaufen. Außerdem ist Europa ein großer
Importeur aller Massengüter und hat nicht die entsprechenden Möglichkeiten für Gegenfrachten. In
diesem Zusammenhang ergibt sich für Japan eine
günstigere Position: Schiffe mit Fracht aus Fernost
und Australien, bestimmt für den atlantischen Wirtschaftsraum, können für Japan bestimmte Gegenfracht
aus den atlantischen Rohstoffquellen laden. So ist
die Ausnutzung des Gegenverkehrs insbesondere beim
Transport über große Entfernungen interessant.

In Konsequenz dieser Überlegungen und Forderungen kam
es in den letzten Jahren zur Einführung eines ganz
neuen Schiffstyps, des Ore-Bulk-Oil(OBO)-Carrier
oder auch kurz Kombischiff genannt, dessen stetig
wachsender Einsatz in den letzten Jahren aus
Tabelle 40 ersichtlich ist. Die Größenklasse 200.000

---

[1] Zit. nach Kaup,K.: Einige Probleme der Rohstoffversorgung, in: Stahl & Eisen (1971), H.25, Düsseldorf, S.1434

bis 300.000 DWT setzt sich hierbei besonders durch, was wiederum für den Ausbau der Pilbara-Häfen im Vergleich zu den Konkurrenten auf dem Welt-Eisenerzmarkt von großer Bedeutung ist.[1]

Ein derartiges Kombischiff wird beispielsweise für den Erztransport von Brasilien nach Japan sowie für die Rohölfahrt vom Persischen Golf nach Europa bzw. USA, jeweils via Kap eingesetzt. Dabei werden die Fahrten zwischen Öl- und Erztransport meist in Ballast durchgeführt. Die Kombischiffe sind auch dann flexibel, wenn sie bei nachgebenden Ölfrachten - wie in der Situation 1975/76 - in die reine Massengutfracht ausweichen können.

Am gesamten überseeischen Eisenerz-Transport waren die Kombi-Schiffe im Jahre 1971 erst mit 6,2 % beteiligt, im Jahre 1974 dagegen schon mit 26,3 %.

Tabelle 40 Eisenerz-Verschiffungen mit Erzfrachtern und mit Kombinationsschiffen in den Jahren 1971 bis 1974

Jahr	Eisenerz-Verschiffungen mit Frachtern über 18.000 DWT					
	Erzfrachter		Kombischiffe		Insgesamt	
	Mio t	%	Mio t	%	Mio t	%
1971	202,15	93,8	13,34	6,2	215,49	100,0
1972	203,96	92,6	16,27	7,4	220,23	100,0
1973	242,18	89,1	29,52	10,9	271,70	100,0
1974	222,04	73,7	79,31	26,3	301,35	100,0

Quelle: Fearnley & Egers (ed):
World Bulk Trades 1971, Oslo 1972, S.18;
World Bulk Trades 1974, Oslo 1975, S.20f

---

1) Siehe Tabelle 41

Durch die Ausnutzung des kombinierten Verkehrs galt
beispielsweise Ende 1975 folgende Frachtkonstellation:
Die Verschiffung einer Tonne Eisenerz von West-
Australien nach Rotterdam kostete in einem 125.000-
DWT-Kombi-Schiff US$ 3,50, im Einfach-Verkehr mit
einem 60.000-DWT-Schiff dagegen bereits US$ 5,75.
Als Vergleich kann hier noch angeführt werden, daß
zur gleichen Zeit die Frachtrate vom brasilianischen
Hafen Tubarao nach Rotterdam ebenfalls bei US$ 3,50
lag, wobei die Fahrtstrecke weniger als die Hälfte
beträgt.[1]

In der Kombinationsfahrt gibt es allerdings in der
freien Weltwirtschaft auch handelspolitische Hemmnis-
se, die *Kaup* so ausdrückt: "Wir sollten daraus nun
nicht folgern, daß der Bezug von Rohstoff aus
Australien unzweckmäßig wäre, wir sollten dabei
aber versuchen, den größtmöglichen Vorteil aus der
Kombinationsfahrt *für uns* zu erzielen. Mit anderen
Worten: Es hat nur Sinn, Rohstoffe aus Australien
zu beziehen, wenn es unsere Versorgung verbilligt
und nicht die Versorgung unserer japanischen
Konkurrenten aus dem atlantischen Raum".[2]

3 Der Ausbau der Häfen

In Anpassung an die Entwicklung im überseeischen
Eisenerztransport kam dem Bau von leistungsfähigen
Erzhäfen für den australischen Erzexport eine be-
sondere Bedeutung zu.

---

1) Laut Auskunft des Herrn Stattler vom Erzkontor Ruhr in
   Essen am 7-11-1975
2) Kaup, K.: Einige Probleme der Rohstoffversorgung, In:
   Stahl und Eisen, H.25, Düsseldorf 1971, S.1434

Für die Pilbara-Häfen war dies wegen der im nordwestlichen Küstenabschnitt fehlenden natürlichen Tiefwasserbuchten nicht unproblematisch. Die Flut verändert hier den Wasserstand um 3 bis 6 m, daneben bereitete die oft von Korallen bewachsende Flachsee weitere Schwierigkeiten für den Hafenausbau.

Die Hafenausbaggerung für große Erzfrachter erwies sich als äußerst schwierig und kostspielig. So mußten beispielsweise für den Hafen in Port Hedland 21,4 Mio m³ Erdmaterial ausgebaggert werden, um eine 14,5 km lange, 12,8 m tiefe und durchschnittlich 200 m breite Fahrrinne zu erhalten.[1]

Port Hedland ist Verschiffungshafen für zwei Bergbaugesellschaften, die jede ihre eigenen und völlig getrennten Verladesysteme und -piers besitzen. Die Leistung der Schiffsbeladeanlagen wird mit bis zu 8130 t pro Stunde angegeben. Das bedeutet: ein Erzfrachter der durchschnittlichen 100.000-DWT-Größe kann etwa in 12 Stunden beladen werden; und zwar drei Schiffe gleichzeitig.

Der Erzverschiffungshafen Dampier verfügt ebenfalls über zwei räumlich getrennte Verladeanlagen. Im Jahre 1974 wurden hier beispielsweise insgesamt 449 Erzfrachter abgefertigt.[2]

Der dritte und kleinste Erzverschiffungshafen ist Cape Lambert. Hier war der Bau einer 2,3 km langen Landungsbrücke ins Meer kostengünstiger als die Ausbaggerung.

---

1) Vergl. Operations guide, Mt Newman Mining Co (ed), Perth 1975, S.23
2) Australian Mineral Industry 1974 Review, Chapter Iron Ore, Canberra 1975, S.6

1974 erreichten die Jahreskapazitäten der Erzverschiffungshäfen insgesamt fast 84 Mio t. Gemessen am Güterumschlag zählen sie damit zu den größten Häfen Australiens, doch die unterschiedliche Relation zwischen Stück- und Massengütern verzerrt hier jeden Vergleich.[1]

Der Ausbau der Häfen zur Aufnahme von Erzfrachtern bis zu 160.000 DWT ist vorläufig abgeschlossen. Doch daß die Hafentiefen in der Zukunft nicht ausreichen, ist die größte Sorge der Pilbara-Erzgesellschaften, da der Trend des überseeischen Eisenerzhandels auf immer größere Schiffseinheiten abzielt. Für die Erweiterung von Dampier bietet sich dafür eine noch relativ günstige Lösung an: 38 km entfernt, kann auf der vorgelagerten Legendre Insel ein Hafen für 300.000-DWT-Schiffe gebaut werden; diese Insel kann durch einen Bahndamm mit dem Festland verbunden werden.[2]

Bei der Planung neuer Häfen hat man im Hinblick auf die hohen Kosten schon ernsthaft erwogen, die Hafenbecken und Fahrrinnen durch die Flachsee mittels Atomkraft auszuheben. Cape Keraudreen, 120 km östlich von Port Hedland, war 1969 dafür vorgesehen; später Cape Lambert, das aber dann doch auf konventionelle Weise ausgebaut wurde.[3]

---

1) Vergl. Official Year Book of Australia 1974, Canberra 1975, S.360

2) Vergl. Port of Dampier, In: Operations by Hamersley (ed), Perth 1975, S.8; vergl. auch: Port site Legendre Island, In: AMIC Newsletter, Canberra January 1976, S.4

3) Vergl. New northern ports will have to be created (anonym), In: Australian Financial Review, Sydney 31-3-1969, S.68; Atombomben sollen einen Hafen schaffen (anonym), In: Westdeutsche Allgemeine Zeitung, Essen 24-3-1969, S.12

Tabelle 41 Die Eisenerz-Ladehäfen der Welt - aufnahmefähig
für Schiffe mit mehr als 80.000 DWT

Land	Eisenerz-Ladehafen	Maximale Schiffs-größe in DWT*
Schweden/ Norwegen	Narvik	80 - 100.000
Kanada	Point Noire Seven Island Port Cartier	80.000 200.000 150.000
Brasilien	Tubarao Point Ubu Sepetiba Bay	250.000 250.000 275.000
Peru	San Nicolas	150.000
Chile	Huasco Caldera Guayacan	140.000 250.000** 130-150.000
Mauretanien	Nouadhibou	140.000
Sierra Leone	Pepel	100.000
Liberia	Buchanan Monrovia	70-80.000 90.000
Angola	Moçamedes	175.000
Südafrika	Saldanha Bay	250.000***
Elfenbeinküste	San Pedro	250.000
Australien	Dampier Port Hedland Cape Lambert Port Latta	160.000 150.000 150.000 90.000

Anmerkungen: *) Cirka-Werte, teils abhängig von
                    der Jahreszeit
               **) Geplant ab 1985
              ***) Geplant ab 1977

Quelle: Erzkartei, Erzkontor Ruhr (ed), Essen Oktober 1975

Das dünn besiedelte Gebiet würde sich in der Tat
gut zu einer Demonstration der Anwendbarkeit von
Atomexplosionen für friedliche Zwecke eignen. Experten versichern, daß die Radioaktivität aufgrund
der in jüngster Zeit entwickelten Methoden unbedeutend und kurzlebig sein würde.[1]

Eine andere Möglichkeit wäre die Erzverladung per
Pipeline, da hierfür keine traditionellen Hafenanlagen erforderlich sind. Erz'tanker' liegen dabei
wie Öltanker vor der Küste auf Reede. Das aufgeschlämmte Eisenerz wird an Bord gepumpt und abschließend das überflüssige Wasser entzogen. In umgekehrter Weise erfolgt die Löschung dann auf freier
Reede im Bestimmungshafen, d.h. auch dieser Hafen
braucht nicht die erforderliche Tiefe zu besitzen.[2]
Dieses Verfahren kommt jedoch nur bei Eisensanden
und feinvermahlenen Erzen zur Anwendung. Für die
Pilbara-Erze wäre es nur zu einem sehr geringen Teil
nutzbar, da vornehmlich Stückerze und Pellets verschifft werden.

Schließlich soll ein Vorschlag zum Eisenerztransport nicht übergangen werden, den *Schenck* aufgreift.
Er fragt sich, ob Erze nicht durch Flugzeuge mit beispielsweise 1000 t Tragfähigkeit von der Grube bis
an das Hochofenwerk transportiert werden könnten. Die

---

1) Vergl. Hancock,I.G.: Nuclear Mining in the Pilbara, Address
to ANZAAS Conference, Perth 1973, S.24; Bassler,F.: Das
Kattara-Projekt, In: Neue Züricher Zeitung, Zürich 24-2-1976,
S.27

2) Vergl. Neues System für die Beförderung von Eisenerzen (anonym)
In: Handelsblatt, Düsseldorf 21-1-1970, S.12; Transport von
Eisenerzkonzentraten in Schlammform (anonym), In: Stahl und
Eisen, Düsseldorf 1969, S.1321

Bahnverbindungen von der Grube zum Erzhafen, die
Verladeeinrichtungen und alle Anlagen und Beförderungsmittel zwischen Empfangshafen und Hochofen
könnten - vereinfacht - durch zwei große Flugpisten
ersetzt werden.[1]

Otremba weist darauf hin, auch "in Nordkanada stand
in der ersten Erschließungsphase das Flugzeug für
den Buntmetalltransport allein zur Verfügung."[2]

Jedoch wird der Erztransport per Flugzeug für das
Pilbara-Gebiet kaum bedeutsam sein. Da auf überseeisches Erz angewiesene Eisen- und Stahlwerke heute
fast ausschließlich in Küstennähe errichtet werden
wie beispielsweise in Japan, entfallen die Transportkostenersparnisse vom Entladehafen zum Hochofen.

II Die Absatzmärkte[3]

Durch den Bau leistungsfähiger Häfen und die Ausnutzung der Kombinationsfrachten wurden wichtige
Voraussetzungen für die Wettbewerbsfähigkeit des
australisches Erzes geschaffen. Eine weitere Voraussetzung für den Erfolg auf den Weltmärkten sind
geeignete Abnehmer.

---

1) Schenck,H.: Die technischen Ursachen des Konkurrenzdruckes auf die deutsche Eisenindustrie, In: Stahl
   und Eisen, Düsseldorf 1967, S.347

2) Otremba,E.: Die Güterproduktion im Weltwirtschaftsraum,
   Bd.2/3, Stuttgart 1976, S.344

3) Vergl. Fehling,L.: Entwicklung und Standortprobleme des Eisenerzbergbaus in West-Australien, Staatsarbeit Köln 1970, S.51ff

1 Der ostasiatische Absatzmarkt

Im Bereich des 'natürlichen australischen Absatzmarktes', dem asiatischen Wirtschaftsraum, kommen Länder wie Indien und die Sowjetunion als Kunden nicht in Frage, da sie trotz ihrer nennenswerten Stahlindustrie im Hinblick auf Eisenerz zu den Selbstversorgern zählen.

Ähnliches gilt für die Volksrepublik China, die über große, wenn auch im wesentlichen arme Lagerstätten mit weniger als 40 % Fe-Gehalt verfügt. Die reichen und qualitativ hochwertigen Australerze stießen zwar in den letzten Jahren auf zunehmendes Interesse, so daß im Jahre 1974 bereits 1,6 Mio t Eisenerz nach China geliefert werden konnten. Auch gilt China für die australischen Produzenten trotz des relativ bescheidenen Lieferungsumfanges - im Vergleich zu Japan - als ein sehr nützlicher alternativer Markt, da die chinesische Stahlindustrie voraussichtlich eine der höchsten Wachstumsraten in den nächsten 10 bis 20 Jahren aufweisen wird.[1] Momentan bestehen aber Transporthemmnisse insofern, als die chinesischen Häfen nur kleine Erzfrachter bis zu 25.000 DWT aufnehmen können. Außerdem gilt es als sehr wahrscheinlich, daß mit zunehmender Erforschung des weiten chinesischen Landes auch Reicherzlagerstätten entdeckt werden; man denke nur an die umfangreichen Ölfunde der 70er Jahre.[2]

---

1) Vergl. Austr.Fin.Rev., Sydney 11-9.1975, S.8
2) Vergl. Geplante Steigerung der chinesischen Stahlproduktion (anonym), In: Neue Züricher Zeitung, Zürich 8-1-1976, S.11

Ein potentieller Markt wären noch die Ölstaaten am
Persischen Golf: Hier plant man kleinere Stahlwerke
auf Direktreduktions-Basis, die kostengünstig mit
Erdgas betrieben werden können, das bisher lediglich abgefackelt wird.

Japan dagegen, das heute das drittgrößte Stahlerzeugerland der Welt ist, liegt Australien mit einer
mittleren Entfernung von 6.700 km relativ nahe. Infolge seines Rohstoffmangels wurde es zum wichtigsten Abnehmer der australischen Eisenerze, und alle
Verkaufsverträge zielen in erster Linie auf die Versorgung dieses Marktes ab. Im Jahre 1974 wurden nach
Japan 67,9 Mio t Eisenerz exportiert; das waren
80,0 % der gesamten australischen Eisenerz-Ausfuhren.

1974 erzeugte Japan 90,4 Mio t Roheisen und 117,2
Mio t Rohstahl. Die entsprechenden Erzeinfuhren
betrugen 141,8 Mio t. Bei einer inländischen Eisenerzförderung von nur 0,8 Mio t mußte die japanische
Stahlindustrie also fast 100 % ihres Erzbedarfes
durch Einfuhren decken.[1]

Die Quellen dieser Erzimporte sind aus Abbildung 24
ersichtlich. Die Lieferländer sind weit gestreut
und liegen in fast allen Erdteilen. Australien
stellte jedoch fast 50 % der gesamten japanischen
Erzeinfuhren und war damit der bedeutendste Erzlieferant. Es folgen Brasilien mit einem Einfuhranteil von 15 %, und Indien mit 12 %.[2]

---

[1] Zahlenangaben nach: Eisenerzförderung und Rohstahlerzeugung der Welt, Stahlstatistik Düsseldorf 1975,
S.1-3

[2] Zahlenangaben nach: Statistischer Bericht 1974,
Erzkontor Ruhr (ed), Essen 1975, S.24

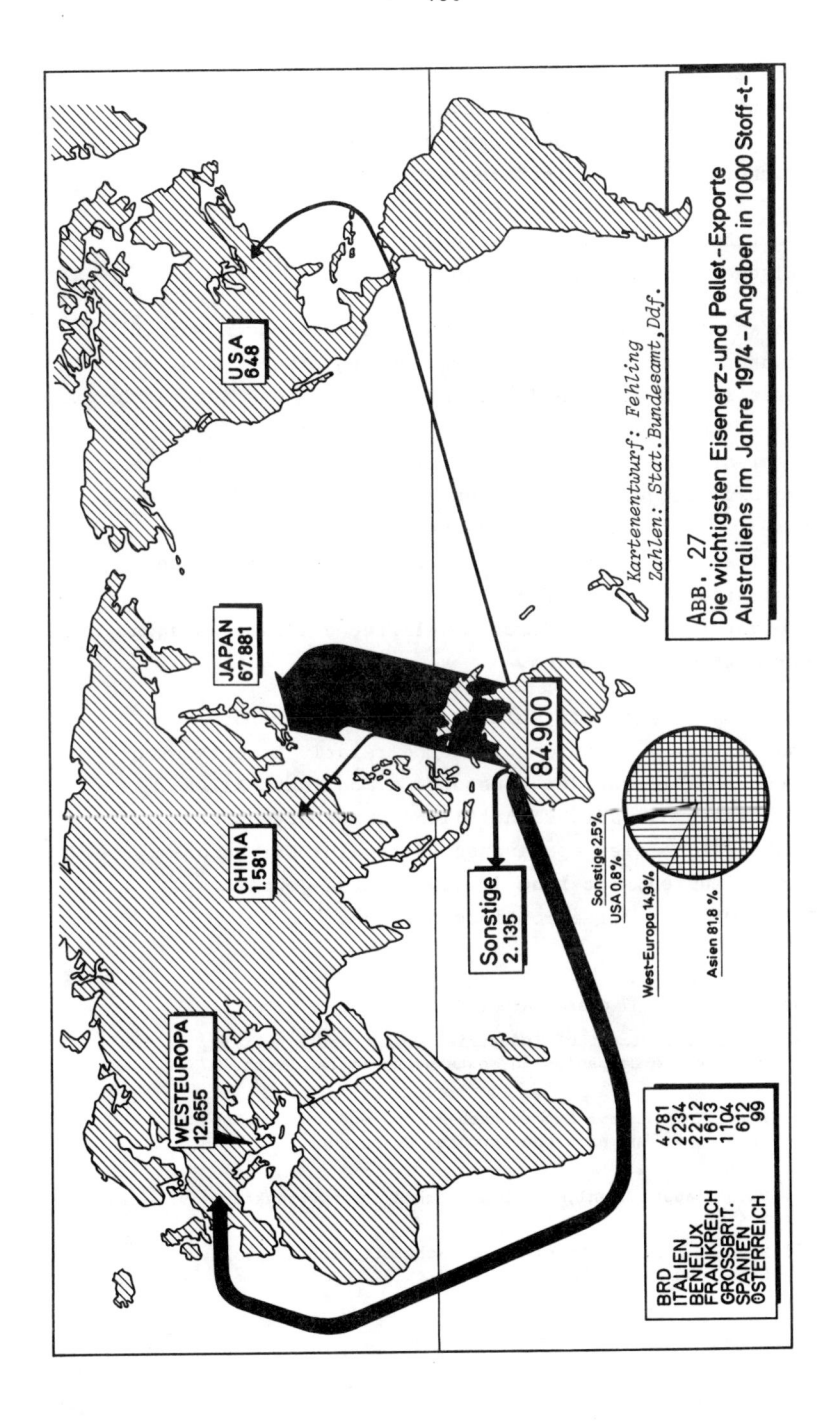

Abb. 27
Die wichtigsten Eisenerz- und Pellet-Exporte Australiens im Jahre 1974 – Angaben in 1000 Stoff-t-

Kartenentwurf: Fehling
Zahlen: Stat.Bundesamt, Ddf.

Die Erzversorgung der japanischen Stahlindustrie beruht überwiegend auf langfristigen Lieferabkommen,[1] mit denen eine mengenmäßige und preisgünstige Sicherung der Erzeinfuhren angestrebt wird. Allein die mit Australien bis Ende 1974 abgeschlossenen Verträge sehen eine Lieferung von rund 700 Mio t Eisenerz in den nächsten 20 Jahren vor.[2]

Japanische Engagements in Grubenbeteiligungen wurden zunächst nur in sehr geringem Umfang eingegangen, und erst in den letzten Jahren belebte sich das japanische Interesse. Die Finanzierung der Beteiligungen geschieht dabei nicht durch die japanischen Stahlwerke selbst, sondern durch japanische Handelshäuser. Wie *Hirai*[3] ausführt, wird das zur Verfügung stehende Kapital lieber zu Investitionen in den Hüttenwerken selbst eingesetzt, zumal dadurch schneller umweltbelastende Anlagen durch umweltfreundlichere Anlagen ersetzt werden können.[4]

In Japan liegen die meisten Standorte der Stahlindustrie an der Küste. Dadurch wird eine relativ frachtkostengünstige Einfuhr der Rohstoffe ermöglicht. Allerdings ist die durchschnittliche Transportentfernung, über welche die japanischen Hütten ihr Erz heranholen müssen, mit rund 10.000 km etwa doppelt so weit wie die der europäischen Werke.[5]

---

1) Siehe Seite 37 dieser Arbeit

2) Vergl. Department of Industrial Development: Activity of Iron Ore Companies in Western Australia, Perth 1975, S.2

3) Hirai,Tomisaburo: Export nach Europa muß zurückgehen, Interview, in: Wirtschaftswoche, Düsseldorf 16-1-1976, S.39

4) Vergl. auch: Biehl,Max: Dynamisches Japan, Frankfurt 1975, S.47ff

5) Kaup, K.: Einige Probleme der Rohstoffversorgung, In: Stahl und Eisen, H.25, Düsseldorf 1971, S.1431

Ein Ziel der japanischen Erzversorgungspolitik ist
andererseits, nicht zu sehr in die Abhängigkeit eines
Lieferanten zu geraten. Der australische Marktanteil
von knapp 50 % dürfte deshalb in Zukunft auch nicht
überschritten werden.[1]

Japan wird trotzdem das Hauptabsatzgebiet für australische Eisenerze bleiben. Die australischen Gruben
haben gegenüber den übrigen Erzproduzenten gewisse
Standortvorteile. Sie wirken sich in der Weise aus,
daß ein Teil der Frachteinsparung infolge des kürzeren
Seeweges dem fob-Preis zugeschlagen werden kann. Diese
geographisch bedingte Differentialrente dürfte in Zukunft gegenüber den anderen Erzlieferanten Japans
trotz der Entwicklungen im überseeischen Eisenerztransport genügend Spielraum für eine ausreichende Konkurrenzfähigkeit bieten.

Mit einer Gefahr muß jedoch gerechnet werden, daß in
der Volksrepublik China oder in der östlichen Sowjetunion größere hochwertige Eisenerzvorkommen entdeckt
und Japan angeboten werden.[2]

Dazu schreibt *Otremba*: "Man wird immer in einem
allerdings nicht ganz statthaften, prognostischen
Vergleich die montanwirtschaftliche, vorwiegend
importorientierte Situation Japans mit seinen 100
Millionen Menschen mit der Volksrepublik China mit
seinen vermutlich 800 Millionen Menschen und seinem
ausreichenden Reichtum an allen für eine moderne

---

1) Vergl. Bambrick,S.: The Economic Background of Australian
   Mining, In: ANZAAS Search, Vol.15,N.1-2, Sydney 1974, S.19
2) Japan - Locken und drohen (anonym), In: Der Spiegel,
   Hamburg 19-1-1976, S.68

Wirtschaft notwendigen Mineralrohstoffen und
Energieträgern sehen müssen".[1]

2 Der westeuropäische Absatzmarkt

Auch die Australier versuchen, für den Absatz ihrer
Eisenerze die Grundsätze der japanischen Rohstoffpolitik insofern zu übernehmen, als auch sie das
Risiko möglichst weit streuen wollen. Zwar erfolgte
der Aufschluß der exportorientierten Vorkommen nach
1960 ausschließlich aufgrund der Sicherung durch die
langfristigen japanischen Bestellungen, doch sah man
sich rechtzeitig auch nach anderen Absatzmärkten um.

Das Ergebnis dieser Bemühungen ist vor allem eine Zunahme der Exporte in das westeuropäische Bedarfsgebiet, zu dem insbesondere die Länder der Europäischen
Gemeinschaft gehören. Im Jahre 1974 wurde in dieses
Gebiet bereits eine Erzmenge von 12,7 Mio t geliefert, die 14,9 % der gesamten australischen Eisenerzexporte ausmachte.[2]

Im westeuropäischen Raum der EG-Länder wurden im
gleichen Jahr insgesamt 111,8 Mio t Roheisen und
155,7 Mio t Rohstahl erzeugt.[3] Die in Abbildung 24
nach Herkunftsländern aufgeschlüsselten wichtigsten
überseeischen Eisenerzimporte betrugen im Jahre 1974
insgesamt 152,0 Mio t. Mit 12,7 Mio t hatte Australien daran bereits einen Anteil von 7,9 %.

---

1) Otremba,E.: Die Güterproduktion im Weltwirtschaftsraum,
   In: Lütgens,R.: Erde und Weltwirtschaft, Bd.2/3,
   Stuttgart 1976, S.269

2) Alle australischen Eisenerzexporte in außerjapanische Länder
   stammen aus der Pilbara-Region.

3) Roheisen- und Rohstahlerzeugung der Welt, Stahlstatistik
   Düsseldorf, 1975, S.2-3

Die für Eisenerze unübliche Raumüberwindung von
etwa 20.300 km ist beachtlich. Nur die Entfernungen
von Brasilien nach Japan und von Australien zur nord-
amerikanischen Ostküste gehen darüber hinaus. Die po-
sitiven Entwicklungen im überseeischen Eisenerztransport verringerten die geographischen Standortnachteile
der australischen Erzgruben gegenüber den atlantischen
Konkurrenten, und dadurch wurde das australische Erz
in Westeuropa wettbewerbsfähig.

Als weiterer Vorteil erwies sich die Tendenz der
westeuropäischen Stahlindustrie, in zunehmendem Maße
hochwertige Eisenerze aus Übersee einzuführen, denn
"das gegenwärtige Problem der Erzversorgung Europas
liegt mehr auf der Seite der Qualität als der Quan-
tität der benötigten Erzmengen."[1]
Als Folge dieser Entwicklung - aber auch wegen der
zunehmenden Kohleimporte - bevorzugt die westeuropäische Stahlindustrie, dem japanischen Beispiel fol-
gend, als Standort die Küste. Küstenwerke können in
vollem Umfange die Vorteile ausschöpfen, die sich aus
der Degression der Seeschiff-Frachten ergeben, da
Folgekosten für Umladungen und Weitertransporte der
Erze entfallen. Die Häfen dieser Standorte hat man
deshalb von vornherein für sehr große Schiffseinheiten ausgelegt.

Obgleich die bundesdeutsche Eisen- und Stahlindustrie
noch vorwiegend an den traditionellen inländischen
Standorten verharrt, - mit Ausnahme der Küstenstand-

---

1) Boesch,H.: Weltwirtschaftsgeographie, Braunschweig 1969, S.220;
   vergl. auch: Otremba,E.: Die Erde als Wohnraum der Menschheit,
   Zürich 1969, S.380

orte Bremen, Hamburg und Lübeck sowie Ijmuiden in
Verbund mit der niederländischen Stahlindustrie - ,
war die Bundesrepublik Deutschland 1974 mit 4,8 Mio t
der Hauptabnehmer für die australischen Erze und somit
nach Japan der zweitwichtigste Kunde.

Die Australerze erreichten 1974 auf dem bundesdeutschen
Erzeinfuhrmarkt bereits einen Anteil von knapp
10 %; erst 1967 waren die ersten Lieferungen erfolgt.
Unter den etwa zwanzig Erzlieferanten der Bundesrepublik
nahm Australien damit den vierten Platz ein.

Im Jahre 1975 steigerte Australien seine Erzlieferungen
in die Bundesrepublik Deutschland auf 6,5 Mio t, obwohl
die ausländischen Erzbezüge im Jahre 1975 infolge der
verringerten Eisen- und Stahlerzeugung insgesamt zurückgingen.
Mit 14,1 % der ausländischen Erzbezüge
avancierte es auf den zweiten Platz unter den Erzlieferländern.[1]

Das große Interesse der europäischen Stahlindustrie
für australische Erze beruht vor allem auf der Tatsache,
daß die chemische und physikalische Beschaffenheit
dieser Erze sehr gut ist und sie sich
im Hochofen bewährt haben. Auch mißt man der politischen
Stabilität Australiens eine nicht zu unterschätzende
Bedeutung bei. - Preislich gesehen, machen
die australischen Gruben dann Zugeständnisse beim

---

[1] Vergl. Erzversorgung der deutschen Eisen- und Stahlindustrie (anonym), In: Stahl und Eisen, H.10, Düsseldorf 1976, S.512f

Tabelle 42   Eisenerzeinfuhren der Bundesrepublik Deutschland
nach Lieferländern in den Jahren 1966 bis 1975

Rang 1974	Lieferland	Eisenerz-Einfuhren in Mio Stoff-t						Rang 1975
		1974	1972	1970	1968	1966	1975	
1	Brasilien	12,0	8,3	6,4	4,7	2,9	11,6	1
2	Schweden	10,6	9,6	11,5	12,9	9,6	5,5	4
3	Liberia	9,7	6,8	8,2	7,0	6,3	6,4	3
4	Australien	4,8	1,7	1,0	0,6	-,-	6,5	2
5	Kanada	4,0	2,2	3,6	2,1	0,7	4,8	5
6	Frankreich	3,7	4,0	5,1	4,5	4,9	2,7	6
7	Venezuela	2,7	2,6	3,0	1,7	1,6	1,9	7
8	Mauretanien	1,5	0,7	1,3	1,3	1,2	0,7	10
9	Norwegen	1,5	1,9	1,7	1,6	0,6	1,2	8
10	Angola	1,3	0,9	2,0	0,9	0,3	0,7	9
11	Peru	1,2	0,1	0,2	0,1	0,8	0,6	11
	Sonstige	4,8	2,1	4,1	2,6	2,6		
	Insgesamt	57,8	40,9	48,1	40,0	31,5		

Quelle: Erzkontor Ruhr, Statistischer Bericht 1974, Essen 1975,
S. 8
Zahlen für 1975: Erzversorgung der deutschen Eisen-
und Stahlindustrie (anonym), In: Stahl und Eisen,
H.10, Düsseldorf 1976, S.513

fob-Preis, wenn sich Transportkostennachteile gegenüber Europa ergeben.[1]

Solche Preiszugeständnisse können sich die australischen Gruben erlauben, da ihre Produktionskapazitäten durch die Lieferungen nach Japan eine Grundauslastung erfahren und Bahn- und Hafenanlagen durch zusätzliche Lieferungen besser ausgenutzt werden. Umgekehrt gewährt beispielsweise auch der kanadische Eisenerzbergbau den Japanern gewisse Preispräferenzen gegenüber den europäischen Abnehmern.[2]

---

1) Auskunft Erzkontor Ruhr, Essen, Herr Stattler, 7-11-1975

2) Herchenröder,;.: Mehr Eisenerz aus Labrador für deutsche Hüttenwerke, In: Handelsblatt Düsseldorf, 7-8.1970, S.4

Auf australischer und europäischer Seite setzt man
große Hoffnungen auf die geplante Produktion von
Eisenschwamm im Pilbara-Gebiet. Durch die 'Veredelung' des Eisenerzes bis zu einem Eisengehalt
von 95 % entfällt der größte Teil des Gewichtsverlustmaterials, so daß weitere Frachtkostenersparnisse erzielt werden.[1]

3 Der amerikanische Absatzmarkt

Auf dem amerikanischen Kontinent kommen nur die USA
als Absatzgebiet in Frage, da sich die übrigen
Staaten - sofern sie Stahlerzeuger sind - mit eigenen
Erzen versorgen.

Die USA führten jahrzehntelang die stahlerzeugenden
Länder der Erde mit großem Abstand an, wurden jedoch im Jahre 1974 von der Sowjetunion fast eingeholt. In den USA wurden 1974 insgesamt 87,0 Mio t
Roheisen und 135,3 Mio t Rohstahl erzeugt.[2] Dieser
Ausstoß lag zwar um 10 % unter der westeuropäischen
Stahlerzeugung, doch war der Bedarf an Importerzen
mit nur 48,8 Mio t bedeutend geringer.

Die Bedarfsdeckung der USA mit Eisenerz erfolgt schon
seit ungefähr zehn Jahren zu durchschnittlich 65 %
aus eigenen Vorkommen. Es sind vorwiegend die eisenarmen Taconite, die zu hochwertigen Konzentraten
aufbereitet werden. Die restliche Bedarfsdeckung
erfolgt hauptsächlich aus dem relativ versorgungsnahen Raum von Nord- und Südamerika. Die Einfuhren

---

1) Australisches Eisenerz für europäische Stahlwerke (anonym),
   In: Industriekurier v. 17-2-1970, Düsseldorf, S.3
2) Roheisen- und Rohstahlerzeugung der Welt, Stahlstatistik
   Düsseldorf 1975, S.2-3

haben nur eine Transportentfernung von durchschnittlich 3.700 km zu überwinden; diese Entfernungen betragen für Westeuropa ca. 6.000 km und für Japan fast 10.000 km.

Die Vorkommen der USA schienen durch die Erschöpfung der Reicherzvorräte begrenzt. Deshalb beteiligte sich die us-amerikanische Stahlindustrie schon in den 50er Jahren an den meisten Gruben in Nord- und Südamerika, um die Erzbezüge zu streuen und die Versorgung langfristig zu sichern.[1]

Auch an den australischen Gruben sind namhafte amerikanische Erzhandelsgesellschaften beteiligt. Diese Beteiligung geschah jedoch primär aus Renditegründen, erst sekundär als Ausweichmöglichkeit für die amerikanische Erzversorgung.[2]

Diese Gründe und das Handicap der großen Transportentfernung zur ostamerikanischen Stahlindustrie führten bisher nur zu geringen Exporterfolgen für australisches Eisenerz in die USA; 1974 lag die Quote bei 648.000 t. Exporthemmend wirkt sich außerdem auch die geringe Hafentiefe der amerikanischen Küstenstahlwerke aus, die momentan nur Erzfrachter bis zu 60.000 DWT zuläßt.[3]

---

1) Vergl. Hertle,F.: Standortprobleme der amerikanischen Eisen- und Stahlindustrie, Tübingen 1959

2) Vergl. Jones,F.R.: Iron Ore - Demand Never Stronger nor Harder to Meet, In: Canad.min.metallurg.Bull., März 1975, S.116ff

3) Hamersley Iron Pty Ltd (ed.): Operation Guide Port of Dampier, Perth 1975, S. 8

Größere Erzlieferungen an die amerikanische Westküste dagegen werden künftig für möglich gehalten; die Entfernung beträgt mit 14.000 km nur rund zwei Drittel der Entfernung nach Europa. Für 1980 ist geplant, die Fontana-Werke bei Los Angeles wegen ihrer zu großen Stadtnähe stillzulegen und an einen weiter entfernt liegenden Ort zu verlagern. Das wäre eine gute Gelegenheit - so rechnen sich die australischen Absatzstrategen aus -, die neuen Stahlproduktionsanlagen gleich auf den Bezug von australischem Eisenschwamm umzustellen.[1]

III Die Bedeutung des Eisenerzexports für die australische Wirtschafts- und Handelsstruktur

1 Der Beitrag zur Exportdiversifikation

Dank der gestiegenen Mineralienexporte wird die von den Australiern schon immer angestrebte Exportdiversifikation Wirklichkeit. Australiens traditionelle Exporteinnahmen aus der Landwirtschaft werden immer wieder durch klimatische Unstetigkeiten und durch Schwankungen der Weltmarktpreise beeinflußt.

Demgegenüber erweisen sich die Mineralieneinnahmen als relativ stabil, und deshalb schloß die Handelsbilanz seit Anfang 1969 nicht mehr negativ ab. Maßgeblich daran beteiligt sind die steigenden Einnahmen aus den Eisenerzexporten in den Jahren 1971 und 1972. Sie konnten noch rechtzeitig den damaligen Preisverfall bei Wolle zu einem großen Teil ausgleichen - wie aus

---

[1] Hogan, William T.: Iron and Steel - US output off slightly in 1974 from record highs of 1973, In: Engineering & Mining Journal, March 1975, New York, S.207f

der Gegenüberstellung der einzelnen Exportprodukte in Tabelle 43 zu ersehen ist.

Diese positive Entwicklung darf jedoch nicht darüber hinwegtäuschen, daß Australien nach wie vor von den Exporterlösen der landwirtschaftlichen Güter abhängig ist: im Jahre 1950 noch zu 91 %, heute immer noch zu ungefähr 50 %. Addiert man die rund 30 % aus den Mineralieneinnahmen, so summieren sich die Exporteinkünfte aus der Urproduktion zu 80 %, denen nur rund 20 % Exporteinkünfte aus der Verarbeitungsindustrie gegenüberstehen.

Im Jahre 1973/74 führten in der Einzelwertung auch noch die landwirtschaftlichen Exportprodukte Wolle, Fleisch und Weizen vor Eisenerz und Steinkohle.

Tabelle 43   Die wichtigsten Exportprodukte Australiens von 1963/64 bis 1973/74

Jahr endet 30.Juni	Wert in Mio A$ zu fob-Preisen							
	Wolle	Fleisch	Weizen	Eisenerz	Steinkohle	Zucker	Totale Exporte	Totale Importe
1964	926	244	362	0	33	157	2.782	2.373
1965	781	286	297	1		113	2.651	2.905
1966	757	228	264	3		94	2.721	2.939
1967	840	286	361	46		100	3.024	3.045
1968	739	285	342	103		98	3.045	3.264
1969	827	291	258	180	117	122	3.374	3.469
1970	803	426	337	278	165	116	4.137	3.881
1971	575	438	433	374	194	150	4.376	4.150
1972	582	569	418	376	237	211	4.893	4.008
1973	1238	866	273	439	290	250	6.214	4.121
1974	1248	801	517	499	348	223	6.894	6.085
1974 in %	18,1	11,6	7,5	7,2	5,0	3,2	100,0	

Quelle: ABS, Official Year Book of Australia 1974, Canberra 1975, S.976, 1124

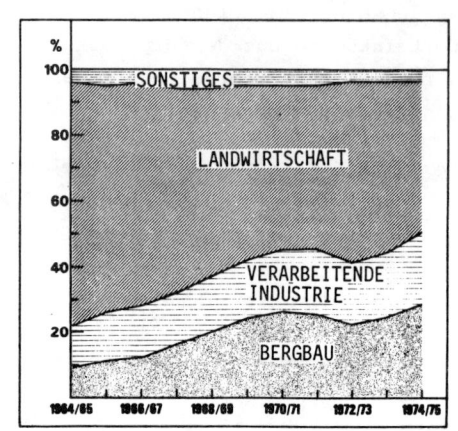

Quelle: Export Diversification (anonym), In: Bank of New South Wales Review, Sydney März 1976, S.3

ABB. 28 DIE PROZENTUALEN ANTEILE DER BEREICHE LANDWIRT-
SCHAFT, BERGBAU UND VERARBEITENDE INDUSTRIE AN DEN
EXPORTEINNAHMEN AUSTRALIENS VON 1964/65 BIS 1974/75

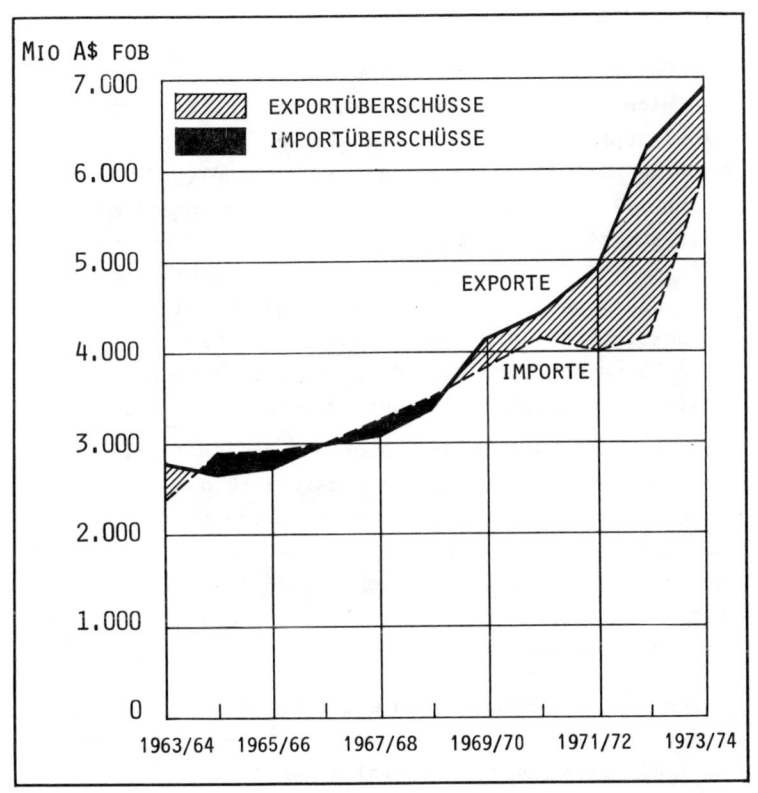

Quelle: ABS, *Pocket Compendium of Australian Statistics 1975*, Canberra 1975, S. 40

ABB. 29   DIE ENTWICKLUNG DER AUSTRALISCHEN HANDELSBILANZ VON 1963/64 BIS 1973/74

Die Rangfolge der landwirtschaftlichen Exportgüter hat sich in den letzten Jahrzehnten kaum geändert. Dagegen hat sich die Zusammensetzung der mineralischen Exportgüter sehr gewandelt.

In den 50er Jahren und frühen 60er Jahren waren die wichtigsten Exportmineralien noch Silber, Blei, Zink, Kupfer und Gold. Innerhalb weniger Jahre änderte sich diese Zusammensetzung grundlegend: Im Jahre 1973/74 führte Eisenerz mit einem Anteil von 29,9 %, gefolgt von Steinkohle mit 21,2 % und Tonerde mit 11,9 %, erst dann folgen die 'traditionellen Minerale', wenn man Mineralsande und Nickel nicht berücksichtigt. Nach den vorläufigen Zahlen für 1974/75 verschieben sich diese Verhältnisse noch weiter zu Gunsten der 'neuen' Minerale.

Dieser Trend bezieht sich auch auf die in Tabelle 44 geschätzte voraussichtliche Entwicklung der Mineralienexporte, die vom 'Australian Bureau of Mineral Resources' bis zum Jahre 1983/84 veröffentlicht wurden. Nach dieser Vorausschau wird die Rangfolge auch fernerhin durch Eisenerz, Steinkohle und Bauxit/Tonerde bestimmt.

Nicht in diese Schätzungen mit einbezogen wurden die Uran-Exporte, die - unter gewissen Einschränkungen - erst kürzlich von der australischen Regierung freigegeben wurde. Nach den letzten Funden besitzt Australien jetzt über 400.000 t Uran, die etwa 25 % der bekannten Vorkommen der westlichen Welt betragen und Australien zum uranreichsten Land der Erde machen. Bei den derzeitigen hohen Uranpreisen auf dem Weltmarkt hat man allen Grund zu der Vermutung, daß Uran schon bald zum Hauptdevisenbringer werden kann.[1]

---

1) Vergl. Behrsing,B.: Canberra plant den Uran-Boom, In: Handelsblatt, Düsseldorf 31-3-1976, S.11

Tabelle 44   Die wichtigsten australischen Mineral-Exporte von 1966/67 bis 1974/75 mit Schätzungen für die voraussichtliche Entwicklung in 1979/80 und 1983/84

JAHR	EISENERZ	STEIN-KOHLE	TONERDE	KUPFER[a]	ZINK[a]	BLEI[a]	MINERAL-SANDE[b]	NICKEL	SONSTIGE	GESAMT
MENGEN	Mio t	Mio t	Mio t	1000 t	1000 t	1000 t	1000 t	1000 t		
1966/67	9,0	9,3	kZV	54	394	272	1362	kZV		
1970/71	52,0	19,8	kZV	193	549	196	1481	kZV		
1973/74	78,1	27,8	4,0	237	591	360	1355	kZV		
1974/75 (c)	88,1	32,7	4,5	256	539	320		kZV		
WERT IN MIO A$										
1966/67	75	76	29	19	44	53	56	unter 1 Mio		371
1970/71	406	212	97	74	66	38	72	32		1.077
1973/74	492	348	196	157	115	136	121	33	94	1.643
1974/75 (c)	707	661	298	159	137	143		52		
1973/74 in %	29,9 %	21,2 %	11,9 %	9,6 %	7,0 %	8,3 %	4,4 %	2,0 %	5,7 %	100,0 %
SCHÄTZUNGEN[d]										
1979/80	1046	905	458	180	133	124	213	85	800	3.944
1983/84	1215	988	584	180	144	146	204	82	912	4.555
1983/84 in %	26,7 %	21,7 %	12,8 %	3,4 %	3,2 %	3,2 %	4,5 %	1,8 %	20,0 %	100,0 %

Anmerkungen: kZV - keine Zahlenangaben für Veröffentlichungen
a - Teilweise auch in veredelter Form;   b - Ilmenit, Rutil und Zirkon;   c - vorläufige Angaben;
d - Schätzungen des BMR beinhalten Mineralien in allen Verarbeitungsformen, z.B. Stahlhalbzeug; die Schätzungen wurden aus dem arithmetischen Mittel von zwei Schätzungen gebildet.

Quellen: Zahlenangaben für 1966/67 und 1970/71: Bambrick,S.: Economic Background ... In: ANZAAS Search 1974, S.18; Zahlenangaben für 1973/74 und 1974/75: ABS, Minerals and Mineral Products, Canberra 1975, S.8; Schätzungen für 1979/80 und 1983/84: BMR, Australian Mineral Industry 1973 General Review, Canberra 1975, S.9.

2 Die geographische Umorientierung des Außenhandels - Japan als Haupthandelspartner

Der expandierende Bergbausektor veränderte aber nicht nur die australische Exportstruktur, auch der Außenhandel erfuhr dadurch auch eine grundlegende geographische Umorientierung. So gaben vor allem die beginnenden Eisenerzexporte Anfang 1966 den Ausschlag dafür, daß das Mutterland Großbritannien als traditioneller Haupthandelspartner von Japan abgelöst wurde. Damit begann für den australischen Außenhandel eine neue Phase, nämlich in der Hinwendung zu den expandierenden asiatischen Märkten.

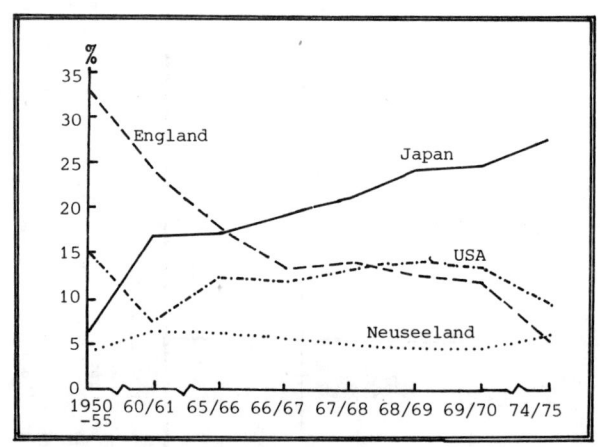

Quelle: Donath, E.J.: Changes in the Direction and Composition of Australia's Overseas Trade, In: Commercial Bank of Australia Economic Review, February 1976, Melbourne, S.8

ABB. 30 DIE PROZENTUALEN ANTEILE DER WICHTIGSTEN AUSTRALISCHEN EXPORT-BESTIMMUNGSLÄNDER VON 1950 BIS 1974/75

Hauptabnehmer für die australischen Bergbauausfuhren ist seit 1963/64 Japan. Mit seiner forcierten Industrialisierung bei minimalen eigenen Rohstoffvorräten entwickelte es eine ständig wachsende Nachfrage nach den australischen Ressourcen und seit 1970/71 entfallen ziemlich kontinuierlich etwa 56 % des jährlichen australischen Exportwertes an Mineralien allein auf diesen wichtigsten Handelspartner. - Demgegenüber sind die Abnehmerländer mit größeren Transportdistanzen naturgemäß allmählich in den Hintergrund getreten. 1973/74 gingen immerhin noch rund 20 % des Bergbauausfuhrwertes Australiens nach Europa - davon etwa 7 % nach Großbritannien und 10 % in die übrigen EG-Länder -, während weitere 10 % nach den USA verschifft wurden.

Tabelle 45 Die wichtigsten Bestimmungsländer der australischen Gesamt- und Mineralexporte im Fiskaljahr 1973/74

Bestimmungs-raum	Gesamte Exporte		Mineralexporte*	
	Wert in A$ Mio	%	Wert in A$ Mio	%
Japan	2.143	31,0	930	55,5
übr. Asien	1.683	24,4	166	9,9
USA	750	10,9	156	9,3
EG	662	9,6	184	11,0
Großbritn.	457	6,6	141	8,4
Sonstige	1.214	17,5	98	5,9
Insgesamt	6.909	100,0	1.675	100,0

Anmerkungen: *) BMR-Veröffentlichungen enthalten Metallbarren

Quellen: Gesamtexporte: ABS, Pocket Kompendium of Australian Statistics 1975, Canberra 1975, S.42;
Mineralexporte: Australian Bureau of Mineral Resources (BMR), Australian Mineral Industry Review 1973, Canberra 1975, S.7,26f

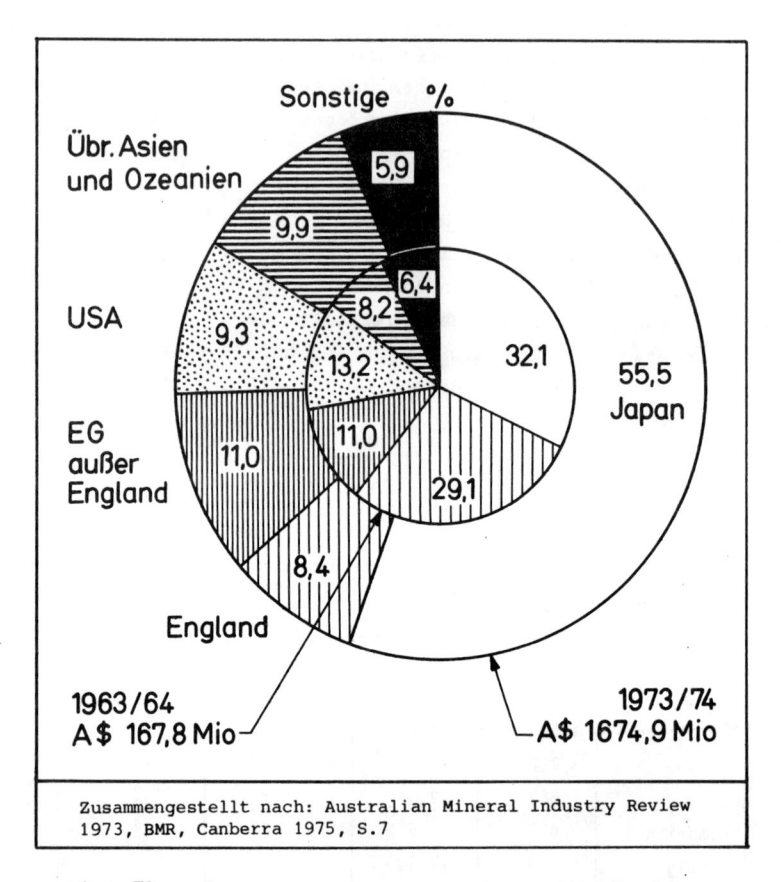

ABB. 31 DIE WICHTIGSTEN BESTIMMUNGSLÄNDER DER AUSTRALI-
SCHEN MINERALEXPORTE –
1963/64 UND 1973/74 IM VERGLEICH

Die Dominanz Japans im australischen Außenhandel mit Mineralien wird natürlich in Australien mit gemischten Gefühlen betrachtet. Australien ist bei einzelnen exportierten Bergbauprodukten hochgradig vom japanischen Markt abhängig, beispielsweise bei Steinkohle und Eisenerz zu über 85 %.

Dabei darf die hohe wirtschaftliche Interdependenz nicht übersehen werden: Im gleichen Zeitraum importierte Japan von Australien 37 % seiner Kokskohle, 48 % seines Eisenerzes, 50 % seines Salzes und 55 % seines Bauxites.[1] Deshalb bemüht sich auch Japan um eine Reduzierung seiner Abhängigkeit von den australischen Rohstoffen und erschließt neue Lieferquellen, gewarnt auch durch die Ereignisse der Ölkrise und der Phase des 'Rohstoffnationalismus' in Australien.

Inzwischen haben die beiden Handelspartner auch ihre Einkaufs- bzw. Absatzmärkte diversifiziert; dafür spricht schon die oben erwähnte Tatsache, daß seit 1970/71 sich der japanische Anteil an den gesamten australischen Bergbauausfuhren bei etwa 56 % konsolidiert hat.

Auf der Basis der Anerkennung der wirtschaftlichen Interdependenz wurde Mitte 1976 ein Grundvertrag zwischen Australien und Japan abgeschlossen, der von den Parlamenten noch ratifiziert werden muß. "Vom Geist der Vertragserfüllung beider Staaten wird es nun abhängen, wie rasch und harmonisch sich die Annäherung vollzieht und eine neue Gruppierung am Westrand des Pazifikbeckens entsteht".[2]

---

1) Vergl. Australisch-japanische Annäherungsbestrebungen (anonym), In: NZZ vom 3-6-1976, S.7
2) Grundvertrag zwischen Japan und Australien (anonym) In: NZZ, Zürich 18-6-1976, S.3

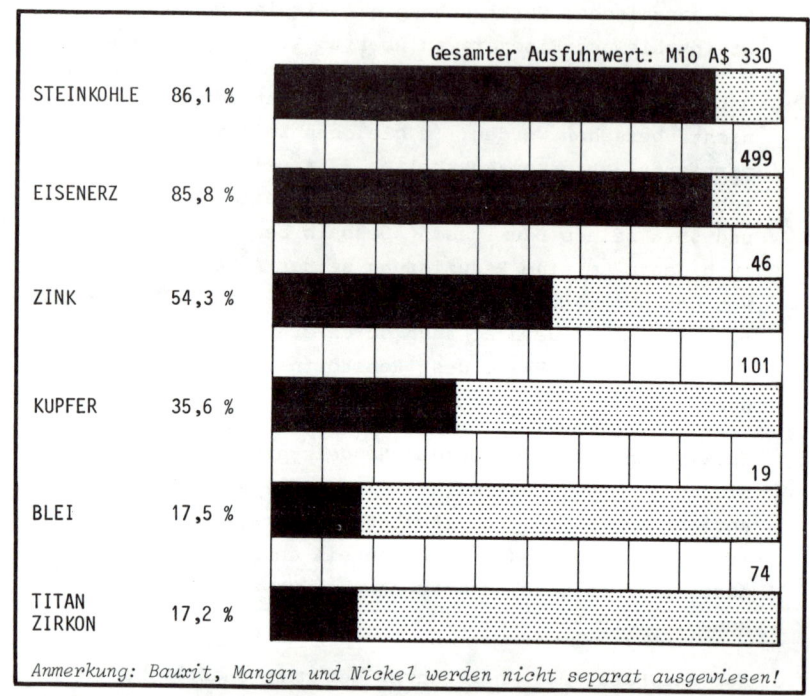

	Gesamter Ausfuhrwert: Mio A$ 330
STEINKOHLE	86,1 %
	499
EISENERZ	85,8 %
	46
ZINK	54,3 %
	101
KUPFER	35,6 %
	19
BLEI	17,5 %
	74
TITAN ZIRKON	17,2 %

Anmerkung: Bauxit, Mangan und Nickel werden nicht separat ausgewiesen!

Zahlenangaben nach: Australia Pattern of Trade 1973/74,
Department of Trade, Canberra 1975

ABB. 32 JAPANS ANTEIL AN AUSGEWÄHLTEN AUSTRALISCHEN MINERALEXPORTEN IM FISKALJAHR 1973/74

Die Vorteile der intensivierten Beziehungen zu
Japan werden zwar in Australien nicht unterschätzt,
doch Konjunkturschwankungen in Japan haben Rückwirkungen auf Australien, wie beispielsweise bei
der Rezession 1975/76, als Japan seine australischen
Rohstoffimporte teilweise drastisch kürzte. Außerdem
befürchtet man in Australien Verschiebungen in den
Machtverhältnissen des Fernen Ostens, in deren Folge
sich für Japan Versorgungsbasen in anderen Nachbargebieten - wie der Volksrepublik China oder Sibirien -
eröffnen könnten.

IV Die Konkurrenzfähigkeit australischer Eisenerze auf dem Weltmarkt

Die Entwicklung auf den Absatzmärkten zeigt eine insgesamt positive Tendenz. Es muß gefragt werden, ob
auch in weiterer Zukunft für die australischen Eisenerze Absatzchancen bestehen. Dabei gilt es nicht nur,
die künftigen Förderkapazitäten Australiens mit denen
der Konkurrenten auf dem Weltmarkt zu vergleichen,
sondern auch generell an die Zukunft von Eisen und
Stahl zu denken. Diese Überlegungen sind auch dafür entscheidend, ob der noch monostrukturierten
Pilbara-Region auf Dauer Überlebenschancen einzuräumen sind.

1 Erzvorräte, Erzqualitäten, Förderkapazitäten und Veredelung in Australien

Die Eisenerzvorräte allein der Pilbara-Region werden
auf insgesamt 32 Mrd t geschätzt. Im Jahre 1974
wurden rund 100 Mio t Erz gefördert. Selbst bei

einer kontinuierlichen Erhöhung der Förderleistung
- für das Jahr 2000 rechnet man mit 300 Mio t[1] -
kann man davon ausgehen, daß das Erzpotential
Australiens für die nächsten hundert Jahre ausreicht. Auch hinsichtlich der Ausweitung der Förderkapazitäten bestehen grundsätzlich - vor allem
technisch - keine Grenzen, wenn man die arbeitskräftemäßigen Probleme außerhalb dieser Betrachtung
läßt.

Auch die chemische und die physikalische Qualität
des Pilbara-Erzes gilt als 'zukunftssicher'. Durch
seine erstklassige Qualität kann es heute auf dem
Weltmarkt mit jedem anderen hochwertigen Eisenerz,
z.B. dem aus Brasilien, konkurrieren. Dies wird
auch von Fachleuten, die Eisenerze für die deutsche
Eisen- und Stahlindustrie einkaufen, bestätigt:[2]

- In seiner chemischen Zusammensetzung zeichnet
  sich das Pilbara-Erz durch seinen hohen Eisengehalt aus, und infolgedessen hat es auch einen
  geringen Anteil an von der Metallurgie nicht so
  sehr geschätzten Schlackenbildnern, wie Kieselsäure, Tonerde, Kalkstein und Magnesium. Darüberhinaus sind einige schädliche Bestandteile kaum
  vorhanden: das Pilbara-Erz hat in der Regel nur
  einen kleinen Anteil an Schwefel, Kupfer, Kadmium,
  Titan und Alkalien, vor allem ist es besonders
  phosphorarm. - Die steigende Nachfrage nach solchen
  Erzen wird durch die in Europa in Gang befindliche Umrüstung der Stahlwerkseinrichtungen auf
  phosphorarme Qualitäten begünstigt; demgegenüber

---

1) TPS, Canberra 1974, S.2/11
2) Gespräch mit Herrn Stattler vom Erzeinkaufskontor Ruhr
   in Essen am 2-8-1976

ergeben sich Nachteile für die phosphorreichen
Erze der gemäßigten Zonen, z.B. die Minette, und
die der nördlichen Breiten, z.B. die schwedischen
Erze.

- Auch hinsichtlich der physikalischen Beschaffenheit handelt es sich um leicht verhüttbare Stück- und Feinerze sowie Pellets. Aufgrund des geologischen Alters ist zwar die geringe Konsistenz des australischen Erzes hervorzuheben; dadurch weist es im Hochofen ein zu geringes Standvermögen während der Reduktion auf. Doch teilt es diese Eigenschaft mit allen Hämatiterzen gleicher geologischer Provenienz im äquatorialen Bereich, angefangen von Brasilien über Westafrika bis Indien.

- Ein gewisser Nachteil des Australerzes ergibt sich aus dem zu geringen Anteil von löslichem Wasser, der mit dem hohen geologischen Alter, aber auch mit der hohen Verdunstungsrate im Abbaugebiet zusammenhängt. Dieses trockene Erz neigt deshalb zu hoher Staubentwicklung, der man aber durch Wasserbesprühungsanlagen im Lade- und Löschhafen begegnen kann. Dafür enthält das Australerz aber einen hohen Anteil an chemisch gebundenem Wasser, dem Hydratwasser.

Auch für das aufkommende Direktreduktionsverfahren eignet sich das australische Eisenerz ausgezeichnet; Testversuche in deutschen Anlagen brachten sehr gute Ergebnisse.[1] Von australischer Seite ergeben sich deshalb gute Chancen für den Export von vorreduziertem Material. Aus diesem Grunde forciert man jetzt die Errichtung einzelner Direktreduktionsanlagen.

---

1) Vergl. Neuhaus,H.: Direktreduktion mit starkem Aufwärtstrend, In: Handelsblatt, Düsseldorf, 6-11-1975, S.30

2 Die Konkurrenz anderer Fördergebiete und das Kartell der eisenerzexportierenden Länder

Die Pilbara-Unternehmen Hamersley Iron und Mt Newman zählen zu den bedeutendsten Eisenerzbergbaugesellschaften in der Welt. Gemessen an den Förderleistungen im Jahre 1974 nehmen sie den dritten bzw. vierten Platz ein. Die Gesellschaft Mt Newman betreibt dabei die größte Eisenerzgrube der Welt, da sich die Förderleistungen der anderen Gesellschaften auf mehrere Gruben verteilen.

Tabelle 46 Rangliste der größten Eisenerzbergbau-Gesellschaften der Welt (ohne Sowjetunion und Volksrepublik China)

Rang	Bergbaugesellschaft	Abbaugebiete	Anzahl Gruben	Versand 1974 in Mio t
1	US Steel Corp.	Venezuela, USA, Kanada	4	53,7
2	CVRD	Brasilien	6	47,7
3	Hamersley Iron	Australien	2	32,1
4	Mt Newman	Australien	1	30,9
5	Hanna Mining Co	Kanada, USA	5	30,6
6	LKAB	Schweden	2	30,6
7	Pickands Mather Co	USA, Kanada, Australien	5	21,3
8	Marcona Corp	Peru, Austr. Neuseeland	3	19,6
9	Grangesberg Co	Liberia, Schwe.	3	16,1
10	SA des Mines de Fer	Mauretanien	1	11,4
11	BHP	Australien	3	11,1

Quelle: 1974 Iron Ore Shipments of Companies, in: Skillings' Mining Review, 14-6-1975, s.8-9

Fragt man nach möglichen Konkurrenten für australische Eisenerze, so soll hier vor allem Brasilien erwähnt werden, das nicht nur in die traditionellen Märkte Westeuropa und USA exportiert, sondern in zunehmendem Maße auch nach Japan. Die brasilianischen Vorkommen im Eisernen Viereck liegen zwar durchschnittlich 550 km landeinwärts, die Amazonas-Vorkommen sogar etwa 800 km, doch sind die Tiefwasserverhältnisse der Erzhäfen wesentlich günstiger. Der Hafen Tubarao konnte schon 1974 von 250.000-DWT-Schiffen angelaufen werden. Die Förderkapazitäten sollen folgendermaßen ausgeweitet werden: Im Jahre 1980 will man 165 Mio t und 1985 gar 223 Mio t Eisenerz fördern, von denen allerdings ca. 40 Mio t bzw. 70 Mio t für die expandierende brasilianische Stahlindustrie selbst benötigt werden. Die geplanten Erzfördermengen sind jedoch recht skeptisch zu bewerten, vor allem im Hinblick darauf, daß ein beträchtlicher Teil der Produktionsanlagen von der heimischen Industrie geliefert werden soll und damit große Terminschwierigkeiten zu erwarten sind.[1]

Inwieweit die internationale Konkurrenzsituation durch die Gründung der 'Association of Iron Ore Exporting Countries' (AIEC) nach dem Vorbild der OPEC beeinflußt wird, bleibt abzuwarten, da diese Organisation nach jahrelangen, vorbereitenden Verhandlungen erst Ende 1975 ihre Arbeit aufnahm.[2]

---

1) Vergl. Kohlhepp,G.: Junge Entwicklungen im Eisenerzbergbau und Eisenerzexport in Brasilien, In: Heidelberger Geographische Arbeiten, H.34, Heidelberg 1971, S.59ff; Schwier,U.: Bericht über die Realisierung neuer Eisenerzprojekte in Brasilien, In: 13. Sitzung Arbeitsgemeinschaft Exploration, Düsseldorf 1975, S.1ff; Gewaltige Expansionspläne der brasilianischen Stahlindustrie (anonym), In: NZZ, vom 24-3-76, S.11

2) Vergl. Nun auch Kartell der Erzexporteure (anonym), In: Handelsblatt, Düsseldorf 3-4-75, S.8; Neuer Anlauf für Eisenerz-Kartell (anonym), In: Handelsblatt, Düsseldorf 25-10-75

Bisher haben sich formell nur neun Staaten angeschlossen: Algerien, Australien, Peru, Tunesien, Venezuela, Sierra Leone, Chile, Mauretanien und Indien. Offiziell wird zwar ein Kartellcharakter verneint, doch wird gleichzeitig verlautbart, daß mit Hilfe der neuen Organisation bessere Handelsbedingungen und - scheinbar nebensächlich - höhere Erzpreise erreicht werden sollen.

"Mit dieser Art, Weltrohstoffpolitik zu treiben, richtet sich eine Konstellation der Länder ein, die der Welthandelspolitik der Vergangenheit entgegenläuft, in der die Verbraucherländer durch ihre Art Rohstoffpolitik bestimmten, wo welche Produkte zu ihrer Bedarfsdeckung zu gewinnen notwendig und wirtschaftlich sinnvoll war."[1]

Es ist allerdings nicht damit zu rechnen, daß der neue Interessenverband imstande sein wird, eine ähnliche Monopolstellung im Eisenerzexport wie die OPEC auf dem Welterdölmarkt zu erringen:
- die genannten neun Staaten waren zwar im Jahre 1974 zu etwa 45 % an den Eisenerzexporten beteiligt, doch wesentliche Erzexporteure wie Brasilien, Sowjetunion, Kanada, Schweden, Liberia und Frankreich gehören nicht dazu;
- an der Welt-Eisenerzförderung 1974 waren die AIEC-Mitglieder nur zu 22,5 % beteiligt;
- die Eisenerzlagerstätten sind zu weit gestreut und die Lebensdauer der Vorräte zu groß;
- nur 30 % der Vorräte liegen in Entwicklungsländern;
- aus der unterschiedlichen Stellung der Erzländer in den politischen Lagern der Weltpolitik ergibt sich eine mangelnde Geschlossenheit in der Verhandlungsführung.[2]

---

[1] Otremba,E.: Die Güterproduktion im Weltwirtschaftsraum, In: Lütgens,R.: Erde und Weltwirtschaft,Bd.2/3,Stgt 1976, S.251

[2] Selbst das relativ einfach strukturierte 'Kupfer-Kartell', dem die fünf wichtigsten Kupferexportländer geschlossen angehören, platzte 1976. Man konnte sich nicht auf eine einheitliche Drosselung der Kupferproduktion einigen, um das Angebot künstlich zu verringern. Vergl. Das Kupfer-Kartell ist geplatzt (anonym), In: Handelsblatt Düsseldorf vom 15-6-76, S.7

Es ist nicht bekannt, ob die Absicht besteht, die Mitglieder der Exportorganisation zu einer Einschränkung ihrer Eisenerzförderung zu veranlassen, um mit Hilfe einer solchen Angebotsverringerung die Preise möglichst hoch zu halten. Der Nicht-Beitritt Brasiliens hat dabei sicherlich mit den ehrgeizigen Ausbauplänen zu tun. Auch Australien dürfte sich deswegen an solchen Abmachungen nicht beteiligen. Australien ist - nach offizieller Verlautbarung - der AIEC beigetreten, um "auf die Mitglieder der AIEC mäßigend einzuwirken."[1]

Gleichwohl scheint die Gründung der AIEC, die angeblich keine Preisabreden treffen will, schon Wirkungen zu zeigen. Die Stahlindustrien Europas und Japans, die zur Deckung ihres Rohstoffbedarfs auf Erzimporte angewiesen sind, bekamen sie bereits zu spüren: Die jahrelang stabilen Erzpreise erhöhten sich in den Jahren 1974 und 1975 um insgesamt 80 %![2]

3 Künftiger Stahlverbrauch und Substitutionskonkurrenz

Schließlich soll noch auf zwei allgemeine Gefahren hingewiesen werden, die den Erzabsatz beeinträchtigen könnten: einmal das Stagnieren des Stahlverbrauchs in der Welt, zum anderen - bei steigendem Verbrauch - das Aufkommen neuer Kunststoffprodukte und anderer Substitute, die auf dem Wege der Substitutionskonkurrenz Eisen und Stahl verdrängen.

Der zukünftige Stahlbedarf der Welt ist sehr von Wachstum und Strukturwandel der einzelnen Volkswirtschaften

---

1) Australische Botschaft (ed.): Australischer Informationsdienst, Bonn-Bad Godesberg 18-11-75, S.9
2) Vergl. Herchenröder, K.K.: Poker um Erzpreise, In: Handelsblatt, Düsseldorf 15-3-76, S.14

abhängig. "Es gibt bisher noch keine befriedigende
'allgemeine Theorie des Stahlverbrauchs der Welt' in
mittel- und langfristiger Sicht."[1] Der Zusammenhang
zwischen Stahlverbrauch und seinen verschiedenen Einflußgrößen beschränkt sich deshalb in dieser Betrachtung auf den 'Stahlverbrauch pro Kopf der Bevölkerung'.

Weltweit ist in den letzten Jahren nur ein langsames
Ansteigen des Durchschnittsverbrauchs bis auf 181 kg
pro Kopf der Bevölkerung im Jahre 1974 zu registrieren
gewesen. Der Verbrauch in hochindustrialisierten Ländern dagegen liegt über 400 kg pro Kopf. Mit über
650 kg pro Kopf haben Schweden, die USA, Japan, die
Bundesrepublik Deutschland und Kanada ein Verbrauchsniveau in der Nähe des Sättingspunktes erreicht.[2]

Das sehr niedrige Niveau der Entwicklungsländer läßt
jedoch für den weiteren Trend des Weltstahlverbrauchs
eine optimistische Prognose zu. Denn je mehr die
'Dritte Welt' der Industrialisierung entgegengeführt
wird, um so höher wird ihr Stahlverbrauch. Für Australien bietet sich damit eine recht günstige Perspektive,
zumal einige dieser Entwicklungsländer - wie die Länder Südostasiens und Indonesien - in der Nähe liegen.
Vor allem dürfte der Stahlverbrauch der Volksrepublik
China wachsen, der 1974 nur bei 35 kg pro Kopf lag.

Entsprechend der voraussichtlichen Entwicklung des
Stahlverbrauchs auf der Erde hat das Internationale
Eisen- und Stahlinstitut IISI für 1980 die Welt-Rohstahlproduktion auf 950 Mio t und für 1985 auf 1100 Mio t
geschätzt; dabei wird ein Welt-Eisenerz-Bedarf von
1,1 Mrd t bzw. 1,4 Mrd t angenommen.[3]

---

1) Kamphausen,D.: Bedarfsprognosen für Metallverbrauch - am Beispiel des Stahlmarktes, In: Gocht,W.(ed.): Handbuch der Metallmärkte, Berlin 1974, S.30
2) Vergl. Kamphausen,D.: wie oben, S.32
3) Vergl. Baker,C.B.: The World Steel Scene 1975 to 1980, In: International Iron and Steel Institute, Steel International '75, London 1975, S.9

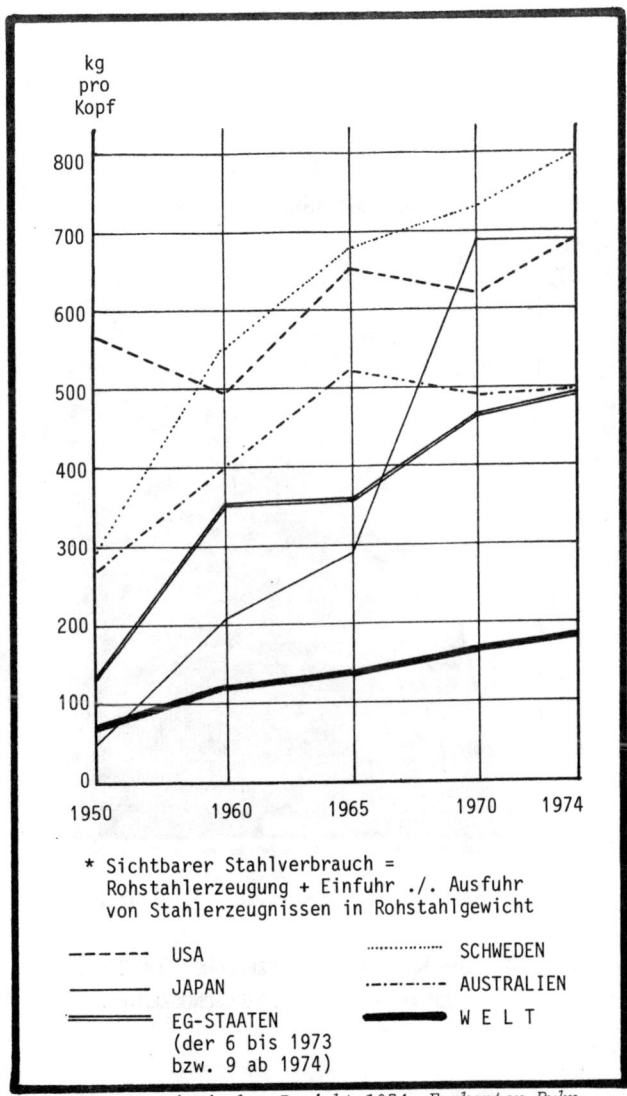

* Sichtbarer Stahlverbrauch =
   Rohstahlerzeugung + Einfuhr ./. Ausfuhr
   von Stahlerzeugnissen in Rohstahlgewicht

- - - - - - USA
─────── JAPAN
═══════ EG-STAATEN
(der 6 bis 1973
bzw. 9 ab 1974)
·············· SCHWEDEN
─·─·─·─ AUSTRALIEN
━━━━━━ W E L T

Quelle: Statistischer Bericht 1974, Erzkontor Ruhr, Essen 1975, S. 75f

ABB. 33 ENTWICKLUNG DES STAHLVERBRAUCHS* IN AUSGEWÄHLTEN LÄNDERN SEIT 1950

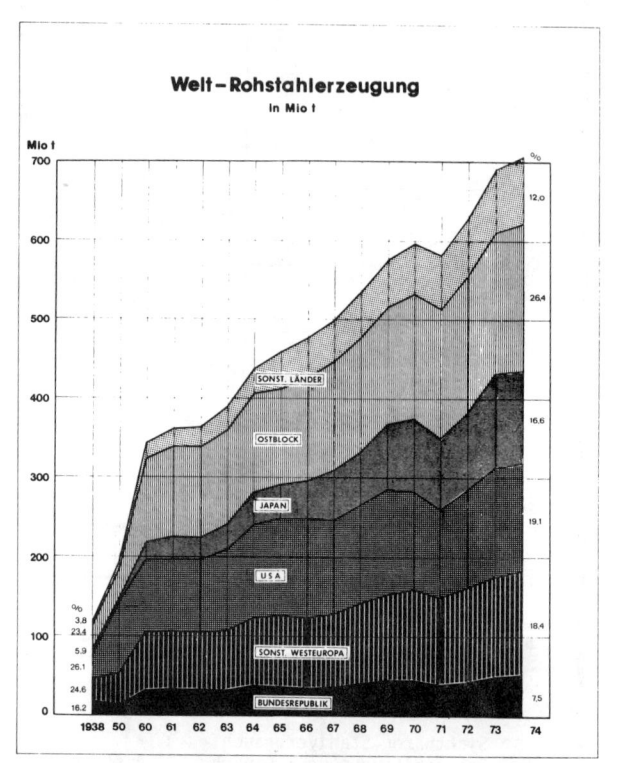

Quelle: *Statistischer Bericht 1974, Erzkontor Ruhr Essen*

ABB. 34   DIE WELT-ROHSTAHLERZEUGUNG 1938 BIS 1974
NACH AUSGEWÄHLTEN ERZEUGUNGSZENTREN

Die Gefahr der Substitutionskonkurrenz ist im Zeitalter der 'Wissensexplosion' nie auszuschließen. Jüngere Untersuchungen[1] kommen jedoch zu dem Schluß, daß im Gegensatz zur Kohle, die vom Erdöl, dem Erdgas und der Atomenergie bedrängt wird, bei Eisen und Stahl keine ernsthaften Substitutionsprodukte in Aussicht stehen. Zwar wird im Konsumgüterbereich statt Eisen und Stahl vielfach Kunststoff verwendet. In diesem Bereich wird Eisen jedoch zunehmend auch durch andere Werkstoffe wie Porzellan, Holz oder Papier ersetzt. In der Investitionsgüterindustrie dagegen und in den großen Bereichen der Bau- und Verkehrswirtschaft ist zur Stunde noch kein Erzeugnis bekannt, das Stahl und Eisen vollwertig ersetzen könnte.[2]

Im Gegenteil: "Der technologische Fortschritt in der Stahlherstellung und Stahlverarbeitung während der letzten zehn Jahre hat die Konkurrenzsituation für den Werkstoff Stahl wesentlich verbessert... Unter Rentabilitätskriterien werden auch selbst in der Vergangenheit erfolgte Materialsubstitutionen reversibel, wie sie auf dem Sektor Getränkedosen zwischen Aluminium und Stahl schon erfolgen und auf Grund der höheren Ölpreise zwischen Plastik- und Stahlprodukten zukünftig denkbar erscheinen."[3]

---

1) Vergl. Kamphausen,D.: Bedarfsprognosen für Metallverbrauch - am Beispiel des Stahlmarktes, S.30-35; Kamphausen,D. und Walther,H.W.: Kapitel 'Eisen', S.36-68; beide Kapitel in: Gocht,W.(ed.): Handbuch der Metallmärkte, Berlin 1974

2) Vergl. auch Franzke,L.: Die Zukunft der Kunststoffe, In: Handelsblatt, Düsseldorf 7-10-75, S.22; vergl. auch Otremba,E.: Die Güterproduktion im Weltwirtschaftsraum, In: Lütgens,R.: Erde und Weltwirtschaft, Bd.2/3, S.251

3) Kamphausen,D.: Bedarfsprognosen für Metallverbrauch am Beispiel des Stahlmarktes, In: Gocht,W.(ed.): Handbuch der Metallmärkte, Berlin 1974, S.35

ABB. 35 **Eisenerzvorräte der Welt**
Stand 1975

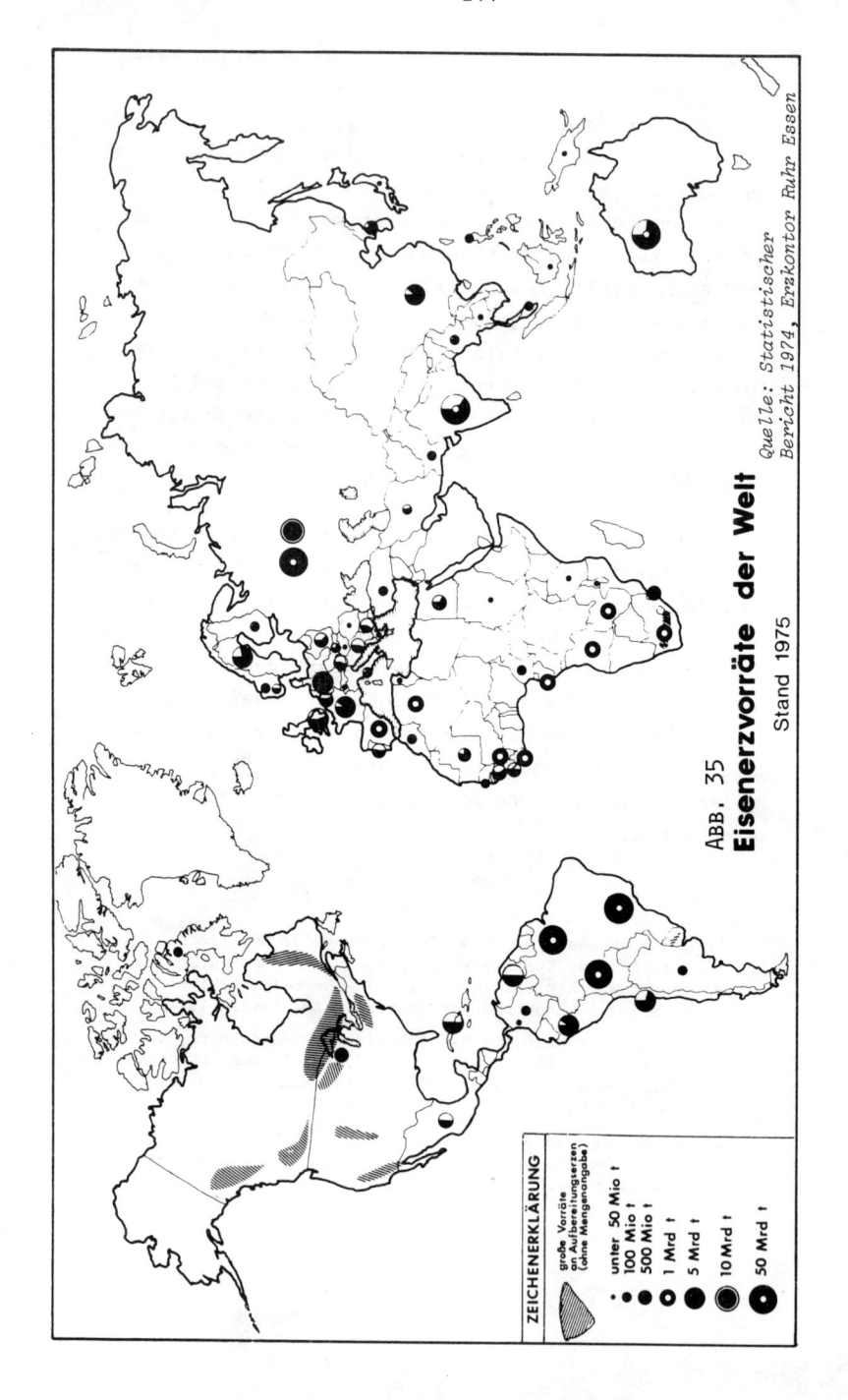

Quelle: Statistischer Bericht 1974, Erzkontor Ruhr Essen

SCHLUSS

VERLAGERUNG DER EISENERZFÖRDERUNG IN PERIPHERE ROHSTOFFRÄUME

In den vergangenen Jahren hat die steigende Nachfrage nach Eisenerzen und die Erschöpfung der traditionellen Lagerstätten zu einer weitgehenden Verlagerung der Erzeugergebiete geführt. Hierfür sind aber auch wachsende Anforderungen an die chemische und physikalische Beschaffenheit der Erze verantwortlich zu machen.

Steigende Personal- und Energiekosten lassen die Verarbeitung der in der Nähe abgebauten Erze mit einem zu geringen Eisengehalt oder mit störenden Beimengungen immer unrentabler erscheinen. Andererseits konnten durch den Bau größerer Schiffe die Frachtkosten für überseeische Erze mit hohem Eisengehalt erheblich gesenkt werden.

So gewinnen für die alten Industrieländer, die selbst nur über eisenarme Erzvorräte verfügen, die qualitativ hochwertigen Erze in den peripheren Rohstoffräumen eine zunehmende Bedeutung. Nach der ersten Phase des Eisenerzbergbaus, die durch den Abbau hochwertiger Erze in unmittelbarer Nähe der Eisenhütten gekennzeichnet war, und der zweiten Phase, während der die heimischen eisenarmen Erze abgebaut wurden, hat mit dem Abbau hochwertiger Erze in Übersee und dem Transport dieser Erze in die Industrieländer nun die dritte Phase der Eisenerzwirtschaft begonnen.

Die Verteilung der Weltvorräte an Eisenerz nach dem Stand von 1975 zeigt Abbildung 35. Beachtlich sind vor allem die Vorräte der Sowjetunion, Indiens, Südamerikas und Australiens. Die afrikanischen Reserven sind der Menge nach geringer, sie bestehen aber aus

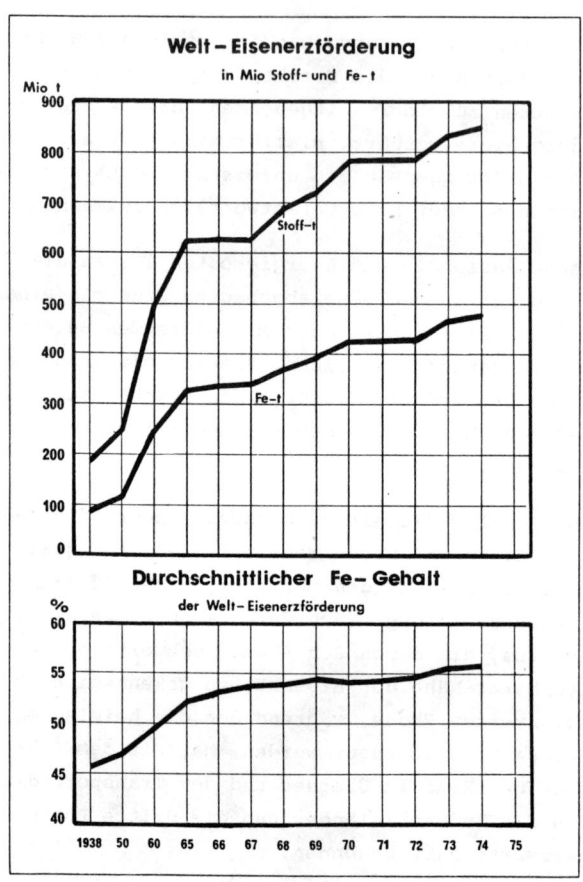

Quelle: Statistischer Bericht 1974,
Erzkontor Ruhr, Essen 1975, S. 26

ABB. 36   WELT-EISENERZFÖRDERUNG 1938 BIS 1974

sehr hochwertigen Erzen. Das gleiche gilt für die Vorkommen im skandinavischen Raum. Auf dem europäischen Festland und in Großbritannien sind dagegen die Erze von niedrigem Eisengehalt. In den USA gehen die Reicherzvorräte zur Neige. An ihre Stelle tritt die Aufbereitung der Taconite, besonders aber die Nutzbarmachung der kanadischen Vorkommen, die wegen des Fehlens der genauen Mengenschätzung in der Abbildung als schraffierte Fläche angegeben sind.[1]

Von 1950 bis 1974 stieg die Eisenerzförderung in der Welt um über 250 % auf rund 853 Mio t, die einer Reineisenmenge von 475 Mio t entsprechen. Die Höhe des Eisengehalts zeigt dabei, in welchem Umfang es in den letzten Jahren gleichzeitig gelang, höherwertige Erze zu fördern. Im Durchschnitt liegt heute der Eisengehalt der Erzförderung in der Welt bei fast 56 %, in den überseeischen Gruben sogar bei über 60 %, in europäischen Gruben dagegen unter der Durchschnittsmarke.

Die Erschließung der bis zum Zweiten Weltkrieg noch weitgehend uninteressanten und unbekannten Lagerstätten, beispielsweise in Afrika, Südamerika, Asien und Australien, hat schnelle Fortschritte gemacht. Dies liegt einmal an der Entdeckung großer Rohstoffvorräte, zum anderen aber auch an der Einbeziehung dieser Räume in das gesamte wirtschaftliche Weltgeschehen und das durch die modernen Nachrichten- und Verkehrsmittel bedingte Zusammenrücken der geographischen Räume.

Diese Tendenz verdeutlicht Abbildung 37. Verglichen mit anderen Erdteilen ist die europäische Erzförderung seit 1938 sehr zurückgegangen. Dagegen schieben sich die Fördergebiete von Afrika, Südamerika und jüngst Australien in den Vordergrund.

---

1) Vergl.Stroux,W.: Der Welteisenerzmarkt und die Versorgung der Stahlindustrie, In: Stahl und Eisen, Düsseldorf 1969, S.1414ff

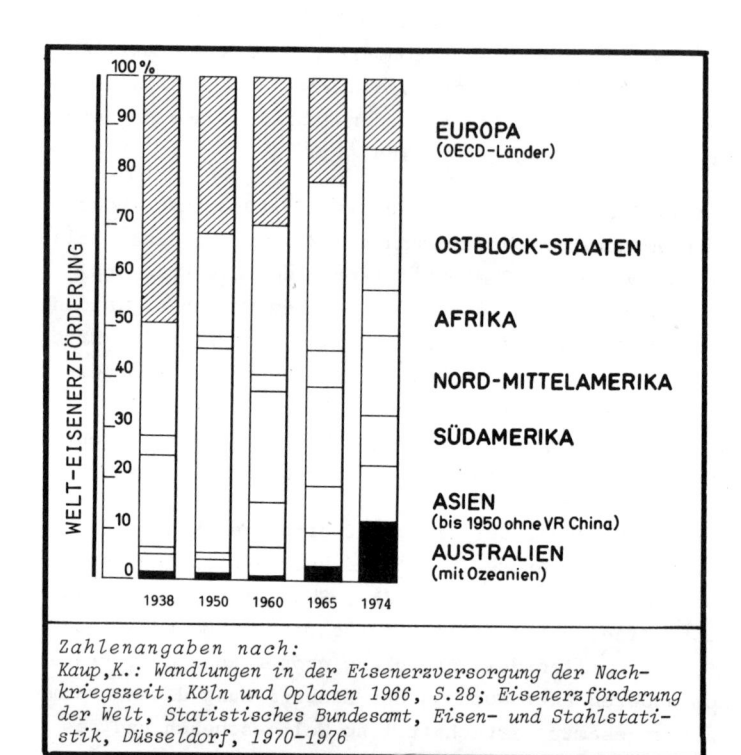

Zahlenangaben nach:
Kaup, K.: Wandlungen in der Eisenerzversorgung der Nachkriegszeit, Köln und Opladen 1966, S.28; Eisenerzförderung der Welt, Statistisches Bundesamt, Eisen- und Stahlstatistik, Düsseldorf, 1970-1976

ABB. 37   DIE VERLAGERUNG DER EISENERZFÖRDERUNG IN DIE PERIPHEREN ROHSTOFFRÄUME SEIT 1938

VERZEICHNIS DER QUELLEN

Allen,J.M.: The geographical feasibility of the Establishment of a second Australian Steel industry supplying the domestic market from a convential integrated work, Ph.D.Theses, University of Sydney 1971

ANZ Quarterly review, Australia and New Zealand Banking Group Ltd., Melbourne 1974-1976

Appleyard,R.T.: A Decade of Growth in the West, In: Bank of New South Wales Review, July 1974, Sydney, S.13-18

Atempause für Japans Stahlindustrie (anonym), In: NZZ, Zürich 3-7-75, S.5

Atlas of Australian Resources 2nd series, Department of National Development (ed); Canberra 1970f

Australian Handbook 1975, Australian Information Service Publication, Canberra 1975

Australian Bureau of Statistics (ed): Official Year Book of Australia 1965-1974, Canberra 1966-1975

Australian Bureau of Statistics West Australian Office (ed): Abstract of Statistics of Local Government Area Perth 1974

- Population, Dwellings and Vital Statistics 1971 und 1974, Mimeographed publication, Perth 1975

- Mineral Exploration 1973-1974, Mimeographed publications, Perth 1975

- Western Australian Year Book 1972-1975, Perth 1972-1975

- Demography 1973, Statistics of WA, Perth 1975

Australiens Wirtschaft in der Streikzange (anonym), In: Handelsblatt, Düsseldorf 9-7-1976, S.8

Australische Botschaft (ed): Australischer Informationsdienst, Bonn - Bad Godesberg 18-11-1975, S.9

Australisch-japanische Annäherungsbestrebungen (anonym), In: NZZ vom 3-6-1976, S.7

Australisches Eisenerz für europäische Stahlwerke (anonym), In: Industriekurier vom 17-2-1970, Düsseldorf, S.3

Baade,F.: Dynamische Weltwirtschaft, München 1969

Baade,F.: Aus der Eisenindustrie Australiens, In: Stahl und
    Eisen, H.21, Düsseldorf 1928, S.709f

Baker,C.B.: The World Steel Scene 1975-1980, In: International
    Iron and Steel Institute, Steel International '75,
    London 1975, S.8

Bambrick,Susan: The Australian Steel Industry - A time for
    reappraisal?, In: ANU Resources Policy Series No.6,
    Canberra 1973

- The Economic Background of Australian Mining, In:
    ANZAAS Search, Vol.5, No.1-2, Sydney 1974, S.17-23

- Critical look at our giant steel maker, In: The Steel
    Industry, Special survey published by the Austr.Fin.Rev.,
    Sydney 6-3-1975, S.2ff

- Mineral Processing in Australia - What price Resources
    Diplomacy, In: Fourth Conference of Economic Papers,
    Canberra 1974, S.1-12

- The Changing Relationship - The Australian Government and
    the Mining Industry, CEDA M.Series No.42, Melbourne 1975

Bank of New South Wales Review, Quarterly, Sydney 1974-1976

Bassler,F.: Das Kattara-Projekt, In: NZZ, Zürich 24-2-1976, S.27

Behrsing,B.: Canberra plant den Uran-Boom - Australien sieht
    sich als künftiger Hauptlieferant der Welt, In: Handelsblatt,
    Düsseldorf 31-3-1976, S.11

- Die Rohstoffkarte zeigt nur wenige weiße Flecke -
    Austaliens Mineralienreichtum, In: Handelsblatt, Düsseldorf
    24-9-1974, S.19

BHP testing underground mine possibility (anonym), In: BHP News
    Review, Melbourne September 1975, S.1

Biehl,M.: Dynamisches Japan, Frankfurt 1975

Blainey,G.N.: The Rush That Never Ended - A History of Australian
    Mining, Melbourne 1969²

- The Tyranny of Distance, Melbourne 1966

- The Rise of Broken Hill, Melbourne 1968

- Mining - And Undermining, In: The Economic record, Vol.45,
    Dec.1969, S.607-615

- The Steel Master, Melbourne 1971

Blainey,G.N.: The Cargo Cult in Mineral Policy, In:
   Economic record, Vol.44, Dec.1968, Melbourne, S.470-479

Boesch,H.: Weltwirtschaftsgeographie, Braunschweig 1969²

- 'Region als Instrument der Politik', In: Der Wirtschafts-
  raum - Beiträge zur Methode und Anwendung eines geographischen
  Forschungsansatzes, Festschrift Otremba 65. Geburtstag,
  In: Beihefte Geogr. Zeitschrift, H.41, Wiesbaden 1975,
  S.269-277

Brandi,H.T.: Überlegungen zum Standort von Hüttenwerksanlagen
   im außereuropäischen Ausland, In: Stahl und Eisen, H.12,
   Düsseldorf 1973, S.541-546

Brealey,T.B.: Living in remote Communities in tropical Australia,
   I, Exploratory Study, CSIRO, Division of Building Research,
   Melbourne 1972

- Mining Towns are for People, In: ANZAAS Search, Vol.5, No.1-2,
  Sydney 1974, S.54-59

Bridges,R.: From Silver to Steel - The Romance of the BHP,
   Melbourne 1920

Brüning,K., Frenzel,K.: Australien, Neuseeland, Ozeanien, Polar-
   gebiete, Weltmeere, In: Harms Erdkunde Band VII, München 1974

Bureau of Meteorology (ed): Climatic Survey Northwest, Region 6
   Western Australia, Canberra 1972

Bureau of Mineral Resources, Geology and Geophysics (ed):
   Australian Mineral Industry Review 1971-1974, Canberra
   1972-1975

- Australian Mineral Industry Quarterly Review 1972-1975,
  Canberra

Byrne,J.: BHP shelves WA steel plans, In: Austr.Fin.Rev.,
   Sydney 25-2-1976, S.7

Campana,B.: Stratigraphic-Structural-Paleoclimatic Controls of
   the Newly Discovered Iron Ore Deposits of Western Australia,
   In: Mineralium Disposita 1966, S.53-59

Canberra bremst Stahlimporte (anonym), Handelsblatt, Düsseldorf
   23-7-1976, S.9

Carter,J.: Australia's Rising Northwest - The New Frontier,
   Sydney 1971

Chinas Reichtum an Bodenschätzen (anonym), In: NZZ, Zürich
   10-6-1976, S.17

Coghill,I.: Australia's Mineral Wealth, Melbourne 1972²

Court,C.: Iron Ore Policy in Australia, Address to the Tenth Annual Congress of the Latin American Iron and Steel Institute Caracas, Venezuela, 11-8-1970

- Pilbara Prospects in the 1970's, Symposium on Northern Development, University of Western Australia, Perth 1968

Crowley,F.K., De Garis,B.K.: A short history of Western Australia, Melbourne 1971

- Australia's Western Third, London 1960

Davidson,B.R.: The Northern Myth, Adelaide 1965

Davidson,F.G.: The Industrialization of Australia, Melbourne 1969

Davidson, Jan: Recovery likely to be slow, In: The Financial Times Survey, Australia, London 8-9-1976, S.16

Dahlke,J.: Der Westaustralische Wirtschaftsraum - Möglichkeiten und Probleme seiner Entwicklung unter dem Einfluß von Bergbau und Industrie - Bericht einer Reise von 1973, In: Aachener Geogr. Arbeiten, H.7, Wiesbaden 1975

- Die Rolle des Bergbaus bei der Ausweitung des westaustralischen Siedlungsraumes, In: Geogr. Rundschau, H.9, Braunschweig 1974, S.337-343

- Beitrag 'Australien', In: Uhlig,H. (ed), Fischer Länderkunde, Südostasien-Austral-pazifischer Raum, Bd.3, Frankfurt 1975, S.385-418

Das Kupfer-Kartell ist geplatzt (anonym), In: Handelsblatt, Düsseldorf 15-6-1976, S.7

Department of Industrial Development (ed): Activity of Iron Ore Companies in Western Australia, Perth 1975, 11 S.

Die Pipeline kann auch Feststoffe befördern (anonym), In: Handelsblatt, Düsseldorf 1-9-1976, S.22

Dew,J.: Our Iron Ore - Now and in the Future, In: Australian Mining, Sydney 15-2-1966, S.11

Donath,E.J.: Changes in the Direction and Composition of Australia's Overseas Trade, In: Commercial Bank of Australia, Economic Review February 1976, S.8-11

Dolman,K.H., Ellson,I.G.: Planning and Design Considerations for Shay Gap Township, In: A.I.M.M. Conference, Western Australia, May 1973, S.237-245

Dorstewitz,G, Friedensburg,F.: Die Bergwirtschaft der Erde, Stuttgart 1976^7

Erzversorgung der deutschen Eisen- und Stahlindustrie (anonym), In: Stahl und Eisen, H.10, Düsseldorf 1976, S.512-513

Evoy,E.: Iron Ore Deposits of Australia, New Zealand and New Caledonia, In: Survey of World Iron Ore Resources - Occurence and Appraisal, United Nations, New York 1970, S.207-236

Export Diversification (anonym), In: Bank of New South Wales Review, Sydney März 1975, S.3-11

Fehling,L.: Entwicklung und Standortprobleme des Eisenerzbergbaus in West-Australien, Staatsarbeit Köln 1970, unveröffentlicht

Franzke,L.: Die Zukunft der Kunststoffe, In: Handelsblatt, Düsseldorf 7-10-1975, S.22

Friedensburg,F.: Bergwirtschaft der Erde, Stuttgart 1965^6, 1976^7

- Die Entwicklung der Bergwirtschaft der Welt in den letzten hundert Jahren, In: Glückauf, H.1, Essen 1965, S.63-77

- Die multiplikatorische Wirkung von Bergbauunternehmen in unterentwickelten Gebieten, In: Aktuelle Probleme Geogr. Forschung, Abhandlungen des 1. Geogr. Inst. d. FU Berlin, Bd.13, S.213-218, Berlin 1970

Geological Survey of Western Australia (ed): Iron in Western Australia, Information Pamphlet No.4, Perth 1966, 20 S.

Geplante Steigerung der chinesischen Stahlproduktion (anonym), In: NZZ, Zürich 8-1-1976, S.11

Gewaltige Expansionspläne der brasilianischen Stahlindustrie (anonym), In: NZZ, Zürich 24-3-1976, S.11

Giesen,K. (ed): Erschließung von Eisenerzlagerstätten, In: Vortragsveröffentlichungen Haus der Technik Essen, H.50, Essen 1965

Glatzel,G.: Betriebliche Entwicklungen im Eisenerzbergbau, In: Erzmetall, H.10+11, Stuttgart 1966, S.497-503, S.555-560

- Entwicklungen im Erzbergbau Australiens, In: Stahl und Eisen, Düsseldorf 1969, S.981-988

Gloe,R.: Die Industrialisierung Australiens, Diss. Kiel 1939

Gocht,W. (ed): Handbuch der Metallmärkte, Berlin 1974

Gorham,E.R.: Developing the North West, In: 45th ANZAAS
   Congress, Sect.5, Perth 1973, S.1-7

Graham,D.: Pilbara - an iron curtain hides the problems of
   money and loneliness, In: National Times, Sydney 18-3-1974,
   S.3

Griffith,A.: Iron in Western Australia: Information Pamphlet
   No.4, Mines Department Geological Survey, Perth 1966, S.1-20

Grubbe,P.: Der vergessene Kontinent, Hamburg 1967

Grünes Licht für den Hafenausbau in Nordaustralien (anonym),
   In: Die Welt vom 25-3-1969, Hamburg, S.22

Grundvertrag zwischen Japan und Australien (anonym), In: NZZ,
   Zürich 18-6-1976, S.3

Günthardt,W., Metzler,E.: Australien - Emanzipation des Fünften
   Kontinents, Zürich 1974

Hancock,L.: The Pilbara Iron Story, In: Australian Mining,
   Sydney 15-4-1966, S.31-33

- Nuclear Mining in the Pilbara, Address to ANZAAS Conference,
   Perth 1973, S.21-31

Hardy,J.G.: Australiens Stahlriese greift nach dem Erdöl,
   In: Blick durch die Wirtschaft, Frankfurt 24-5-1976

Hargraves,A.: Mineral Holdings available for Prospecting and
   Explorations, In: 8th Min.Met.Congr., Vol.2, Melbourne
   1965, S.12-18

Harnickel,P.: Die Eisen- und Stahlindustrie in Australien, In:
   Stahl und Eisen, Düsseldorf 1958, S.1094-1095

Hashimoto,U.: Die Eisen- und Stahlindustrie in Japan, In: Arbeitsgemeinschaft
   für Forschung des Landes NRW, H.178,
   Köln und Opladen 1968

Henderson,A.G.: Royalties and the confiscation of economic rent
   in Australian Mining, In: ANU Resources Policy Series No.5,
   Canberra 1972

Hennies,J.: Hochöfen aus Übersee versorgt, In: Handelsblatt,
   Düsseldorf 24-5-1976, S.IX-X

Herchenröder,K.: Mehr Eisenerz aus Labrador für deutsche Hüttenwerke,
   In: Handelsblatt, Düsseldorf 7-8-1970, S.4

- Poker um Erzpreise, In: Handelsblatt, Düsseldorf 15-3-1976,
   S.14

Hertle,F.: Standortprobleme der amerikanischen Eisen- und
    Stahlindustrie, Tübingen 1959

Hill,R.: Wirtschaftlicher Nationalismus in Australien, In:
    Monatsblätter für Freiheitliche Wirtschaftspolitik, H.8
    Frankfurt 1974, S.482-486

Hiller,J.E.: Die mineralischen Rohstoffe, Stuttgart 1962

Hirai,T.: Export nach Europa muß zurückgehen, Interview in:
    Wirtschaftswoche, Düsseldorf 16-1-1976, S.39

Hogan,W.T.: Iron and Steel - US output off slightly in 1974
    from record highs of 1973, In: Engineering & Mining Journal,
    March 1975, New York, S.207f

Holsman and Grawford: Air Transport Growth in Under-Developed
    Regions, In: Australian Geographer, Vol.13, No.2, Sydney
    1975, S.79-90

Hounham,C.E.: Climate and air-conditioning requirements in
    sparcely occupied areas of Australia, In: Building
    Climatology, Technical Note No.109, 1970

Howroyd,L.H.: Population of the North West of Western Australia,
    In: ANZAAS 45th Congress, Sect.5, Perth 1973, S.9-12

Hughes,H.: The Australian Iron and Steel Industry, Melbourne 1964

Industrial Review and Mining Year Book of Australia 1973,
    Perth 1973; 1974, Perth 1974

Innes,J.A., Wood,P.N.: The Economics of Processing Pilbara
    Iron Ore, In: Australian Mining, Sydney April 1972

Iron Ore in Australia (anonym), A Special Minerals Week Survey,
    Canberra 1967

Ippen,P.: Wirtschaftslehre des Bergbaus, Wien 1957

Janković,S.: Wirtschaftsgeologie der Erze, Wien 1967

Jobson's Mining Year Book 1972, Sydney 1972

Jones,F.R.: Iron Ore - Demand Never Stronger was Harder to Meet,
    In: Canad.min.metallurg.Bull., Ottawa, March 1975, S.116-119

Jüngst,P.: Siedlungen des Erzbergbaus in den Kanadischen
    Kordilleren, In: C.Schott (ed), Beiträge zur Kulturgeographie
    von Kanada, Marburger Geogr. Schriften, H.50, Marburg 1971,
    S.151-188

-   Erzbergbau in den Kanadischen Kordilleren, Marburger Geogr.
    Schriften, H.57, Marburg 1973

Kalix,Z., Fraser,L.M, Rawson,R.J.: Australian Mineral
    Industry, Production and Trade 1842-1964, Canberra 1966

Kalla,U., Steffen,R.: Gegenwärtiger Stand und Entwicklung der
    Direktreduktionsverfahren, In: Stahl und Eisen, H.14,
    Düsseldorf 1976, S.645-651

Kamphausen,D.: Bedarfsprognosen für Metallverbrauch - Am Bei-
    spiel des Stahlmarktes, In: Gocht,W. (ed), Handbuch der
    Metallmärkte, Berlin 1974, S.30-35

Kamphausen,D., Walther,H.W.: Eisen, In: Gocht,W. (ed), Handbuch
    der Metallmärkte, Berlin 1974, S.36-68

Kaup,K.: Wandlungen in der Eisenerzversorgung der Nachkriegszeit,
    In: Arbeitsgemeinschaft für Forschung des Landes NRW, H.156,
    Köln und Opladen 1966, S.7-42

- Zur Frage der langfristigen Rohstoffsicherung der deutschen
    Stahlindustrie, In: Erzmetall, Stuttgart 1972, S.354-362

- Einige Probleme der Rohstoffversorgung, In: Stahl und Eisen,
    H.25, Düsseldorf 1971, S.1428-1437

Kerr,A.: Australia's North-West, Perth 1967, Perth 1975^2

Kohlhepp,G.: Junge Entwicklungen im Eisenerzbergbau und Eisen-
    erzexport in Brasilien, In: Gottfried Pfeifer 70. Geburts-
    tag, Heidelberger Geogr. Arbeiten, H.34, Heidelberg 1971

LaBerge,G.: Altered Pyroclastic Rocks in Iron-Formation in the
    Hamersley-Range of Western Australia, In: Economic Geology,
    1966, S.147-161

Lachica,E.: The strike weapon loses its edge, In: The Financial
    Times Survey "Australia", London 8-9-1976, S.18

Landis,P.H.: Three Iron Mining Towns - A study in Cultural Change,
    Michigan 1938, Reprint in "The Rise of Urban America",
    New York 1970

Learmonth,N. and A.: Regional Landscapes of Australia - Form,
    Function and Change, Sydney-London 1971

Le minerai de fer une industrie qui se développe en Australie,
    In: Industrie minérale, H.2, Paris 1975, S.72-76

Lohe,E.: Neue Planungen im Eisenerzbergbau Australiens, In:
    Stahl und Eisen, H.7, Düsseldorf 1966, S.393-398

Lüdemann,E.: Die wachsende Bedeutung des Bergbaus in Australien
    für das kapitalistische Weltwirtschaftssystem, In: Zeit-
    schrift für den Erdkundeunterricht, H.3, Berlin 1973, S.81-91

Lyons,L: Great Western Australian Iron Ore Boom, In: World
    Mining, Sept. 1966, S.41-67

Madigan,R.T.: Mineral Prospects in the Pilbara in the 1970's,
    In: Growth No.19, Melbourne 1971

Marshall,A.: Iron Age in the Pilbara, In: The Australian
    Geographer, H.5, Sydney March 1968, S.415-420

Mc Ilwraith,J.: Mining Companies prepare to step up search -
    for labour, In: Australian Financial Review, Sydney 6-8-1974

Mc Leod,W.N., Halligan,R.: Iron Ore deposits of the Hamersley
    Iron Province, In: 8th Commonwealth Mining and Metallurgical
    Congress, Vol.1, Melbourne 1965, S.118-125

Mc Leod,W.N.: Banded Iron Formations of Western Australia, In:
    8th Mining and Metallurgical Congress, Vol.1, Melbourne 1965,
    S.132-137

Mc Queen Potter,D.: Iron Ore? How long?, In: Austr.Fin.Rev.,
    Sydney 31-3-1969, S.76

Mead,G.F.: Assessment of Australian Iron Ore Reserves, In:
    Australian Mineral Industry Quarterly Review Dec. 1974,
    Canberra, S.19-27

Mettler,E.: Erzberge in West-Australien, In: Günthardt,W.,
    Mettler,E., Australien - Emanzipation des Fünften Kontinents,
    Zürich 1974, S.84-90

Mills,C.G.: Mining Company towns - Some Aspects of Human
    Relationships, In: A.I.M.M. Conference Paper Western
    Australia, Perth May 1973, S.247-254

National Bank, Monthly Summary, Melbourne 1973-1976

Neue Richtlinien für Auslandsinvestitionen in Australien (anonym),
    In: NZZ, Zürich 9-4-1976, S.11

Neuer Anlauf für Eisenerzkartell (anonym), In: Handelsblatt,
    Düsseldorf 25-10-1975, S.2

Neues System für die Beförderung von Erz (anonym), In:
    Handelsblatt, Düsseldorf 21-1-1970, S.12

New Gold Mine (anonym), In: Enterprise Western Australia,
    No.5, Dept. of Industrial Development, Perth 1975, S.4

New northern ports will have to be created (anonym), In:
    Austr.Fin.Rev., Sydney 31-3-1969, S.68

Niedermüller,W.: Aufbau und Probleme von Bergbaubetrieben in
    Entwicklungsländern, In: Berg- und Hüttenmännische Monats-
    hefte, Wien 1970, S.189-195

Niedermüller,W.: Erschließung von Eisenerzvorkommen in Übersee, In: Glückauf, Essen 1973, S.628-634

Noakes ,L.C.: Mineral Resources of Australia, In: ANZAAS Search, Vol.5, No.1-2, Sydney 1974, S.11-16

Nun auch Kartell der Erzexporteure (anonym), In: Handelsblatt, Düsseldorf 3-4-1975, S.8

Neuhaus,H.: Direktreduktion mit starkem Aufwärtstrend, In: Handelsblatt, Düsseldorf 6-11-1975, S.30

OBO-Boom für Europas Werften (anonym), In: Industriekurier, Düsseldorf 25-3-1969, S.8

Otremba,E.: Allgemeine Geographie des Welthandels und Weltverkehrs, In: R.Lütgens, Erde und Weltwirtschaft, Bd.4, Stuttgart 1957

- Die Erde als Wohnraum der Menschheit, In: E.Hinrichs, Illustrierte Welt- und Länderkunde, Bd.2, Zürich 1969

- Der Wirtschaftsraum - seine geographischen Grundlagen und Probleme, In: R.Lütgens, Erde und Weltwirtschaft, Bd.1, Stuttgart 1969^2

- Die Güterproduktion im Weltwirtschaftsraum, In: R.Lütgens, Erde und Weltwirtschaft, Bd.2/3, Stuttgart 1976

Pilbara Quarries lead Ore Extraction (anonym), In: Austr.Fin. Rev., Sydney 31-3-1969, S.36

Parkin,L., O'Driscoll,D.: The Role of Government Organizations in Mineral Exploration, In: 8th Min.Met.Congr., Vol.2, Melbourne 1965, S.49-53

Pounds,N.J.G.: The Geography of Iron and Steel, London 1971^5

Pratt,R.: Australian Iron Ore Exports Present and Future, In: Quarterly Review of Australian Mineral Industry, Canberra March 1968, S.39-45

- Chapter Iron Ore, Vorabdruck, Australian Mineral Industry 1974 Review, Canberra 1975

Prider,R.: Geology and Mineralization of the Western Australian Shield, In: 8th Mining and Metallurgical Congress, Vol.1 Melbourne 1965, S.56-63

Quasten,H.: Die Wirtschaftsformation der Schwerindustrie im Luxemburger Minett, In: Arbeiten aus dem Geogr. Institut der Universität des Saarlandes, Saarbrücken 1970

Raggatt,H.: History and Significance of Mineral Exploration in
    Australia, In: 8th Mineral and Metallurgical Congress,
    Vol.2, Melbourne 1965, S.1-4

- The Development of Northern Australia, In: Economic Papers
    No.21, Sydney March 1966, S.1-30

- Mountains of Ore, Melbourne 1968

Rawling,P.B.: Human Relationships in Mining towns, In: A.I.M.M.
    Conference Paper, Western Australia, Perth May 1973, S.255-262

Reiner,E.: Die wirtschaftliche Entwicklung West-Australiens, In:
    Zeitschrift für Wirtschaftsgeographie, H.2, Hagen 1968,
    S.33-41

- Literaturbericht über Australien und Neuseeland 1938-1963,
    Gotha 1967

- Geographischer Literaturbericht Australien 1962-1972,
    Niedergelpe 1975

- Die Bevölkerungszählung 1966 in Australien, In: Petermanns
    Geographische Mitteilungen, Gotha/Leipzig 1967, H.4, S.304-308

- Ausbau der Normalspur in Australien, In: Zeitschrift für
    Wirtschaftsgeographie, H.6, Hagen 1969, S.175-176

- Erdöl und Erdgas in Australien, In: Zeitschrift für Wirt-
    schaftsgeographie, Hagen 1971, S.239-245

Reserven an Kokskohle reichen bis zum Jahre 1980 aus (anonym),
    In: Handelsblatt, Düsseldorf 8-4-1969, S.0

Rohrleitungstransport von Eisenerzen (anonym), In: Stahl und
    Eisen, Düsseldorf 1970, S.714-715

Rütter,W.: Die Stellung Australiens im Standortsystem der Welt-
    wirtschaft, In: Weltwirtschaftliche Studien, H.2, Göttingen
    1963

Schamp,E.W.: Ressourcen und regionale Entwicklung - Zur Frage der
    räumlichen Integration der Exploitation natürlicher Ressourcen
    in Entwicklungsländern am Beispiel der afrikanischen Staaten
    Gabun und Volksrepublik Kongo, In: Österreichische Forschungs-
    stiftung für Entwicklungshilfe, Wien 1974/III, S.29-35

Schenck,H.: Die technischen Ursachen des Konkurrenzdruckes auf
    die deutsche Stahlindustrie, In: Stahl und Eisen, Düssel-
    dorf 1967, S.341-352

Schwier,U.: Bericht über die Fortschritte bei der Realisierung
    neuer Eisenerzprojekte in Brasilien, 13. Sitzung des Arbeits-
    ausschusses der Arbeitsgemeinschaft Exploration, Düsseldorf
    1975

Shann,E.O.G.: An economic history of Australia, Cambridge 1930

Snell,W.: Developing a Workforce in the Pilbara Region, In: Australian Mining, Sydney 15-4-1968, S.43-44

Stahlwerksprojekt Tubarao (anonym), In: Stahl und Eisen, H. 13, Düsseldorf 1976, S.630

Statistisches Bundesamt, Eisen- und Stahlstatistik, Außenstelle Düsseldorf (ed.): Vierteljahreshefte Eisen und Stahl, 1970-76

Stroux,W.: Der Welteisenerzmarkt und die Versorgung der Stahlindustrie, In: Stahl und Eisen, Düsseldorf 1969, S.1414-1421

Southern,M.:(ed.): Australia in the Seventies, Melbourne 1973

Survey of World Iron Ore Resources, Occurence and Appraisal, United Nations, New York 1970

Taylor,A.D.: The Mining Industry and Decentralization, In: ANZAAS Search, Vol.5, No.1-2, Sydney 1974, S.50-54

The Pilbara Study, Report on the Industrial Development of the Pilbara, Australian Government Department of Northern Development, Government of Western Australia Department of Industrial Development, Canberra 1974

The World Market for Iron Ore, United Nations, New York 1968

Uhlig,H.(ed): Südostasien-Austral-pazifischer Raum, Fischer Länderkunde Bd.3, Frankfurt 1975

Umstrukturierungsprobleme der australischen Industrie (anonym), In: NZZ, Zürich 27-5-1976, S.13

Verhaltender Optimismus in West-Australien (anonym), In: NZZ, Zürich 18-6-1976, S.12

Versuche von Eisenerzgewinnung vor Westaustralien (anonym), In: Stahl und Eisen, H.5, Düsseldorf 1976, S.219

Wachsender Optimismus in Australien - Neue Impulse für die Schwerindustrie (anonym), In: NZZ, Zürich 10-2-1976, S.3

Warren,K.: Mineral Resources, Harmondsworth/England 1973

Weltweiter Kohlenmangel bremst die Stahlindustrie (anonym), In: Handelsblatt, Düsseldorf 11-9-1970, S.8

Weltwirtschaft am Jahreswechsel - Australien (anonym), In: Mitteilungen der Bundesstelle für Außenhandelsinformationen, Köln 1975

Western Australia Consumer Protection Bureau (ed): An examination of Factors Affecting the Costs of Living in the Pilbara, Perth 1974

Westaustralisches Großprojekt weiter verzögert (anonym), In: Nachrichten für den Außenhandel, Köln 24-3-1976

Wieczorek,W.: Eigenproduktion und Import der BRD von Eisenerzen, Diplom-Arbeit, Köln SS 1975

Wunderlich,R.: Überblick über die Entwicklung der australischen Stahlindustrie, In: Stahl und Eisen, Düsseldorf 1967, S.1368-1369

Woodhead,W.D.: Living in remote Communities in tropical Australia, In: Part 2 - Freight Costs and Price Levels, CSIRO Division of Building Research, Melbourne 1972

Woodhead,W.D., Scanes,P.S.: Living in remote Communities in tropical Australia, In: Part 3 - Air conditioning of Dwellings in a tropical climate, CSIRO Division of Building Research, Melbourne 1972

VERZEICHNIS DER ABKÜRZUNGEN

ABS	Australian Bureau of Statistics
AMJ	Australian Mineral Industry
Austr.Fin.Rev.	Australian Financial Review
BMR	Australian Bureau of Mineral Resources, Geology and Geophysics; im Department of Minerals and Energy in Canberra
TPS	The Pilbara Study
WA	West-Australien
SA	Süd-Australien
NT	Nord-Territorium
NSW	Neusüdwales
VIC	Victoria
TAS	Tasmanien
QULD	Queensland
NZZ	Neue Zürcher Zeitung
A$	Australischer Dollar: Der Wechselkurs für A$ 1,00 schwankte in den letzten Jahren zwischen DM 3,10 und DM 4,20

VERZEICHNIS DER TABELLEN

		Seite
1	Die Welt-Eisenerzvorräte im kontinentalen Vergleich	11
2	Welt-Eisenerzförderung - Vergleich der Fördergebiete zwischen 1965 und 1974	12
3	Die Welt-Eisenerzförderung 1974 nach Hauptproduktionsländern	13
4	Die Eisenerzexporte der Hauptproduktionsländer in den Jahren 1965 und 1974	14
5	Die vorwiegend inlandsorientierten Abbaustandorte des Eisenerzbergbaus in Australien	32
6	Eisenerzexporte Australiens und deren Bestimmungsländer in den Jahren 1929 bis 1939	33
7	Die exportorientierten Eisenerzgruben Australiens mit Fördermengen 1967 bis 1974	37
8	Die Eisenerz-Vorräte Australiens nach ihrem Eisengehalt	40
9	Verteilung der australischen Eisenerzförderung 1974 nach Gruben, Inlands- und Exportversorgung	43
10	Die Eisenerzförderung in der Pilbara-Region von 1967 bis 1974 nach Bergbaugesellschaften	58
11	Wichtige Daten zu den existenten Abbaustandorten des Eisenerzbergbaus in der Pilbara-Region	59
12	Streikdauer und Produktionsverluste der Pilbara-Gruben in der Zeit vom 1-4-1973 bis 31-8-1973	75
13	Auszug aus der chronologischen Streikaufzeichnung vom 1-11-1974 bis 31-10-1975 der Bergbaugesellschaft Mt Newman	77
14	Die Beschäftigtenstruktur im Pilbara-Zählbezirk nach den Volkszählungen der Jahre 1961, 1966 und 1971	79

		Seite
15	Die Bevölkerungsentwicklung im Pilbara-zählbezirk von 1961 bis 1975	81
16	Die Verteilung der Schulen in der Pilbara-Region	99
17	Die Ausstattung der Pilbara-Region mit Krankenhäusern und sonstigen medizinischen Versorgungsleistungen	100
18	Frachtempfang im Pilbara-Gebiet nach Verkehrsträgern in den Jahren 1968 und 1973	106
19	Die Straßen der Pilbara-Region	109
20	Die Förderung der wichtigsten Bodenschätze in der Pilbara-Region im Jahre 1973	113
21	Geplante Abbaustandorte des Eisenerzbergbaus in der Pilbara-Region	115
22	Der Nutzviehbestand in der Pilbara-Region	121
23	Veränderungen in der Bevölkerung West-Australiens zwischen den beiden Volkszählungen 1966 und 1971	126
24	Die west-australischen Förderzinseinnahmen in den Jahren 1966 bis 1974	128
25	Aufgliederung der Bergbauproduktion West-Australiens im Jahre 1974	130
26	Bevölkerungswachstum, Zusammensetzung der Handelsbilanz und Konsumpreisindex in West-Australien in den Jahren 1965-1974	132
27	Daten zum Eisenerzabbau-Projekt 'Weld-Range'	134
28	Die vorwiegend exportorientierten Abbaustandorte des Eisenerzbergbaus in Australien außerhalb der Pilbara-Region	139
29	Die wichtigsten Mineralien in der australischen Bergwirtschaft 1973	141
30	Australiens Minerale mit mehr als 2 % Anteil an der Weltbergbauproduktion 1973	143

		Seite
31	Der Stahl-Haushalt Australiens 1961 bis 1975: Erzeugung, Im- und Export, Pro-Kopf-Verbrauch	146
32	Australiens Anteil an der Welt-Rohstofferzeugung in Mio t von 1955 bis 1974	148
33	Die wichtigsten Erzeugerländer für Rohstahl im Jahre 1974	149
34	Die größten Stahlwerksunternehmen der Welt im Jahre 1973	150
35	Die Preise für Stahlerzeugnisse in den wichtigsten Erzeugungszentren der Welt	154
36	Frachtraten-Vergleich zwischen australischen und überseeischen Häfen	156
37	Der seegehende Eisenerzhandel in den Jahren 1965 und 1974 nach Herkunfts- und Bestimmungsländern	165
38	Der seegehende Welthandel nach Gütern in den Jahren 1965 und 1974	166
39	Der prozentuale Anteil der Schiffsgrößen an den überseeischen Eisenerz-Verschiffungen in den Jahren 1965 bis 1974	167
40	Eisenerz-Verschiffungen mit Erzfrachtern und mit Kombinationsschiffen in den Jahren 1971 bis 1974	171
41	Die Eisenerz-Ladehäfen der Welt - aufnahmefähig für Schiffe mit mehr als 80.000 DWT	175
42	Eisenerzeinfuhren der Bundesrepublik Deutschland nach Lieferländern 1966 bis 1975	186
43	Die wichtigsten Exportprodukte Australiens von 1963/64 bis 1973/74	190
44	Die wichtigsten australischen Mineral-Exporte von 1966/67 bis 1974/75 mit Schätzungen für die voraussichtliche Entwicklung in 1979/80 und 1983/84	194
45	Die wichtigsten Bestimmungsländer der australischen Gesamt- und Mineralexporte im Fiskaljahr 1973/74	196

		Seite
46	Rangliste der größten Eisenerzbergbaugesellschaften der Welt	203

VERZEICHNIS DER ABBILDUNGEN

1	Der Eisenerzbergbau in Australien von 1848 bis 1915: In räumlicher Nähe zu den Verhüttungsanlagen	16
2	Der australische Eisenerzbergbau für die heimische Versorgung ab 1915: Der Eisenerztransport zu den Küstenstandorten der Eisen- und Stahlindustrie	21
3	Die Abbaustandorte des Eisenerzbergbaus der Middleback Range in Süd-Australien	24
4	Die Rohstahlerzeugung Australiens von 1915 bis 1974	31
5	Die australischen Eisenerz-Provinzen mit ihren wichtigsten Lagerstätten	39
6	Die Abbaustandorte des Eisenerzbergbaus in Australien - Ein Vergleich der Fördermengen in den Jahren 1950, 1965 und 1974	42
7	Die Pilbara-Region in West-Australien	45
8	Durchschnittliche Klimadaten der Pilbara-Region	47
9	Die durchschnittlichen jährlichen Niederschläge in der Pilbara-Region im Vergleich zu Gesamt-Australien	48
10	Die Eisenerz-Lagerstätten der Hamersley-Eisenerz-Provinz in West-Australien	51
11	Privatwirtschaftliche Ausgaben für bergbauliche Untersuchungsarbeiten (ohne Erdöl) seit 1965 in Australien	53
12	Die Anzahl der Beschäftigten bzw. bereitgestellten Häuser im Verhältnis zur Fluktuationsrate der Arbeitskräfte	74

Seite

13 Der Altersaufbau der Pilbara-Bevölkerung
    im Vergleich zu Gesamt-Australien   82

14 Januar-Temperaturen in der Pilbara-
    Region im Vergleich zu Gesamt-Australien   85

15 Juli-Temperaturen in der Pilbara-
    Region im Vergleich zu Gesamt-Australien   86

16 Die 'Schwüle-Tage' in Australien   88

17 Flächennutzung in der 1972 ge-
    gründeten Bergbausiedlung Paraburdoo   97

18 Die See- und Landtransportwege
    zur Pilbara-Region   107

19 Durchschnittliche tägliche Verkehrsbe-
    lastung der Pilbara-Straßen   110

20 Entwicklung der Bergbauproduktion
    West-Australiens seit 1962   129

21 Lage der Eisenerzgrube Savage River
    auf Tasmanien   137

22 Die Anteile der wichtigsten Minerale an
    der Bergbauproduktion Australiens in
    den Jahren 1963 bis 1973   142

23 Eisenerzförderung, Roheisen- und Roh-
    stahlerzeugung in der Welt 1974   158

24 Die Eisenerzversorgung der drei
    Bedarfsgebiete im Jahre 1974   163

25 Durchschnittliche Schiffsentfernungen
    im überseeischen Eisenerztransport   164

26 Kostendegression in der Erzfahrt
    bei zunehmender Schiffsgröße   169

27 Die wichtigsten Bestimmungsländer der
    australischen Eisenerz- und Pelletexporte
    im Jahre 1974   180

28 Die Anteile der Bereiche Landwirtschaft,
    Bergbau und Verarbeitende Industrie an den
    Exporteinnahmen Australiens von 1965-1975   191

IX   Rolf Zetzsche:
Die Südroute
Analyse eines internationalen Luftverkehrsweges längs
der asiatischen Peripherie. 1970. 164 Seiten mit
10 Abb., 9 Ktn., 1 Faltkt., brosch. DM 20,--

X   Utz Ingo Küpper:
Regionale Geographie und Wirtschaftsförderung in
Großbritannien und Irland. 1970. X, 300 Seiten mit
45 Abb., brosch. DM 30,--

XI   Klaus Figge:
Die industriewirtschaftliche Gestalt der französischen
Atlantikhäfen an Seine, Loire und Gironde
1970. IV, 240 Seiten mit 4 Abb., 3 Karten und
3 Faltkarten, brosch. DM 26,--

XII   Wolf Dieter Dietrich:
Die Städte der englischen Kanalküste
1970. XIV, 235 Seiten und 6 Karten, brosch. DM 28,--

XIII   Manfred Wegner:
Wachstum und Planung in den Städten des Bergischen
Landes. 1970. XIV, 269 Seiten mit 4 Abb. und 7 Karten,
brosch. DM 36,--

XIV   Rolf Schniotalle:
Der Braunkohlenbergbau in der Bundesrepublik
Deutschland - Seine Stellung im industrie- und
energiewirtschaftlichen Gefüge. 1971. XVI, 410 Seiten
mit 40 Abb., 1 Faltkte. und 106 Tabellen, brosch. DM 40,--

XV   Tilman H. Höhfeld:
Die Funktion der Steinkohlenreviere der Bundesrepublik
Deutschland im westeuropäischen Wirtschaftsraum
1971. VIII, 194 Seiten, brosch. DM 28,--

XVI   Eike W. Schamp:
Das Instrumentarium zur Beobachtung von wirtschaftlichen
Funktionalräumen. 1971. X, 184 Seiten, brosch. DM 28,--

XVII   Hans Dieter Orgeig:
Der Einzelhandel in den Cities von Duisburg, Düsseldorf,
Köln und Bonn. 1972. X, 164 Seiten, brosch. DM 20,--

XVIII   Hans Otzen:
Probleme der Nahrungsmittelversorgung Südamerikas
Dargestellt an ausgewählten Beispielen.
1973. 233 Seiten mit 3 Abbildungen, brosch. DM 18,--

XIX   Mathilde Temme:
Wirtschaft und Bevölkerung in Südequador
Eine sozio-ökologische Analyse des Wirtschaftsraumes
Loja. 1972. IV, 409 Seiten mit 3 Abb.i.Text, 1 Farb-
taf., brosch. DM 44,--

XX   Detlef Mittmann:
Die chemische Industrie im nordwestlichen Mitteleuropa
in ihrem Strukturwandel. 1974. IV, 403 Seiten mit
16 Karten, 24 Übersichten und 1 farb.Faltkte.,
brosch. DM 44,--

XXI Erich Otremba und Mitarbeiter des Instituts:
     Wirtschafts- und Sozialgeographisches Institut der
     Universität zu Köln 1950 - 1975. Mit Beiträgen der
     früheren und der jetzigen Mitarbeiter des Instituts.
     1975. 343 Seiten, 11 Abb., 2 Taf., 14 Ktn., brosch. DM 42,--

XXII Ewald Gläßer:
     Südnorwegische Agrarlandschaften. Struktur und neuzeitliche
     Entwicklungsprobleme ländlicher Siedlungs- und Wirtschafts-
     formen, gezeigt an Aktiv- und Passivräumen Rogalands und
     Agders. 1975. 250 Seiten, 53 Abb. und 5 Tafeln im Text,
     16 Tafeln als Anhang, 5 Faltkarten, brosch. DM 68,--

Erschienen beim Franz Steiner Verlag GmbH Wiesbaden. Zu beziehen
durch Ihre Buchhandlung. Prospekte durch den Verlag.

Ab Band XXIII im Selbstverlag des Wirtschafts- und Sozialgeo-
graphischen Instituts der Universität zu Köln

XXIII Ulrich auf der Heide:
      Städtetypen und Städtevergesellschaftungen im
      rheinisch- westfälischen Raum
      1977. 294 Seiten, 2 Karten, brosch. DM 23,--

XXIV Lutz Fehling:
      Die Eisenerzwirtschaft Australiens
      1977. 234 Seiten, 46 Tab., 37 Abb., brosch. DM 19,--